智·慧·商·业
创新型人才培养系列教材

U0733557

人力资源管理基础与实务

微课版

丁苹 李情民／主编

王媛媛 朱蕾 孙蔚闻／副主编

人民邮电出版社

北　京

图书在版编目（CIP）数据

人力资源管理基础与实务：微课版 / 丁苹，李情民
主编. -- 北京：人民邮电出版社，2025. --（智慧商业
创新型人才培养系列教材）. -- ISBN 978-7-115-65720
-6

Ⅰ. F243

中国国家版本馆 CIP 数据核字第 2024MD3293 号

内 容 提 要

本书以人力资源管理流程为主线进行讲解，框架结构设计合理，内容翔实，力求将理论与企业的实践相结合。全书共分为9章，主要介绍了人力资源管理的基本概念及人力资源管理的主要模块，即人力资源规划、招募与甄选、培训与开发、绩效管理、薪酬管理、员工关系管理等内容，同时讲解了人力资源的基础工作分析与设计，并补充了职业生涯规划方面的知识。本书通过实际的案例分析和讨论为人力资源管理实践提供了科学的指导；通过每个章节设置的能力自测模块，拓展学习人力资源管理师（三级、四级）证书考试相关内容，具有丰富的实践意义。

本书可以作为职业本科院校、高等职业院校工商管理、市场营销、电子商务、连锁与经营管理等专业人力资源管理相关课程的教材，也可以作为从事人力资源管理相关工作人员的参考书。

◆ 主　编　丁　苹　李情民
　　副主编　王媛媛　朱　蕾　孙蔚闻
　　责任编辑　白　雨
　　责任印制　王　郁　彭志环
◆ 人民邮电出版社出版发行　　北京市丰台区成寿寺路 11 号
　　邮编　100164　电子邮件　315@ptpress.com.cn
　　网址　https://www.ptpress.com.cn
　　固安县铭成印刷有限公司印刷
◆ 开本：787×1092　1/16
　　印张：11.75　　　　　　　　　　2025 年 5 月第 1 版
　　字数：261 千字　　　　　　　　2025 年 5 月河北第 1 次印刷

定价：49.80 元

读者服务热线：(010)81055256　印装质量热线：(010)81055316
反盗版热线：(010)81055315

前言

为认真贯彻落实中共中央办公厅、国务院办公厅印发的《关于深化现代职业教育体系建设改革的意见》的精神，我们以习近平新时代中国特色社会主义思想为指导，全面贯彻落实党的二十大和二十届二中、三中全会精神，聚焦职业教育改革发展的热点、难点和痛点问题，以人力资源的开发与管理为主要内容编写了本书，旨在引导读者了解和把握人力资源开发与管理的基本技巧和方法。

本书具有以下特点。

1. 以人力资源开发与管理的基本理论为指导，努力夯实理论知识。

2. 进一步明确了"厚基础、重实务"的思想，提高了实务在整个教材体系中的地位。

3. 加强了实务内容的完善，以适应社会发展对通识人才的迫切需求。

4. 内容重在引导读者关注现实，力求能够运用所学知识分析、解决企业实际问题。

5. 配套教学资源丰富。本书配套课件 PPT、微课视频、教案、教学大纲等教学资源，用书教师可登录人邮教育社区（https://www.ryjiaoyu.com）即可免费下载。

本书由李情民教授策划，由丁苹、李情民担任主编，王媛媛、朱蕾、孙蔚闻担任副主编，李昱、殷亚姣、张思琪参与编写。各章的撰写分工如下：第 1 章、第 3 章、第 4 章由丁苹编写，第 2 章、第 7 章、第 8 章由王媛媛编写，第 5 章由殷亚姣编写，第 6 章和第 9 章由张思琪编写，全书 PPT 由李昱制作。初稿完成后，由丁苹、李情民负责修改、统稿和定稿，朱蕾和孙蔚闻为本书的统稿和修改做了大量的工作。本书付梓之际，感谢全体编写人员为本书的完成所付出的努力。

本书的写作参阅并部分借鉴了国内外工商管理、公共管理领域的专著、教材和其他研究成果，对于其中的一些著述，我们作为进一步阅读的书目向读者作了推荐。对于这些文献资料的作者，我们在此一并致谢。对于业已成为专业共识的观点和内容，书中不再一一标明出处。

由于编者水平有限，书中难免存在不足之处，敬请各位专家批评指正。

编　者
2025 年 1 月

目录

第1章　人力资源管理概述 ⋯1

学习目标 ⋯⋯⋯⋯⋯⋯⋯⋯⋯⋯⋯ 1

案例导入 ⋯⋯⋯⋯⋯⋯⋯⋯⋯⋯⋯ 1

1.1　人力资源与人力资源管理 ⋯⋯⋯⋯2

　　1.1.1　人力资源相关概念 ⋯⋯⋯⋯ 2

　　1.1.2　人力资源管理相关概念 ⋯⋯ 3

1.2　人力资源管理的发展 ⋯⋯⋯⋯⋯ 10

　　1.2.1　传统人事管理转变为现代

　　　　　 人力资源管理 ⋯⋯⋯⋯⋯ 10

　　1.2.2　人力资源管理发展趋势 ⋯⋯ 13

　　1.2.3　人力资源部门结构的发展 ⋯ 14

能力自测 ⋯⋯⋯⋯⋯⋯⋯⋯⋯⋯⋯ 16

案例分析 ⋯⋯⋯⋯⋯⋯⋯⋯⋯⋯⋯ 16

实训操作 ⋯⋯⋯⋯⋯⋯⋯⋯⋯⋯⋯ 18

第2章　工作分析与设计 ⋯⋯20

学习目标 ⋯⋯⋯⋯⋯⋯⋯⋯⋯⋯⋯ 20

案例导入 ⋯⋯⋯⋯⋯⋯⋯⋯⋯⋯⋯ 20

2.1　认识工作分析 ⋯⋯⋯⋯⋯⋯⋯⋯ 21

　　2.1.1　工作分析的产生与发展 ⋯⋯ 21

　　2.1.2　工作分析概述 ⋯⋯⋯⋯⋯ 22

2.2　工作分析的方法及流程 ⋯⋯⋯⋯ 24

　　2.2.1　工作分析的方法 ⋯⋯⋯⋯ 24

　　2.2.2　工作分析流程 ⋯⋯⋯⋯⋯ 28

2.3　工作说明书的编写 ⋯⋯⋯⋯⋯⋯ 29

　　2.3.1　工作说明书的编写准备 ⋯⋯ 29

　　2.3.2　工作说明书的编写原则 ⋯⋯ 29

　　2.3.3　工作说明书的编写内容 ⋯⋯ 30

2.4　工作设计 ⋯⋯⋯⋯⋯⋯⋯⋯⋯⋯ 33

　　2.4.1　工作设计准备 ⋯⋯⋯⋯⋯ 33

　　2.4.2　工作设计方式的选择 ⋯⋯⋯ 35

　　2.4.3　制订工作设计方案 ⋯⋯⋯⋯ 36

　　2.4.4　工作设计方案的试行 ⋯⋯⋯ 36

能力自测 ⋯⋯⋯⋯⋯⋯⋯⋯⋯⋯⋯ 36

案例分析 ⋯⋯⋯⋯⋯⋯⋯⋯⋯⋯⋯ 37

实训操作 ⋯⋯⋯⋯⋯⋯⋯⋯⋯⋯⋯ 38

第3章　人力资源规划 ⋯⋯39

学习目标 ⋯⋯⋯⋯⋯⋯⋯⋯⋯⋯⋯ 39

案例导入 ⋯⋯⋯⋯⋯⋯⋯⋯⋯⋯⋯ 39

3.1　人力资源规划概述 ⋯⋯⋯⋯⋯⋯ 40

　　3.1.1　人力资源规划的概念 ⋯⋯⋯ 40

　　3.1.2　人力资源规划的意义与

　　　　　 作用 ⋯⋯⋯⋯⋯⋯⋯⋯ 40

　　3.1.3　企业人力资源规划的分类 ⋯ 41

　　3.1.4　人力资源规划的过程 ⋯⋯⋯ 43

3.2　人力资源需求预测 ⋯⋯⋯⋯⋯⋯ 43

　　3.2.1　人力资源需求预测的概念 ⋯ 44

　　3.2.2　人力资源需求预测的方法 ⋯ 44

3.3　人力资源供给预测 ⋯⋯⋯⋯⋯⋯ 46

　　3.3.1　人力资源供给预测概念 ⋯⋯ 46

　　3.3.2　人力资源供给分析步骤 ⋯⋯ 47

3.3.3 人力资源内部供给分析的
方法 ················· 47

3.3.4 人力资源外部供给分析的
方法 ················· 48

3.4 人力资源供需平衡 ······ 49

能力自测 ·························· 50

案例分析 ·························· 50

实训操作 ·························· 51

第 4 章 招募与甄选 ········· 52

学习目标 ·························· 52

案例导入 ·························· 52

4.1 招聘概述 ················· 53

4.1.1 招聘的概念 ··········· 53

4.1.2 招聘工作对企业人力资源
管理的意义 ·········· 53

4.1.3 员工招聘原则 ········· 54

4.1.4 招聘工作流程 ········· 55

4.2 招募 ····················· 56

4.2.1 招聘人员 ············· 56

4.2.2 招聘过程要素 ········· 56

4.2.3 招聘计划和招聘广告 ··· 57

4.2.4 招聘渠道 ············· 61

4.3 甄选 ····················· 67

4.3.1 简历筛选 ············· 67

4.3.2 人员素质测评 ········· 68

4.3.3 背景调查与人员录用 ··· 78

4.3.4 招聘评价工作 ········· 79

能力自测 ·························· 80

案例分析 ·························· 81

实训操作 ·························· 81

第 5 章 培训与开发 ········· 83

学习目标 ·························· 83

案例导入 ·························· 83

5.1 培训与开发概述 ········· 84

5.1.1 培训与开发的概念 ····· 84

5.1.2 培训与开发的目的 ····· 85

5.1.3 培训与开发的原则 ····· 85

5.1.4 培训与开发的分类 ····· 86

5.1.5 培训与开发的发展趋势 ··· 87

5.2 新员工入职培训 ········· 87

5.2.1 新员工入职培训的概念 ··· 87

5.2.2 新员工入职培训的内容 ··· 88

5.2.3 新员工入职培训的方式 ··· 89

5.3 培训与开发的基本程序 ··· 89

5.3.1 培训需求分析 ········· 90

5.3.2 培训方案制订 ········· 92

5.3.3 培训实施 ············· 94

5.3.4 培训效果评估 ········· 95

5.4 培训与开发的主要方法 ··· 95

5.4.1 常用的在职培训方法 ··· 95

5.4.2 常用的脱产培训方法 ··· 96

能力自测 ·························· 97

案例分析 ·························· 98

实训操作 ·························· 99

第 6 章 职业生涯规划 ····· 101

学习目标 ························ 101

案例导入 ························ 101

6.1 职业生涯规划概述 ……………… 102

6.1.1 职业生涯规划的历史与
现状 …………………… 102

6.1.2 职业生涯的相关概念 ……… 102

6.2 职业生涯规划的作用 ……………… 104

6.2.1 个人职业生涯规划 ………… 104

6.2.2 企业职业生涯规划 ………… 105

6.3 职业生涯规划的实施 ……………… 106

6.3.1 职业生涯规划的实施
条件 …………………… 106

6.3.2 职业生涯规划的六大
原则 …………………… 107

6.3.3 职业生涯规划的设计
取向 …………………… 108

6.3.4 职业生涯规划的步骤 ……… 108

能力自测 ……………………………… 113

案例分析 ……………………………… 114

实训操作 ……………………………… 116

第 7 章 绩效管理 ………… 117

学习目标 ……………………………… 117

案例导入 ……………………………… 117

7.1 绩效管理概述 ……………………… 118

7.1.1 绩效的概念 ………………… 118

7.1.2 绩效管理的发展及概念 …… 118

7.1.3 绩效考核与绩效管理的
联系与区别 …………… 119

7.1.4 绩效管理的意义 …………… 120

7.2 绩效管理的方法和工具 …………… 121

7.2.1 目标管理 …………………… 121

7.2.2 关键绩效指标 ……………… 123

7.2.3 平衡计分卡 ………………… 124

7.3 绩效管理的实施 …………………… 127

7.3.1 绩效计划 …………………… 127

7.3.2 绩效实施 …………………… 127

7.3.3 绩效考核 …………………… 128

7.3.4 绩效反馈 …………………… 131

7.3.5 绩效管理成功实施的
表现 …………………… 132

能力自测 ……………………………… 132

案例分析 ……………………………… 133

实训操作 ……………………………… 134

第 8 章 薪酬管理 ………… 136

学习目标 ……………………………… 136

案例导入 ……………………………… 136

8.1 认识薪酬和薪酬管理 ……………… 137

8.1.1 薪酬 ………………………… 137

8.1.2 薪酬管理 …………………… 138

8.2 基本薪酬 …………………………… 140

8.2.1 薪酬管理体系的类型 ……… 140

8.2.2 薪酬管理体系设计 ………… 141

8.3 激励薪酬 …………………………… 146

8.3.1 个人激励计划 ……………… 146

8.3.2 群体激励计划 ……………… 147

8.4 员工福利 …………………………… 148

8.4.1 福利的含义 ………………… 148

8.4.2 福利的内容 ………………… 148

能力自测 ……………………………… 150

案例分析 ……………………………… 150

实训操作 ·················151

第 9 章　员工关系管理 ····· 152

学习目标 ·················152

案例导入 ·················152

9.1　员工关系管理概述 ·············153

9.2　员工关系管理的误区及原则 ····· 157

9.3　员工关系管理的内容 ··········· 160

9.3.1　劳动关系管理 ·············· 161

9.3.2　员工纪律管理 ·············· 169

9.3.3　沟通管理 ·········· 172

9.3.4　员工活动管理 ·············· 175

9.4　员工关系管理中各种风险规避 ··· 175

能力自测 ·················178

案例分析 ·················179

实训操作 ·················180

第1章

人力资源管理概述

学习目标

知识目标

1. 明确人力资源及人力资源管理的概念。
2. 了解人力资源管理的发展趋势。

能力目标

1. 掌握人力资源管理的环节。
2. 掌握人力资源管理六大模块。

素养目标

1. 引导形成尊重人才的理念。
2. 培养终身学习的理念。

案例导入

华为成功的人力资源管理体系

1997年，在《华为基本法》的起草过程中，起草小组的一位教授曾经问任正非："人才是不是华为的核心竞争力？"任正非的回答出人意料："人才不是华为的核心竞争力，对人才进行管理的能力才是企业的核心竞争力。"所以，在《华为基本法》里有这样一句话："认真负责、管理有效的员工是华为最大的财富。"而不是像很多企业那样泛泛地讲"员工是企业最宝贵的财富"。《华为基本法》中还有一句话："我们强调，人力资本不断增值的目标优先于财务资本增值的目标。"在很多人眼里，华为不仅是一家经营通信业务的公司，更是一家经营人才的公司，由人才的不断增值来支撑业务的长期健康发展。从本质上来说，华为是一家人才运营型企业。

1.1 人力资源与人力资源管理

1.1.1 人力资源相关概念

一、人力资源概念

在经济学研究中，为创造物质财富而投入生产活动中的一切因素被统称为"资源"，包括人力资源、物力资源、财力资源、技术资源、时间资源。其中人力资源是一切资源中最宝贵的资源，是第一资源。只有有效开发人力资源和合理、科学地管理人力资源，一个企业才能蓬勃发展。那么，什么是人力资源呢？

人力资源有广义和狭义之分。广义的人力资源是指一个社会具有智力劳动能力和体力劳动能力的人的总和，包括数量和质量两个方面。狭义的人力资源是指组织所拥有的用以制造产品和提供服务的人力。

人力资源的基本方面，包括体力和智力；从现实应用的状态，包括体质、智力、知识、技能4个方面。人力资源还包括数量和质量两个方面，通常来说，人力资源的数量为具有劳动能力的人口数量，其质量指经济活动人口具有的体质、文化知识和劳动技能水平。一定数量的人力资源是社会生产必要的先决条件。一般说来，充足的人力资源有利于生产的发展，但其数量要与物质资料的生产相适应，若超过物质资料的生产需要，不仅消耗大量新增的产品，且多余的人力也无法就业，对社会经济的发展反而产生不利影响。经济发展主要靠经济活动和人口素质的提高，随着生产中广泛应用现代科学技术，人力资源的质量在经济发展中将起着越来越重要的作用。

具有劳动能力的人，不是泛指一切具有一定的脑力和体力的人，而是指能独立参加社会劳动、推动整个经济和社会发展的人。所以，人力资源既包括劳动年龄内具有劳动能力的人口，也包括劳动年龄外参加社会劳动的人口。

二、人力资源的特征

人力资源作为一种特殊资源，具有如下特征。

1. 能动性

自然资源在开发过程中，处于完全被动的地位。人力资源则不同，因为它是由劳动者的劳动能力构成的，而劳动能力存在于劳动者的身体中，劳动者在各种活动中，总是处在发起、操纵、控制其他资源的位置上，根据外部环境的可能性、自身条件和愿望，有目的地确定活动的方向，创造性地选择自己的行为。因此，人力资源具有主观能动性。作为人力资源管理者，挖掘人力资源的能动性是其主要的职责之一。

挖掘人力资源的能动性的关键是激励。凡是尽了最大努力的员工，都应该得到激励。至于在具体实践中究竟采用何种激励方式，应依据员工取得的成绩和他们对不同需要的追求程度而定。

2. 再生性

人力资源的耗费——人的体力与智力的耗费不同于其他资源，即其自身在一个阶段的耗费过程中会由于再生而得到补充乃至发展。人力资源是可再生资源，通过总人口内个体不断替换更新和劳动力的"消耗—生产—再消耗—再生产"的过程实现其再生。人力资源的再生性除受生物规律支配外，还受到人类自身意识、意志的支配，人类文明发展活动的影响，新技术革命的制约。

3. 高增值性

人力资源的智力价值在于，掌握了知识、技能、经验的人的投资收益率远远超过其他形态的资本投资的收益率。

> **相关阅读**
>
> **受教育年限与收入的关系**
>
> 约舒亚·安格里斯特（2021年的诺贝尔经济学奖获得者）和克鲁格教授揭示了在没有其他变量影响的情况下，受教育年限对收入的影响："多上一年学，本身对一个人日后的收入水平就是有正向影响的，这一影响不是由其他因素造成的，而纯粹是由教育带来的回报。接受12年教育的人比接受11年教育的人的收入增加12%，接受16年教育的人比接受11年教育的人收入高出65%。"

4. 可变性

人力资源在形态上变化较大，尤其在不可直接观察到的形态方面，不同的个体可能千差万别。

5. 可逝性

人力资源的载体是人的劳动，当一个人失去生命的时候，存在于其中的人力资本也就同时消失殆尽。

6. 社会性

人力资源处于特定的社会和时代中，不同的社会形态、不同的文化肯定都会反映和影响人的价值观念、行为方式、思维方法。社会性要求在开发人力资源的过程中特别注意社会政治制度、法律法规及文化环境的影响。

1.1.2　人力资源管理相关概念

人力资源管理者主要从量和质两个方面对人力资源进行管理。

一、人力资源管理概念

> **重要概念**
>
> 人力资源管理（Human Resource Management，HRM），是指运用现代化的科学方法，

对与一定物力相结合的人力进行合理的培训、组织和调配，使人力、物力经常保持最佳比例，同时对人的思想、心理和行为进行恰当的诱导、控制和协调，充分发挥人的主观能动性，使事得其人、人尽其才、人事相宜，以实现组织目标。人力资源管理可分为量的管理和质的管理。

1. 对人力资源外在要素——量的管理

对人力资源进行量的管理，就是根据人力和物力及其变化，对人力进行恰当的培训、组织和协调，使二者经常保持最佳比例和有机结合，使人和物都充分发挥出最佳效应。

2. 对人力资源内在要素——质的管理

对人力资源进行质的管理，就是指采用现代化的科学方法，对人的思想、心理和行为进行有效的管理，充分发挥人的主观能动性，以达成组织目标。

二、人力资源管理的特征

人力资源管理的主要特征有人本性、专业性与实践性、双赢性与互惠性、战略性与全面性、系统性和整体性等。

1. 人本性

人力资源管理采取人本取向，始终贯彻员工是组织的宝贵财富的主题，强调对人的关心、爱护，把人真正作为资源加以保护、利用和开发。

2. 专业性与实践性

人力资源管理是组织最重要的管理职能之一，具有较高的专业性，从小公司的多面手到大公司的人力资源专家及高层人力资源领导，都有着很细的专业分工和深入的专业知识。人力资源管理是组织管理的基本实践活动，是旨在实现组织目标的主要活动，表现出高度的实践性。

3. 双赢性与互惠性

人力资源管理采取互惠取向，强调管理的目的应该是获取组织绩效和员工满意的双重结果，强调组织和员工之间的"共同利益"，重视并发挥员工的主动性和责任感。

4. 战略性与全面性

人力资源管理聚焦于组织管理中为组织创造财富。对创造竞争优势的人员的管理，以员工为基础，以知识为导向，在组织最高层进行种种决策性、战略性管理。人力资源管理是面向全体员工的全面活动和在招聘、任用、培训、发展全过程中的管理。只要有人参与的活动与地方，就要进行人力资源管理。

5. 系统性和整体性

人力资源管理采取系统取向，强调整体地对待人和组织，兼顾组织的技术系统和社会心理系统；强调运作的整体性，一方面是人力资源管理各项职能之间具有一致性，另一方面是人力资源管理与组织中其他战略相配合，依靠和支持整个组织的战略和管理。

三、人力资源管理体系的主要环节

人力资源管理体系的主要环节有选才、育才、用才、留才。

1. 选才

选才是指企业招募人才的方式、选拔人才的标准。选一个适合的人，比选一个优秀的人更为重要，适才是企业用人的最高原则。选才是非常重要的，人才的选择往往会影响后面几个环节的效率和效果，如果在选才阶段就出现错误，后面再如何培养也只能事倍功半，所以人才的选择是后期所有工作是否能够成功的关键。

2. 育才

育才是指企业进行员工培训与开发，开展职业生涯管理，使得员工个人能力、素质不断提高，实现企业和员工的同步发展。员工培训并不仅仅是人力资源部门的工作，企业应该建立从上而下、从里到外的培训组织体系。人力资源部门主要对职业道德、企业文化、行为规范等进行培训，而技能培训则应该具体落实到各个相关部门。在育才上，需要掌握的一个重要原则是"因材施教"，企业应该根据个体的特点、职责、态度、知识、能力与经历，展开有针对性的培训。为了使员工胜任更高的职位，人力资源部门应该"按需施教"，针对员工的每一次晋升，结合实际工作中可能出现的需要与问题，筹划与实施相应等级的培训，而每项培训，都是为了员工的进一步发展做充分准备，使员工不断地从培训中得到激励，明确自身的职业发展定位。

3. 用才

用才指的是企业采取有效的激励手段，充分调动每位员工的主观能动性，激发人的上进心，挖掘人的潜力，把人和其他生产要素合理地组织起来。人的专长和能力只有与其工作的要求和职位相一致时，才能得到充分发挥，这就要求企业人力资源部门遵照量才适用的原则。所谓量才适用就是根据每个人的专长、能力、志向与条件，做到人尽其才、各得其所。实行这项原则，首先要基于工作分析明确各个职位的要求，其次要了解个人专长、才能、志向、性格等，这样才能有效地使用人才。

4. 留才

对于企业来说，辛辛苦苦培育的员工不能留在企业里工作，将是一大损失。企业与员工需要长期相互了解，才能达成一种默契，使员工心甘情愿地留在企业，为实现企业的目标而努力工作。企业可以通过待遇、事业和感情来留住员工。

待遇留才指的是要通过提高待遇保障来留住人才。马斯洛的需求层次理论认为人的最基本需求是生存需求，而工作中的待遇保障是满足生存需求乃至实现美好生活的基本条件。个体在工作中追求更好的工资待遇，这是无可非议的，因此一定要根据人才的实际情况制定合理的薪酬政策。

事业留才指的是要让人才在企业有发展前景。马斯洛的需求层次理论认为个体最高的追求是自我价值的实现，而建功立业就是个体在工作中实现自我价值的具体体现。个体工作初期的基本目标是满足生存需求，但是随着个人的不断发展，每个人的目标也会不断提高。因此企业一定要完善人才晋升机制，让员工看到发展前景，让员工能够把工作当作事业来做。

感情留才指的是企业要与人才建立情感连接，通过感情留住人才。马斯洛的需求层次理论认为社交需求是人的重要需求之一，社交需求指的就是情感上的满足。在工作中这种感情既包括上下级之间的感情，也包括同事之间的感情，甚至包括员工在工作中的情绪问题是否得到解决、诉求是否得到满足等。比如，一个优秀的领导要做到奖罚分明，奖励要引发员工工作的积极性，而惩罚要让员工认识到自己的错误，这样才能建立良好的上下级关系。良好的团队氛围能够增强大家的凝聚力、向心力，使员工自然愿意留下来。反之，如果团队内部钩心斗角、你争我夺，那必然会导致人才流失。而员工在工作中不可避免地会由于工作压力等问题而产生抑郁、焦虑乃至愤怒等消极情绪，这些情绪是否能够得到及时的纾解也事关员工的幸福感。所以企业一定要及时做好团建工作，营造融洽的工作氛围，这样才有助于留住人才。

四、人力资源管理的六大模块

人力资源管理主要有人力资源规划、招聘与甄选、培训与开发、绩效管理、薪酬管理、员工关系管理6个模块。

1. 人力资源规划

航行的船只需要确立一个航标以定位目的地，同时需要一个有效的导航系统以确保它航行在正确的路线之上。人力资源管理也一样，需要确定人力资源工作目标定位和实现途径。人力资源规划的目的在于结合企业发展战略，通过对企业资源状况及人力资源管理现状的分析，找到未来人力资源工作的重点和方向，并制订具体的工作方案和计划，以保证企业目标的顺利实现。人力资源规划的重点在于对企业人力资源管理现状信息进行收集、分析和统计，依据这些数据和结果，结合企业战略，制订未来人力资源工作的方案。正如航行的船只的航标和导航系统，人力资源规划在人力资源工作中起到定位目标和把握路线的作用。

2. 招聘与甄选

人员任用讲求的是人岗匹配，适岗适人。找到合适的人却把人放到不合适的岗位与没有找到合适的人一样，会令招聘工作失去意义。招聘合适的人才并把人才配置到合适的岗位才能算完成了一次有效的招聘。招聘和配置有各自的侧重点，招聘工作是由需求分析、预算制定、招聘方案制订、招聘实施、后续评估等一系列步骤构成的，其中关键在于需求分析，首先明确企业到底需要什么人、需要多少人、对这些人有什么要求，以及通过什么渠道去寻找企业所需要的这些人，目标和计划明确之后，招聘工作会变得有的放矢。人员配置工作事实上应该在分析招聘需求时予以考虑，先根据岗位"量身定做"一个标准，再根据这个标准招聘企业所需人才，配置工作将会简化为一个程序性的环节。招聘与配置不是各自独立的过程，而是相互影响、相互依赖的两个环节，只有招聘合适的人员并进行有效的配置才能保证招聘工作是有意义的。

3. 培训与开发

新进企业的员工要想尽快适应并胜任工作，除了自己努力学习，还需要企业提供帮助。

在岗员工为了适应市场形势的变化带来的企业战略的调整,需要不断调整和提高自己的技能。基于这两个方面,组织有效培训,以最大限度地开发员工的潜能变得非常必要。就内容而言,培训工作有企业文化培训、规章制度培训、岗位技能培训及管理技能开发培训。培训工作必须做到具有针对性,要考虑不同受训群体的具体需求。对于新员工来说,培训工作能够帮助他们适应并胜任工作;对于在岗员工来说,培训能够帮助他们掌握岗位所需要的新技能,并帮助他们最大限度地开发自己的潜能;而对于企业来说,培训工作会让企业工作顺利开展,业绩不断提高。培训与开发工作的重要性显而易见。

4. 绩效管理

绩效考核的目的在于借助一个有效的体系,通过对业绩的考核,肯定过去的业绩并期待未来业绩的不断提高。传统的绩效管理工作停留在绩效考核的层面,而现代绩效管理则更多地关注未来业绩的提高。关注点的转移使得现代绩效管理工作的重点也开始转移。体系的有效性成为人力资源工作者关注的焦点。一个有效的绩效管理体系包括科学的考核指标、合理的考核标准,以及与考核结果相对应的薪资福利和奖惩措施。纯粹的业绩考核使得绩效管理局限于对过去工作的关注,更多地关注绩效考核的后续作用才能把绩效管理工作的视角转移到未来绩效的不断提高上来。

5. 薪酬管理

薪酬管理的作用有两点:一是对员工过去业绩的肯定;二是借助有效的薪酬管理体系促进员工不断提高业绩。一个有效的薪酬管理体系必须具有公平性,保证外部公平、内部公平和岗位公平。外部公平会使企业薪酬管理在市场上具有竞争力,内部公平需要体现薪酬的纵向区别,岗位公平则需要体现同岗位员工胜任能力的差距。对过去业绩公平的肯定会让员工获得成就感,对未来薪酬管理的承诺会激发员工不断提升业绩的热情。薪酬管理必须做到物质形式与非物质形式有机结合,这样才能满足员工的不同需求,挖掘员工的最大潜能。

6. 员工关系管理

员工关系的处理以国家相关法规政策及企业规章制度为依据,在建立劳动关系之初,明确劳动者和用人单位的权利和义务,在合同期限之内,按照合同约定处理劳动者与用人单位之间的权利和义务关系。对于劳动者来说,其需要借助劳动合同来确保自己的利益,同时对企业尽到应尽的义务。对于用人单位来说,劳动合同的作用更多的在于规范其用工行为,维护劳动者的基本利益;也保障用人单位的利益,包括对劳动者供职期限的约定,依据适用条款解雇不能胜任岗位工作的劳动者等。总之,员工关系管理的目的在于明确双方权利和义务,为企业业务开展提供一个稳定和谐的环境,并通过企业战略目标的达成最终实现企业和员工的共赢。

人力资源管理各大模块的工作各有侧重点,但是各大模块是不可分割的,就像生物链一样,任何一个环节的缺失都会影响整个系统的平衡。人力资源管理工作是一个有机的整体,各个环节的工作都必须到位,同时人力资源管理人员要根据不同的情况,不断地调整工作的重点,才能保证人力资源管理保持良性运作,并支持企业战略目标的最终实现。

五、人力资源管理的目标

著名管理学家德鲁克认为，组织的目的是使平凡的人做不平凡的事。考察一个组织是否优秀，要看其能否使每一个普通员工取得他所能取得的最好绩效，能否使每一个成员的长处都发挥出来，并利用每个人的长处来帮助其他人取得良好绩效。组织的任务在于把个体行为整合为整个组织的统一、规范的行为，进而最大限度地提高组织效益，而不仅仅是提高个人的效率，这正是人力资源管理的根本目的。

具体来说，人力资源管理对组织有效性的贡献有如下 7 个方面。

1．帮助组织实现目标

人力资源管理的功能发展为满足其组织当前和未来的需求。随着越来越多的组织把成功看作财务和持续性的综合，人力资源管理的领导者必须转变成为真正的企业伙伴。人力资源管理可以创造的价值包括：管理长、短期的人才；按照组织目标和战略来管理人力资源；与日益变化的外部环境同步变化，使组织顺应变化。

2．有效地利用劳动者的技能

英特尔公司的人事管理者克莱德·班尼迪克特说，人力资源管理的目标是"使人更有生产能力，并使客户、股东和员工共同受益"。正如沃尔特·迪士尼所考虑的，他最伟大的成就是用自己的人员建立了迪士尼乐园。

"00 后"已进入职场，这一代人和前面几代人有着明显的区别。管理好他们的技术和能力将需要考虑他们这一代人与前面几代人的异同。

3．提供训练有素和积极肯干的员工

人力资源管理的目的就是运用科学方法解决组织内部的人事问题，为组织招聘训练有素和积极肯干的员工，同时培训和发展员工的技能。

某著名公司的 CEO 在具体说明如何激励人时说："如果想提高绩效，那你必须让人们看到公平和回报。对好的结果进行奖励，但是不能奖励那些不做事的人。要明确目标及如何对其进行衡量，而不要关注一些如某人是不是好人之类的琐碎无用之事。"

对人力资源管理职能效益的衡量，就是看它是否能为组织在正确的时间安排正确的人做正确的工作。

4．提高员工的满意度和促进员工自我实现

一直以来，人们强调的是组织的需求。但是与计算机和现金余额等资产不同的是，员工是人，有感情，有思想。要使员工保持生产能力，就必须让他们感到工作适合他们的能力，更重要的是使他们感到被公平地对待。对许多员工来说，工作是收入的主要来源。我们大多数人在一生当中醒着的绝大部分时间都在工作。对工作不满意的员工工作质量较低，而且更倾向于辞职。

5．提倡符合伦理道德和社会责任的行为

人力资源经理在承认每个员工的重要性和符合伦理地对待每个员工方面起着重要的示范作用。也就是说，人力资源管理领域的任何活动应该是公正、可信和令人尊敬的，没有歧视，

保护所有人的基本权利。这些伦理原则应该应用到人力资源管理领域的所有活动中，同时人力资源部门也应该承担起组织伦理建设的任务。有些组织甚至设立了伦理官或专门负责组织员工的伦理教育的部门。

惠普公司曾获最佳公民组织第一名。这个成就基于其以下方面的高分：环境人权、氛围变化、员工关系、慈善事业、公司及财务治理。惠普公司的高级副总裁迈克尔·门登尔，将公司的社会责任概括为："全球公民是惠普成功的必要因素。"

6. 管理变革

在过去的 10 年中，雇主和员工的关系已经发生了急剧的变化。雇佣关系发展的新趋势和新变革主要表现在以下方面：远程通信、人力资源管理实践外包、家庭医疗休假、儿童看护、配偶安排、按技能付酬、福利成本共享及其他一些人力资源管理领域的事务。几乎所有这些趋势和变革都能追溯到新生活方式的出现和人口老龄化问题。

这些变革对人力资源经理提出了挑战，人力资源经理必须在有利于组织生存的前提下有效地发现和使用灵活的新方法。人力资源经理在为组织服务的同时还必须应对这些趋势和变化。始终有效的人力资源管理模式并不存在，最好、最有效的人力资源管理就是要不断调整战略以适应不断变化的内部和外部环境。事实证明，成功的企业正是那些具有管理变革能力的企业。

7. 提高应急管理能力和缩短周期

今天的企业越来越强调管理的速度和应急能力。对于提高客户服务能力，为市场开发新的产品或服务，以及培训和教育技术人员、经理和决策者等问题，现在都是从周期长短的角度来思考的。缩短周期不仅需要企业重视对产品和服务的有效管理，而且更加强调企业对人力资源的有效管理。缩短培训、教育和派遣管理人员的周期，解决令人烦扰的投诉问题，招聘和甄选最有才能的人，以及提升企业的形象等问题，正在成为众多组织重要的标志。

组织学习为缩短周期提供了有效的途径。为了缩短周期，企业领导需要营造鼓励学习的文化，强调学习会使员工更有效率和更自信。此外，在强调学习的组织中，更快、更灵活的决策和授权也同样受到重视。

促进学习和缩短周期不仅能够降低成本和支出，而且已经成为今天竞争的现实。企业要保持竞争力，由人力资源经理和直线经理所进行的人力资源管理活动就必须与企业的环境同步，这种环境要求快捷、及时、高质量和高价值的产品和服务。

以上是十分重要并且已被广泛接受的人力资源管理目标。当然，还有一些其他的目标，或者还有许多不同的表述形式。这些目标可以作为组织中人力资源管理职能的指导方针。有效的人力资源部门需要根据自身的情况确定具体、可测量的并且能在指定时间内完成的目标。

相关阅读

人力资源管理对企业发展的重要性

现代企业人力资源管理以企业人力资源为中心，研究如何实现企业资源的合理配置。

它冲破了传统的劳动人事管理的约束，不再把人看作是一种技术要素，而是把人看作是决定企业生存与发展、始终充满生机与活力的特殊资源，不再把人置于严格的监督和控制之下，而是为他们提供、创造各种条件，使其主观能动性和自身潜力得以充分发挥；不再容忍人才的浪费和滥用权力造成的士气低下，而应像为子孙后代造福而爱护自然资源一样珍惜爱护人力资源：要从以物为中心的管理转向以人为中心的管理，更加重视人力资源的开发，更加重视人力资源的投入，提高人力资源的利用程度，实现企业核心竞争力提升与可持续发展的长远目标。

人才是科技的载体，是科技的发明创造者，是先进科技的运用者和传播者。如果说科技是第一生产力，那么人才就是生产力诸要素中的特殊要素。人才不仅是再生型资源、可持续资源，而且是资本性资源。在现代企业和经济发展中，人才是一种无法估量的资本，一种能给企业带来巨大效益的资本。企业只有依靠人才智力因素的创新与变革，依靠科技进步，进行有计划的人力资源开发，把人的智慧能力作为一种巨大的资源进行挖掘和利用，才能达到科技进步和经济腾飞。企业必须创造一个适合吸引人才、培养人才的良好环境，建立凭德才上岗、凭业绩取酬、按需要培训的人力资源开发机制，吸引人才，留住人才，满足企业经济发展和竞争对人才的需要，从而实现企业的快速发展。

1.2 人力资源管理的发展

1.2.1 传统人事管理转变为现代人力资源管理

人力资源管理的发展伴随着企业管理理论的发展和演变。劳动管理是伴随着人类社会的产生和发展而存在的，只要有人类的集体劳动，就存在对这种活动的管理。而只要存在对人类集体活动的管理，就会存在对人的管理活动，即人力资源管理活动。

人力资源管理的历史可以追溯到早期的英格兰。在那里，泥瓦匠、木匠、皮匠及其他手艺人组织起来成立了行会，他们团结起来改善自己的工作环境。人力资源管理领域真正得到发展是在18世纪后期工业革命到来以后。工业革命是随着蒸汽机代替手工劳动开始的，并且带来工作条件、社会格局和劳动分工等方面的深刻变化，为复杂的工业社会打下了基础。与此同时，在工人和工厂所有者之间出现了一种新的中间力量，他们是管理者，但不一定是工厂的所有者。因而工业革命使工人和工厂所有者之间的鸿沟不断拉大。

科学管理和福利运动是19世纪同时出现的两种具有代表性的不同管理方法。同时，还有在20世纪初产生的工业心理学方法。科学管理尝试通过工作方法、时间和动作研究及专业化来解决劳动和管理的无效率，而工业心理学则应用心理学原理来提高工人的工作效率。在现代人事管理之父罗伯特·欧文看来，人是环境的产物，只有处在适宜的物质和道德环境之下，人才能培养出好的品德。科学管理的重心在工作和效率上，而工业心理学的重心则在工人和个人的差异上。

技术的剧烈变革、组织的增长、工会的兴起、政府对工人的关心和干预，促进了人事部门的发展。人事部门的出现没有具体时间，大约在 20 世纪 20 年代。越来越多的组织似乎注意到了员工和管理层之间的冲突，并且采取了一些应对的行动。早期的人事经理被称为福利部长，他们的工作是在管理层和工人之间架起桥梁。换句话说，他们用自己的语言与工人沟通，然后向管理层建议应该做什么来使员工有最佳的表现。

20 世纪 60 年代以后，一个显著的趋势是用人力资源管理代替人事管理。人力资源管理源于 20 世纪 60 代初美国著名人力经济学家舒尔茨教授所提出的"人力投资"学说，即美国国内生产总值的快速增长不仅靠物质资本，人力资本的投入也是促进经济发展的重要因素。到 20 世纪 70 年代，人事管理和人力资源管理两个术语被交替使用；但从 20 世纪 80 年代初开始，人们快速地转向对人力资源管理的青睐。不仅一些专业协会开始更名，而且企业中人事副总裁也开始被称为人力资源副总裁。在学术界，到 20 世纪 90 年代中期，几乎所有的商学院都把专业和课程设置中的人事管理更名为人力资源管理，几乎所有的教材都放弃了人事管理而选择了人力资源管理这一称谓。

在我国，对人力资源管理的研究可以追溯到 20 世纪 80 年代中期。1984 年，中国人力资源开发研究会的前身——中国人力资源开发研究中心成立。其任务是"组织研究中国人力资源开发问题的理论和政策，探索具有中国特色的人力资源开发和管理体系，开展有关人力资源研究和开发的国际合作，提供咨询服务等"，但是系统地研究人力资源管理理论实际上是从 20 世纪 90 年代开始的。目前，中国几乎所有主要大学的商学院都设有人力资源专业或研究方向；许多企业的人事部门也逐渐被人力资源部门所代替。不仅大企业意识到人力资源管理的重要性，小企业也不例外。越来越多的企业已经认识到"企业的成败最终归结为企业中的人"。

现代人力资源管理，深受经济竞争环境、技术发展环境和国家法律及政府政策的影响。它作为近 20 年来出现的一个崭新的和重要的管理学领域，远远超出了传统人事管理的范畴。具体说来，现代人力资源管理和传统人事管理存在以下一些区别。

一、管理理念上的区别

现代人力资源管理不再把企业中的人（劳动者）仅仅看作需支付工资的生产成本，而视之为一种生产资源、一种生产资本。这种资源是生产过程中唯一能动的资源，通过有效的开发，可以增加产出；这种资本的形成要进行人力资本的投资，因为现代人力资源理论视人力资源为世界上最宝贵的资源，并在尊重人格、注重人的自身需要的前提下，积极从事人力资本投资，开发人力资源，从而推动企业、社会的全面发展。而传统人事管理把人视为一种成本负担，将人当作一种"工具"，注重的是投入、使用和控制。现代人力资源管理模式"以人为本"，更注重员工权益保障；而传统的劳动人事管理模式重在"管人"。

二、部门性质的不同

现代人力资源管理与传统人事管理相比，其组织体系更具有系统性、完整性和全面性。现代企业的人力资源部门具有效益概念，是人力资源的"生产部门"，尽管人力资源生产并不仅仅由企业自身完成。它所注重的不是成本的压缩，而是产出投入比的增加，即通过对人力资本的投资，开发人力资源，从而使其在企业生产过程中创造出比对人力资本投资多得多的产出。同时，由于市场的多变要求企业不断做出战略调整，企业竞争力成为影响企业兴衰的极为重要的因素，而人力资源的素质显然是影响企业竞争力的核心因素。人力资源管理涉及企业的每一个管理者，企业的管理人员应该明确：他们既是部门的业务经理，也是这个部门的人力资源经理。人力资源部门是具体的人力资源工作的办事机构，其主要职责在于制订人力资源规划、开发政策，侧重于人的潜能开发和培训，为企业内各单位做人力资源工作提供支持性服务；同时培训其他职能经理或管理者，提高他们对人的管理水平和素质。

三、管理重心的不同

现代人力资源管理以"人"为核心，强调一种动态的心理、意识的调节和开发，管理的根本出发点是"着眼于人"，其管理归结于人与事的系统优化。围绕这一核心，建立起人力资源的预测机制、培训机制、配置机制、激励机制及评估系统和信息系统，实现人与事的最佳结合，促使企业取得最佳的社会和经济效益。而传统人事管理以"事"和"物"为中心，只见"事"和"物"，不见"人"，只见某一方面，而不见人与物的整体系统性，强调对"事"（物）单一方面的静态的控制和管理，其管理的形式和目的是"控制人"。

四、管理内容的不同

现代人力资源管理将一切人力资源管理集中在企业的人力资源部门，自然而然地打破了"干部"与"工人"的界限，不仅具有传统人事管理职能，而且担负起进行岗位设置与测评、规划工作流程、协调工作关系的任务。管理范围也从传统的正式组织扩大到非正式组织，包括团队建设、员工与顾客、员工与其他企业合作者之间的利益共同体、上层领导与下层员工为重构组织或企业再造所需的合作等。而传统的人事管理工作，主要考虑员工的选拔、使用、考评、报酬、晋升、调动、退休等。

五、管理作用的不同

现代企业人力资源管理的战略作用上升，现代人力资源管理总体上要考虑各类人力资源的比例平衡，要与企业的发展战略相匹配。为适应企业发展的需要，它的视野，从地域上看是跨地区、跨国界的（如高级人才的获取）；从时间上看，是面向未来、面向长远发展的，要时刻关注劳动力市场动向和整个市场环境的变动；从作用层次上看，它是全局性的、战略性的、整体性的。而传统的人事管理不具有这种功能，仅仅起到企业中一个职能部门的作用。

六、管理原则与方法的不同

现代企业人力资源管理充分运用了当代社会学、心理学、管理学、经济学、系统学等学科的新研究成果，提出了一些新的管理原则和方法，如全面完整地看待人；公正待人、尊重人；与员工进行有效沟通；等等。同时，现代人力资源管理与传统人事管理相比，在管理方法上更加强调管理的系统化、规范化及管理手段的现代化。

1.2.2 人力资源管理发展趋势

一、战略人力资源管理

人力资源管理部门逐渐成为能够创造价值并且维持企业核心竞争力的战略性部门，人力资源管理的变化只有与企业的其他领域互相匹配，才能保证企业在新的经营环境下维持竞争优势。

二、知识工作者的管理

知识经济和知识管理时代的到来使企业的人力资源管理发生重大的变化，对知识工作者的管理已经成为企业人力资源管理的一个重要的组成部分。对知识工作者的有效管理主要表现在：合理、有吸引力的薪资与福利，充分公开和高效的信息沟通，公平公正的招聘政策，跨文化培训与管理，开放的知识分享和民主决策，持续有效的系统激励模式，组织学习与学习型组织。组织学习是企业适应知识经济时代发展的需要。组织学习是保持并且不断提高适应能力的重要手段，而学习型组织则是通过持续有效的组织学习获得生存和发展机会的组织形态，也是21世纪最具竞争优势和最具适应能力的组织形态。人力资源部门必须有效地组织系统学习，建立和完善学习型组织。

三、网络化组织

随着网络的发展，经济变成网络体系，并由变化速率和学习速率所推动。组织日益变得扁平化、开放化，组织的层次在逐步减少，充分授权、民主管理、自我管理等网络特征已经出现，以团队为基础的组织及管理方式正在形成。

四、人力资源管理外包

互联网和数字化正在改变原有的劳动组织形式，新生代员工的就业观念和就业行为悄然发生变化，他们更加追求灵活多样的选择和发展空间，这使得用工方式更加多元化。人力资源管理活动的外包逐渐发展，即将组织的人力资源管理活动委托给外部的组织承担。人力资源管理外包的工作包括工资、福利、招聘和培训等方面。人力资源管理外包不仅能帮助企业节约成本、转移用工风险，还能让人力资源管理专注于核心职能。

五、全球化和跨文化管理

经济全球化所带来的文化差异和文化管理问题，已经成为人力资源管理领域的一个重要问题。当今和未来人力资源管理的一项职责就是克服组织内由文化差异引起的文化冲突，其有效的途径是实行跨文化管理和跨文化培训。在跨文化管理中，全球观念、系统概念、多元主义是培训文化开放与宽容的思想基础，而有效的不同文化的交流与对话，特别是深度对话是实现文化整合和文化共享的重要途径。跨文化培训已经成为人力资源管理的重心所在，是实现文化整合的有力工具。

六、重视企业价值、企业管理与人力资源管理的道德问题

随着文化的多元化趋势和价值冲突加剧，组织知识管理和全球网络化经营需要不同的文

化、不同的价值的整合与共享，企业精神价值的整合作用、企业伦理操守的激励与约束作用被越来越多的企业重视。而人力资源管理的重要任务就是正确地揭示企业价值的内涵并且有力促使其传播，将员工个人的价值有效整合进组织伦理价值之中。

总之，未来人力资源管理的总体发展趋势是将更具弹性和适应性。在经济全球化的背景下，组织具有的竞争优势取决于知识及掌握知识的人。

1.2.3 人力资源部门结构的发展

由人力资源专业职能人员所组成的人力资源部门在企业组织当中发挥着至关重要的作用，是设计和实施整个企业人力资源管理系统的组织者和监控者。因此它的运行质量的好坏，直接关系到整个企业人力资源管理水平的高低。人力资源部门跟其他部门密切配合，从而使得整个企业良性运转。

一、传统人力资源部门的结构

传统意义上的人力资源部门的结构是按专业职能划分的，如图 1-1 所示。

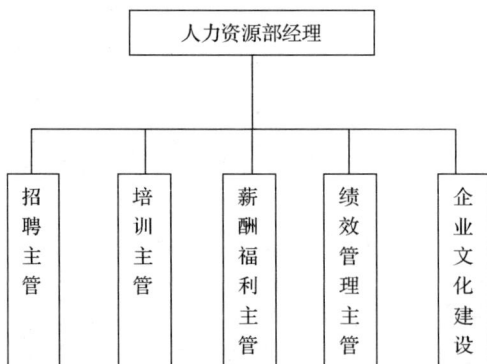

图 1-1 传统人力资源部门结构

二、人力资源三支柱模型

人力资源三支柱模型本质上是对企业人力资源组织和管控模式的创新。人力资源三支柱模型是戴维·尤里奇在 1997 年提出的，即 COE（Center Of Expertise，专家中心）、HRBP（Human Resource Business Partner，人力资源业务合作伙伴）和 SSC（Shared Service Center，共享服务中心），如图 1-2 所示。以三支柱为支撑的人力资源体系源于企业战略，服务于企业业务，其核心理念是通过组织能力再造，让人力资源管理更好地为组织创造价值。

1. SSC

SSC 将企业各业务单元中所有与人力资源管理有关的基础性行政工作统一处理，即将员工招聘、薪酬福利核算与发放、社会保险管理、人事档案、人事信息服务管理、劳动合同管理、新员工培训、员工投诉与建议处理、咨询服务等集中起来，建立一个服务中心来统一进行处理。SSC 的角色和职责体现在以下 3 个方面。

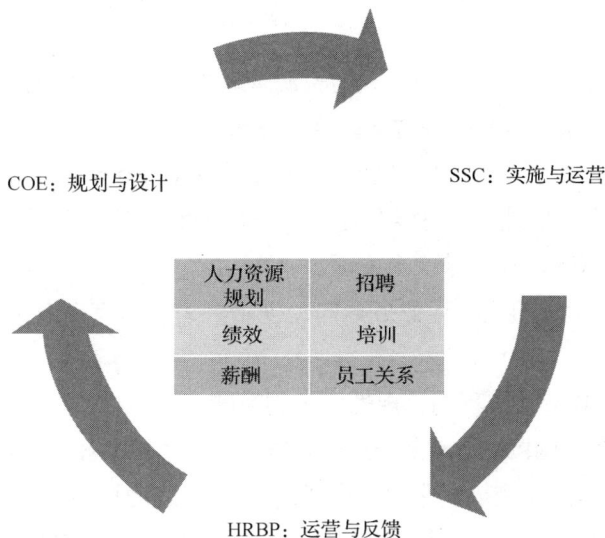

图 1-2　人力资源三支柱模型

- 员工呼叫中心支持员工和管理者发起的服务需求。
- 流程事务处理中心支持由 COE 发起的主流程的行政事务部分（如发薪、招聘）。
- 运营管理中心提供质量、内控、数据、技术（包括自助服务）和供应商管理支持。

SSC 是人力资源管理效率提升的驱动器，其使命是为人力资源管理服务目标群体提供高效、高质量和成本最低的人力资源共享服务。为此，SSC 通常需要一个分层的服务模式来最大限度提高工作效率。

2. HRBP

HRBP 是人力资源部门内部与各直线经理沟通的桥梁。HRBP 既要熟悉人力资源管理各个职能领域，又要了解业务需求；既能帮助业务单元更好地维护员工关系，处理各业务单元中日常出现的较简单的人力资源管理问题，协助业务经理更好地使用各种人力资源管理制度和工具管理员工，也能利用自身的人力资源管理专业素养来发现业务单元日常人力资源管理中存在的种种问题，从而提出、整理发现的问题并交付给 COE，采用专业和有效的方法更好地解决问题或设计更加合理的工作流程完善所在业务单元的运营流程。HRBP 的角色和职责体现在以下 5 个方面。

- 战略伙伴：在组织和人才战略、核心价值观传承方面推动战略的执行。
- 解决方案集成者：集成 COE 的设计，形成业务导向的解决方案。
- 人力资源管理流程执行者：推行人力资源管理流程，支持人员管理决策。
- 变革推动者：扮演变革的推动者角色。
- 关系管理者：有效管理员工队伍关系。

HRBP 往往贴近业务进行配置，确保管理人员得到有效支持。业界往往根据 HRBP/全职员工服务率配置 HRBP；不同组织中人力资源管理对业务的支持程度和业务的复杂度不同，HRBP 的服务存在差异。

3. COE

COE 的主要职责是为业务单元提供人力资源管理方面的专业咨询服务，包括人力资源规划、人事测评、培训需求调查及培训方案设计、绩效管理制度设计、薪酬设计和调查等专业性较强的工作，同时帮助 HRBP 解决在业务单元遇到的人力资源管理方面的专业性较强的难题，并从专业角度协助企业制定和完善人力资源管理方面的各项规定，指导 SSC 开展服务活动。COE 的角色和职责体现在以下 3 个方面。

- 设计者：运用领域知识设计业务导向、创新人力资源管理政策、流程和方案，并持续改进其有效性。
- 管控者：管控政策、流程的合规性，控制风险。
- 技术专家：为 HRBP/SSC、业务管理人员提供本领域的技术支持。

对于全球性/集团型的大型公司来说，由于地域/业务线的复杂性，COE 需要为不同的地域/业务线配置专属资源，以确保设计贴近业务需求。其中，总部 COE 负责设计全球/全集团统一的战略、政策、流程和方案的指导原则，而地域/业务线 COE 则负责结合地域/业务线的特点进行定制化，这样的 COE 设置可以实现在全公司一致的框架下，各业务具有灵活性。

能力自测

一、单项选择题

1. 传统人事管理的特点之一是（　　）。
   A. 以事为中心　　　　　　　　　B. 把人力当成资本
   C. 对人进行开发管理　　　　　　D. 以人为本
2. 在现代人力资源管理理念中，人力资源管理部门被视为（　　）。
   A. 事务性机构　　　　　　　　　B. 简单服务性机构
   C. 非生产非效益部门　　　　　　D. 生产与效益部门
3. 人力资源管理模块不包括（　　）。
   A. 人力资源规划　　B. 招聘与配置　　C. 计划与决策　　D. 绩效管理

二、简答题

1. 人力资源管理的六大模块是什么？
2. 人力资源管理的定义是什么？
3. 人力资源管理的目标有哪些？

案例分析

华为"三位一体"人才管理模式——持续打造人才的竞争优势

从企业的人才运营管理系统上来看，华为"三位一体"的人才管理模式（见图 1-3）可以持续提升人力资本的 ROI（Return On Investment，投资回报率），值得借鉴。

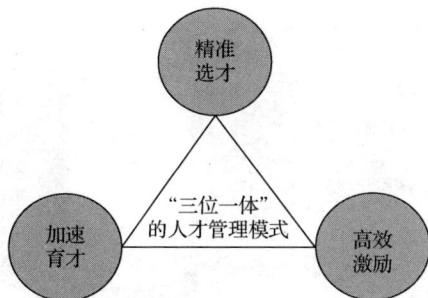

图 1-3 华为"三位一体"人才管理模式

1. 精准选才——人才的甄选与配置

选人最大的成本不是招聘成本，而是企业的机会成本。一个胜任重要岗位的人才能把事情做成，而另一个不胜任的人就会把同样的事情搞砸。这就是韦尔奇说的"先人后事"——没有合适的人（尤其是领军人才），再好的战略也无法落地执行。柳传志同样提出"搭班子，定战略，带队伍"的三步法则，很多人问柳传志："为什么不是定战略，搭班子，带队伍呢？"柳传志说一定是"搭班子，定战略，带队伍"，这就是先人后事。找对了人则"事在人为"，而找错了人则会"事与愿违"。因此，选人重在精准。美国管理者协会的数据表明，美国企业的平均人才识别率是 50%。韦尔奇是人才识别率最高的 CEO 之一，他在《赢》一书中说自己用了 30 年的时间把人才识别率从 50% 提高到 80%。中国企业的人才识别率在 35% 左右。作为一个管理者，准确识人是一项基本功。那么，怎样才能快速提高人才辨识能力呢？

华为从 1998 年开始采用 STAR（Situation——情景、Task——任务、Action——行动、Result——结果）。STAR 是一种结构化的行为面试方法，经过反复锤炼，面试官掌握这套技能之后，可以有效去除大部分主观决策因素，让一般企业的人才识别率提升到 60% 以上。

另外，企业不光要把单个的人才选准，还要学会组建最佳团队——让核心人才的分工搭配更加合理。华为从 20 世纪 90 年代开始的"狼狈计划"就是为了实现这个目的，团队正职和副职搭配的两大原则就是核心价值观趋同，而能力优势互补。

2. 加速育才——人才倍速成长机制

十年树木，百年树人。一般情况下，企业成长的速度会快于人才成长的速度，尤其是在企业的变革转型期。据统计，我国企业人才培养（含培训）的投资回报率较低，华为等领先企业对人才的投资巨大，因此必须充分考虑加速提升人才培养的投资效益。

首先必须做的一件事情就是加速员工能力的发展——职业生涯规划。任正非意识到，现在是人本社会，公司是赋能型的企业组织，所以要特别关注员工发展。华为是我国第一个引入"五级双通道"任职资格体系的企业（注：现在是五级三通道，增加了一个横向职位类——项目管理），如图 1-4 所示。

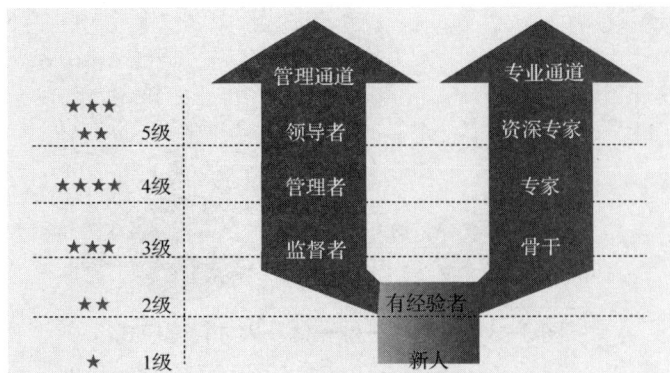

图1-4　华为的"五级双通道"任职资格体系

在华为，基础知识培训、案例教学和行动学习都已经不再是最有效的模式，取而代之的是任正非所提倡的"训战结合"。

华为培养出来的人才必须具备直接"打胜仗"的能力。华为全球化布局，前方的"将军级"人才如何复制？华为把那些最厉害的前线负责人召集在一起，由他们来编教材、当老师。这些老师把培训课堂当作"前线作战指挥部"，带领学员进行全真实战学习，这样培养出来的人才能直接面对市场竞争，给华为带来更高回报。

目前，华为员工的收益由工资、奖金、虚拟股权激励计划（Time Unit Plan，TUP）分配和虚拟股收益4个部分构成。2014年之前，华为实行3次分配，没有TUP。过去10多年来，虚拟受限股的实施，阶段性地解决了"为谁而战"——长期利益共同体的问题。

TUP分配的本质是奖金的一种递延分配，主要分配给有卓越贡献的年轻人。这样一来就稀释了老人们虚拟股权分配的数额，让华为"以奋斗者为本"的核心价值观得以践行。TUP实施以来，除了激活部分老人之外，最大的价值就是增强了华为吸引和保留优秀年轻员工的能力，让华为不会在人才掠夺战中失去人力资本优势。

【讨论】华为人才管理模式的主要内容是什么？

实训操作

1. 实训项目

我国企业用人理念与人力资源部门职责调查。

2. 实训要求

学生分小组，以网络搜索、市场调查、查询资料等方式了解当前我国企业中人力资源部门的职责和用人理念，对问题进行分析总结，并汇报展示。

3. 实训组织

（1）根据教学班级学生人数来确定项目小组数量，每小组4～6人。

（2）以小组为单位组织搜集资料、研讨，在充分讨论的基础上形成小组的课题汇报PPT。

（3）小组汇报，讨论交流。

（4）教师进行归纳、总结。

4．实训考核

准备 PPT 进行汇报，要求课件制作精美，观点鲜明，逻辑清楚，论据充分，汇报人的礼仪规范，语言流畅，脱稿表达。

工作分析与设计

知识目标

1. 了解工作分析的含义和时机。
2. 了解工作分析的流程。
3. 了解工作设计的内容与要求。

能力目标

1. 掌握工作分析的内容和成果。
2. 熟悉工作分析的方法。
3. 理解工作分析的意义和作用。

素养目标

1. 强化学生对观察、沟通、协调与表达能力的认知和培养。
2. 培养学生的大局观和全局意识。

谁来打扫厨房的地面

一位厨师不小心把一碗豆油洒在厨房通向传菜间的路面上。厨师长叫这位厨师把洒在地面上的油清扫干净，厨师拒绝执行，理由是工作说明书里并没有包括清扫的条文。厨师长顾不上查工作说明书的原文，就找来一名切配工清扫，但这名切配工同样拒绝，他的理由也是工作说明书里没有包括这一类工作。厨师长威胁切配工说要把他解雇。切配工勉强同意清扫，但是干完之后立即向酒店经理投诉。

有关人员看了投诉后，审阅了厨师、切配工和服务员三类人员的工作说明书。厨师的工作说明书规定"厨师有责任保持灶台的清洁，使之处于可用状态"，但并未提及清扫地面。切配工的工作说明书规定"切配工有责任以各种方式协助厨师，如提供切配好的各色蔬菜和调料，随叫随到，及时服务"，但也没有写明包括清扫工作。服务员的工作说明书确实包含了各种形式的清扫，但是服务员的工作范围是餐厅而不是厨房。

【讨论】

1. 对于切配工的投诉，你认为该如何解决？
2. 如何防止类似事件再次发生？

【分析提示】

以上情况反映了人力资源管理中一个普遍存在的问题：工作说明书对员工完成工作所需职责和技能说明不完整。解决问题的关键是对工作岗位进行详细分析，形成完整的工作说明书。

2.1 认识工作分析

2.1.1 工作分析的产生与发展

19 世纪 80 年代至 20 世纪初，美国开展了一场"提高效率运动"，又称为"科学管理运动"。1880 年，美国机械工程师协会成立，对如何提高企业的效率问题进行了深入的探讨。进入 20 世纪初，一种系统的、科学的管理理论终于在美国诞生，主要代表者是被誉为"科学管理之父"的弗雷德里克·温斯洛·泰勒。

泰勒把科学管理归纳为 6 条原理，其中第一条："对工人操作的每个动作进行科学的研究，用以代替老的单凭经验的办法。"这条原理要求对工人的一项操作从时间、动作、工具 3 个方面进行研究，确定完成各项作业所需的合理时间、合理操作方法和最有效的工具，然后制定出基本的劳动定额、形成有差别的计件工资，刺激工人学习新的操作方法，减少不必要的耗费，以提高生产率。

泰勒开创了动作研究的方法之后，吉尔布雷思夫妇在技术方法和某些指导思想上对此做了改进。首先，他们用摄影机把工人的动作拍摄下来，同时发明了一种计时器和灯光示迹摄影法，从而清晰看到了每项动作所需的时间。其次，他们把动作划分为 17 项基本要素，分析更加深入。再次，他们于 1916 年发表了《疲劳研究》一书，探讨了如何解决劳动过程中的疲劳问题。最后，他们设计了一种动作最少、时间最省、疲劳程度最小的最佳生产流程。

在泰勒等人的研究基础上，产生了工作分析制度，从具体的动作研究转向企业中工作岗位的系统描述，做出规范化的记录。这一制度首先在工商企业中被广泛推广应用。1918 年，美国以工作分析制度为基础编制了熟练工人及非熟练工人的工资调整与标准化方案。1921 年，全美铁路运输业在工作分析的基础上，实行了员工职级制。工作分析制度的推行及所取得的积极成果引起了人事部门的注意，使这一制度从一个企业传到另一个企业。

历史发展告诉我们：一个组织要有效地进行人力资源管理，一个重要的前提就是要了解各种工作的特点及能胜任各种工作的人员的特点。

2.1.2 工作分析概述

人力资源管理体系建设是一个系统工程，不可能一蹴而就，需要进行"整体规划"后"分步实施"，其中工作分析又是人力资源管理体系建设的基础，成为企业人力资源管理体系建设工程的第一步。

1. 工作分析的含义

重要概念

工作分析（Job Analysis），又称职位分析、岗位分析，是指全面了解、获取与工作相关的详细信息的过程，是对该项职务的工作内容和职务规范（任职资格）的描述和研究过程，即制定工作描述和任职资格的系统过程。

通过这一程序，我们可以确定某一工作的任务和性质是什么及从经验的角度来说，谁适合被雇佣来从事这一工作。

工作分析是现代人力资源管理的所有职能，即人力资源获取、整合、保持与激励、控制与调整、开发等的基础和前提。

2. 工作分析的基本问题

（1）工作是什么？

这个问题指的是需要对工作的名称、级别、内容、任务、职责、岗位关系等进行全面分析。

（2）谁适合这份工作？

要回答这个问题，需要对能胜任该工作的人员进行分析，如基本学历和专业、工作经验、技能、年龄、性别、体力、心理素质等。

（3）谁最适合这份工作？

在基本条件满足的前提下，具备特定专业背景、经历、资格、培训经历的人是最符合工作岗位要求的，可以优先考虑。

（4）谁来做工作分析？

人力资源管理专家负责总体策划和审定；主管人员结合企业实践，参与或组织人员编写；在岗员工结合个人实践提供经验资料；人力资源部门做出规范、完整、系统的岗位分析。

3. 工作分析的时机

（1）当新组织建立，工作分析首次被正式引进时。

在组织建立时进行工作分析，这样可以为后续的人力资源管理工作的开展打下坚实的基础。新组织成立时，人力资源部根据组织的结构和经营发展计划，通过工作分析可粗略地编写"工作职责"和"任职资格"，更为详细的工作分析可以在组织稳定运作一段时间后进行，这样才能真正发挥工作分析的作用，达到工作分析的目的。

（2）当新的工作产生时。

当新工作产生时，应该对该职务进行工作分析，一般包括职务的名称、组织关系、工作任务、工作职责和任职要求等。由于是因组织发展需要而新设的岗位，此时的工作分析应特别注意该职务的工作关系，避免与已有的工作岗位重复，甚至冲突。

（3）当工作由于新技术、新方法、新工艺或新系统的产生而发生重要变化时。

当今世界处于知识爆炸的时代，技术的更新、工艺的变化日新月异。企业求发展，就必须与时俱进，当新技术、新方法、新工艺应用时，相应的工作说明书就需要变更，此时需要重新进行工作分析，以形成更完善的工作说明书。

> 📖 **相关阅读**
>
> 工作分析是人力资源管理工作中其他所有工作的基础。在人力资源部门所有环节中，工作分析是一个比较困难的工作。首先，工作分析对人员有一定的专业素质要求。如果缺乏必要的专业常识和专业经验，很可能需多次反复。其次，工作分析不是一项立竿见影的工作。虽然它对人力资源管理后续工作的影响巨大，但它很难为企业产生直接和立即的效应。这种特点可能使人力资源管理人员将工作分析一拖再拖。再次，工作分析不是人力资源部门可以单独完成的，它需要企业各部门，甚至每位员工的协助与配合。最后，工作分析是一项连续性的工作，只要企业的任何一个职位发生变化，就要对每个职位重新进行工作分析。因此，只有认真、扎实、连续地做好工作分析，才能真正地发挥工作分析的作用。

4．工作分析的成果

工作分析的结果，记录在工作说明书这一类专门文件中。工作说明书包括两部分：一是工作描述；二是任职资格。

（1）工作描述。

工作描述也称职位描述，规定了对"事"的要求，如任务、职责、责任等。

（2）任职资格。

任职资格是根据工作描述所提供的信息拟定的工作要求，规定了对"人"的要求。制定任职资格的目的是确定重要的个体特征，以此作为甄选、任用和培训的基础和依据。

5．工作分析的作用

工作分析是人力资源管理的基本工具，是人力资源管理后续工作的基础和依据。具体作用表现在以下方面。

（1）招聘甄选。

工作分析为招聘者提供了招聘人才的客观依据，提高了人力资源甄选的信度和效度，降低了人力资源的选择成本。

（2）绩效考评。

工作分析为绩效考评标准的建立和考评的实施提供了依据，使员工明确企业对工作的要求，从而提高了员工工作的积极性。

（3）薪酬管理。

工作分析明确了员工的工作价值，保证薪酬设计的内部公平性，为员工工资的发放提供参考标准，减少员工间因薪酬问题产生的不公平感。

（4）组织设计。

工作分析为组织设计提供了依据，使员工明确上下级之间的隶属关系，熟知工作流程，为提高工作效率提供保障。

（5）员工发展。

工作分析使员工清楚工作的发展方向，便于人力资源部门和员工共同制订员工的职业发展计划。

相关阅读

工作分析的原则

美国管理学家哈克曼曾经在一篇文章中提出了工作分析的几个原则。

（1）充分考虑技能的多样性。

（2）充分考虑任务的完整性。

（3）要向员工阐明每项任务的意义。

（4）要设置职务反馈环节。

哈克曼认为，满足了上述原则，就可以使员工体验到工作的重要性和自己所负的责任，及时了解工作的结果，从中产生高度的内在激励作用，形成高工作绩效及对工作高度的满足感。

2.2 工作分析的方法及流程

2.2.1 工作分析的方法

工作分析过程中需要大量收集工作岗位的信息，在实践中，工作分析的方法有很多种，主要有观察法、访谈法、问卷调查法、工作日志法等。每种方法各有优缺点，在进行实际工作分析时，应根据实际工作目的、工作条件需要，权衡各种方法的利与弊，选择一种或几种方法，以便得到详细、全面、准确的信息。

1. 观察法

观察法指工作分析人员通过观察员工正常的工作状态，获取工作信息，并通过对信息进行比较、分析、汇总等方式，得出工作分析成果的方法，主要有直接观察法、阶段观察法和工作表演法。

（1）直接观察法。

直接观察法是指工作分析人员直接对员工工作的全过程进行观察。直接观察适用于工作周期很短的职务。例如，保洁员的工作基本上以天为一个周期，工作分析人员可以一整天跟随保洁员进行直接工作观察。

（2）阶段观察法。

有些员工的工作周期较长，为了能完整地观察到员工的所有工作，必须分阶段进行观察。

比如，行政文员在每次的例会上更能表现出自身的工作状态。有时由于阶段时间跨度太大，而工作分析的时间跨度不能太大，这时采用"工作表演法"更为合适。

（3）工作表演法。

工作表演法对工作周期很长和突发性事件较多的工作比较适合。例如，保安人员除了日常的工作程序外，还有很多突发事件需要处理，如盘问可疑人员等。工作分析人员可以让保安人员表演盘问过程，以便进行该项工作的观察。

观察法的优点是工作人员能够在被观察者不被觉察的情形下了解到真实的行为表现。其缺点是不能得到任职资格要求的信息；不适合单独用于抽象的智力活动、心理素质的分析；如果被观察者知道自己处于被观察状态，其正常的工作表现会受到影响；对于复杂的工作则难以全面观察；观察结果的质量在很大程度上依赖于观察者的能力，易受观察者主观意识的影响。

为了使观察者能真实全面地观察到被观察者的行为表现，在观察时，应在观察前准备提纲和行为标准（见表 2-1）；现场观察应不干扰被观察者的正常工作，并取得被观察者的理解、合作，使其明确意义，防止产生误解；应注意工作行为本身的代表性，有时有些行为在观察过程中可能未表现出来。观察法适用于标准化的、周期短的、以体力劳动为主的工作，而不适用于以脑力劳动为主的工作；观察法依赖于观察者知觉的准确度，在实施时应尽可能采用录像的方法。

表 2-1　工作分析观察表

被观察者姓名	
观察者姓名	
工作类型	
观察时间	
观察内容	什么时候开始正式工作？
	上午工作几个小时？
	下午休息几次？
	第一次休息在什么时间？时长是多少？
	第二次休息在什么时间？时长为多少？
	上午清扫客房多少间？
	平均多长时间清扫完一间客房？
	与同事交谈几次？
	每次交谈多长时间？
	什么时候开始午休？
	一天一共清扫多少间客房？
	工作场所噪声多少分贝？

2. 访谈法

访谈又称面谈，是指两个或更多的人交流某一项或某系列工作的信息，适用于分析各层各类职位的工作要求，并且是对中高层管理职位进行深度工作分析效果最好的方法。访谈法是工作分析中广泛应用的方法，尽管不像问卷调查表那样具有完善的结构，但却具有不可替代的作用。特别是在对工作不能直接观察、对工作不甚了解或工作耗时太长的情况下，其作用更大。

访谈法的优点是可以发现一些在其他情况下不可能了解到的工作活动和行为；为组织提供一个向雇员解释工作分析必要性及功能的良好机会。访谈法的缺点是收集的信息有可能是被扭曲的。

在访谈时应注意以下方面。

（1）培训访谈者。工作分析访谈是一项系统性的、技术性的工作，因此在访谈准备阶段应对访谈者进行系统的工作分析理论与技术培训。

（2）事前进行沟通。应在访谈前一星期左右通知被访谈者，并以访谈指引等书面形式告知其访谈内容，使其提前对工作内容进行系统总结，这有利于获得被访谈者的支持与配合。

（3）进行技术配合。在访谈之前，访谈者必须对访谈职位进行文献研究，并通过开放式职位分析问卷初步收集、整理与汇总职位信息，形成对职位的初步印象，找到访谈的重点，使访谈能够有的放矢。

（4）注意沟通技巧。在访谈过程中，访谈者应与被访谈者建立并维护良好的互信和睦关系，适当运用提示、追问、控制等访谈技巧，把握访谈的节奏，防止访谈中的"一边倒"现象。

（5）确认信息。访谈过程中，访谈者应就获取的信息及时向被访谈者反馈并确认；在访谈结束之前，应向被访谈者复述所获信息的要点，以得到其最终的认可。

3．问卷调查法

问卷调查法是通过向员工分发简明扼要的调查表（见表2-2），让其填写对有关问题的意见和建议来间接获得工作分析所需材料的一种方法。

问卷调查法在收集信息时的优点：比较规范化、数量化，适合用计算机对结果进行统计分析；费用低、节省时间；调查范围广，调查样本量大。其缺点：调查时缺少交流和沟通，不易唤起被调查者的兴趣；调查问卷的设计比较难，问卷设计一旦不科学就难以收集到工作分析所需的信息。

表 2-2　问卷调查表

一、基本信息	
姓名：	填表日期：
职务名称：	职务编号：
所属部门：	部门经理姓名：
二、调查信息	
1．请你用准确、简洁的信息描述你的工作。	

2. 请认真、详尽地描述你的日常工作、活动与职责。

3. 请简要地描述你的上级是如何监督你的工作的。

4. 请简要地描述你的哪些工作是不被上级监督的。

5. 请详细描述你在工作中需要接触到哪些岗位的员工，并且讲明接触的原因。

6. 请列举工作中需要用到的主要办公设备和用品。

7. 请描述你在人事和财务方面的权限。

8. 你认为胜任本岗位的工作需要何种经验？

9. 你认为胜任本岗位的工作需要什么样的知识、学历？对最低学历、所需专业知识、外语水平、计算机熟练程度有何要求？

10. 你认为一位没有相关工作经验的大专学历的人员，需要多长时间的培训可以胜任本岗位的工作？

11. 你认为较好地完成本岗位工作应该接受哪些培训？培训内容、培训方式及最少培训时间如何？

12. 请描述你认为可较为有效开展工作所需的工作环境。

13. 你认为性格、能力怎样的人能更好地胜任本岗位的工作？

14. 你认为什么样的心理素质的人能更好地胜任本岗位的工作？

15. 请列举你的岗位组织关系，如直接上级、直接下级、内部接触、外部接触。

16. 你对该工作岗位的评价是：

17. 你认为公司及你所从事的工作存在哪些不合理的地方？应该如何改善？

注意事项：

1. 填写人应保证以上填写内容真实、客观，并且没有故意隐瞒；

2. 该问卷内容将作为职务分析的重要依据，如果填写人发现有重大遗漏、错误或其他需要说明的情况，请立即与人力资源部联系。

填写人签字：

人力资源部负责人签字：

4. 工作日志法

工作日志法是任职者在规定时限内，实时、准确记录工作活动的方法。工作日志又称活动日志、工作活动记录表等，同文献分析法一样，工作日志法的主要用途是作为原始工作信息收集方法，为其他职位的工作分析提供信息支持，特别是在缺乏工作文献时，工作日志法的优势就更加明显。

使用工作日志法进行工作分析需要注意以下操作要点。

（1）单项信息。工作日志法是一种来源于任职者的单向信息获取方式，工作日志法很容易造成信息缺失、理解误差等系统性或操作性失误。因此，在实际操作过程中，工作分析人员应采取措施加强与填写者的沟通交流，如事前培训、过程指导、中期辅导等，削弱信息交流的单向性。

（2）结构化。工作日志法是一项所获信息相当庞杂的工作信息收集方法，后期信息整理工作量极大，因此在工作日志填写表格设计阶段，应按照后期分析整理的要求，设计结构化程度较高的表格，以控制任职者填写过程中可能出现的偏差和不规范之处，以降低后期分析的难度。

（3）适用条件。在理论界，对工作日志法的信度存在一定争议。由任职者自己填写的信息是否可信？实践证明，由于职位所包含的工作数量、内容的庞杂性及大量的重复性，"造假"成为相当困难或微不足道的事情。当然，对于组织中的关键岗位，其职责或是重大，或是稳定性差，工作日志法不宜作为主导方法。

（4）过程控制。工作分析人员应积极参与工作日志填写过程，为任职者提供专业帮助与支持，另外项目组也可组织中期讲解、工作分析研讨会等跟踪填写全程，力图在工作日志填写阶段减少填写偏差。

上述工作分析方法中，没有哪种方法是十全十美的，在进行实际工作分析时，应根据实际工作目的、工作条件需要，权衡各种方法的利与弊，选择一种或几种方法，以便得到详细、全面、准确的信息。

2.2.2　工作分析流程

一般来讲，工作分析流程可分为计划阶段、信息收集阶段、信息分析阶段和结果表达阶段。

1. 计划阶段

在工作分析计划阶段，应该明确工作分析的目的和意义，这样才能确定工作分析信息调查的范围、项目和信息收集的内容等方面的问题；确定工作分析的方法和工具，这有助于将工作分析所需要的信息进行预先组织与整理；确定工作分析人员，以确保工作分析的顺利进行，选择工作分析人员并对具备一定条件的工作人员进行相关培训；编写工作分析计划，与组织中相关员工进行沟通，向其传达工作分析的目的、意义、作用等相关信息以获得组织成员的支持。

2. 信息收集阶段

在工作分析过程中，需要明确应向哪些人收集工作信息。收集工作信息后，需确认信息的准确性和可靠性，并进行整理。

3. 信息分析阶段

信息分析阶段是对各种收集到的信息进行统计、分析、研究、归类的整个过程。在信息分析阶段，最好参照企业以前的工作分析资料和同行业同职位其他企业的相关工作分析的资料，以提高信息分析的可靠性。

在分析信息的过程中，还可以请求基层管理者提供帮助，确保没有什么错误。在信息分析阶段需要分析以下几个方面的内容。

（1）基本信息，如职务名称、职务编号、所属部门、职务等级等。

（2）工作活动和工作程序，如工作摘要、工作范围、职责范围、工作设备和工具、工作流程、人际交往、管理状态等。

（3）工作环境，如工作场所、工作环境的危险性、职业病、工作时间、工作环境的舒适程度。

（4）任职资格，如学历要求、工作经验要求、性格要求等。

（5）基本素质，如学历要求、专长领域、职务经验、接受的职业教育、特殊才能等。

（6）生理素质，如体能要求、健康状况、感觉器官的灵敏性等。

（7）综合素质，如语言表达能力、合作能力、进取心、职业道德素质、人际交往能力、团队合作能力、性格、气质等。

4. 结果表达阶段

结果表达阶段的主要任务是编写工作描述和任职资格要求，具体的任务如下。

（1）工作分析人员编写工作描述和任职资格要求初稿。

（2）工作分析人员与样本人员、样本人员上级、企业管理顾问等人员讨论工作描述和任职资格要求的具体内容。

（3）确定试行稿。

（4）试行稿使用无误后，确定为正式文件。

2.3 工作说明书的编写

工作分析的最终结果是产生每个岗位的工作说明，明确规定每个岗位的职责、任职条件、工作环境和对劳动者的具体要求等。

2.3.1 工作说明书的编写准备

在这个阶段需要召集整个工作分析调查中所涉及的基层管理者及任职人员，讨论根据工作分析制定的工作说明书的基本框架是否完整、准确。讨论前，一般将工作说明书的初稿复印件分发给每位与会人员；讨论过程中，需要仔细斟酌工作说明书中的每一行，甚至每个词语，由工作分析人员进行详细的书面记录。

2.3.2 工作说明书的编写原则

1. 统一规范

工作说明书的具体形式可能有很多，但其核心内容却不应改变。对于工作说明书中的重要项目，如工作概要、职责、任职资格等，必须建立统一的格式要求，否则工作说明书难以发挥其作用。

2. 清晰具体

工作说明书作为任职者的工作依据，内容必须清晰具体，对任职者或监管者而言，是可理解、可操作、可反馈的。对工作的描述应准确、语言精练、简明扼要，应尽量选择具体、恰当的用词，便于任职者把握。

3. 范围明确

在界定职位时，要确保指明工作的范围和性质，如用"为本部门""按照经理的要求"这样的语句来说明。此外，还要把所有的重要工作关系包括在工作说明书中。

4. 共同参与

工作说明书的编写不应当闭门造车，应由任职人员、上级主管、人力资源专家共同参与，分析协商。只有将各方面的意见统筹考虑，制定的工作说明书才可能被有关各方接受。

2.3.3 工作说明书的编写内容

工作说明书是在工作分析的基础上形成的，在编写工作说明书时，应简明扼要、系统地列出工作描述和任职资格。

1. 工作描述

工作描述是对职位本身的内涵和外延加以规范描述的文件。其主要内容包括工作的目的、职责、任务、权限、业绩标准、职位关系、环境条件、负荷等。

工作描述包括核心内容和选择性内容，前者是任何一份工作描述都必须包含的部分，这些内容的缺失，会导致我们无法对本职位与其他职位加以区分；后者不是每一份工作描述都必需的，可由工作分析专家根据预先确定的工作分析的具体目标或者职位类别，有选择地安排。

工作描述包括以下 6 个方面的基本内容。

（1）工作识别，又称工作标志、工作认定，包括工作名称和工作地位。其中工作地位主要指所属的工作部门、直接上级职位、工作等级、工资水平、所管理人数、定员人数、工作地点等。

（2）工作编号，又称岗位编号、工作代码。一般按工作评估与分析的结果对工作进行编码，目的在于相关人员快速查找所有工作。企业中的每一种工作都应当有唯一对应的代码，这些代码代表了工作的某些重要特征，如工资等级等。

（3）工作概要，又称职务摘要，指用简练的语言概述工作的总体性质、中心任务和要达到的工作目标。

（4）工作关系，又称工作联系，指任职者与组织内外其他人之间的关系，包括此工作受谁监督，可晋升的职位、可转换的职位及可迁移至此的职位，与哪些部门的职位发生联系等。

（5）工作职责，又称工作任务，是工作描述的主体，逐条指明工作的主要职责、工作任务、工作权限及工作结果（工作的绩效标准）等。工作职责应在时间和重要性方面进行优化，指出每项职责的分量或价值。

（6）工作条件与工作环境。工作条件主要包括任职者主要使用的设备名称和利用资料的形式。工作环境包括工作场所、工作环境的危险性、职业病、工作时间、工作的均衡性（一年中是否有集中的时间段特别忙或特别闲）、工作环境的舒适度等。

> **案例链接**
>
>
>
> **人力资源招聘专员的工作描述**
>
>
>
> 职务名称：招聘专员　　　　所属部门：人力资源部
>
> 职务代码：XL-HR-021　　　　工资等级：9～13
>
> 直接上级职务名称：人力资源部经理
>
> 【工作目的】为企业招聘优秀、适合的人才。
>
> 【工作要点】
>
> 1. 制订和执行企业的招聘计划。
> 2. 制定、完善和监督执行企业的招聘制度。
> 3. 安排应聘人员的面试工作。
>
> 【工作要求】认真负责、有计划性、热情周到。
>
> 【工作责任】
>
> 1. 根据企业发展情况，制订人员招聘计划。
> 2. 执行招聘计划。
> 3. 制定、完善和监督执行企业的招聘制度。
> 4. 制定招聘工作流程。
> 5. 安排应聘人员的面试工作。
> 6. 管理应聘人员的材料。
> 7. 鉴别应聘人员的材料、证件。
> 8. 建立企业人才数据库。
> 9. 完成直属上司交办的工作任务。
>
> 【衡量标准】
>
> 1. 上交的报表和报告的时效性和建设性。
> 2. 工作档案的完整性。
> 3. 应聘人员材料的完整性。
>
> 【工作难点】提供详尽的工作报告。
>
> 【工作禁忌】工作粗心，不能有效地向应聘者介绍企业的情况。

2. 任职资格

任职资格也称工作规范，是一个人为了完成某项特定的工作所必须具备的知识、技能、能力及其他特征的目录清单。知识是指一个人为了成功完成某项工作而必须掌握的事实性或程序性信息；技能是指一个人完成某项特定工作的熟练水平；能力是指一个人所拥有的、比较通用且具有持久性的才能；其他特征主要是指一些性格特征，如一个人达到目标的动力或持久性等。这些特征都是不能被直接观察到的与人有关的特点，只有当一个人实际承担起工作任务、职责和责任时，工作分析人员才有可能对这些特征进行观察。

需要注意的是，这里所说的知识、技能、能力及其他特征是对该项工作任职者的最低要求，而不是最理想的任职者的形象。

任职资格主要包括以下4个方面的内容。

（1）一般要求，包括年龄、性别、学历、工作经验等。

（2）生理要求，包括健康状况、力量与体力、运动的灵活性、感觉器官的灵敏性等。

（3）心理要求，包括观察能力、集中能力、记忆能力、理解能力、学习能力、解决问题能力、创造力、数学计算能力、语言表达能力、决策能力、交际能力、性格、气质、兴趣、爱好、态度、事业心、协作能力、领导能力等。

（4）考核项目和标准。

案例链接

人力资源招聘专员的任职资格

职务名称：招聘专员　　　　所属部门：人力资源部

职务代码：XL-HR-021　　　工资等级：9～13

直接上级职务名称：人力资源部经理。

一、知识和技能要求

1. 学历要求：本科及以上。

2. 工作经验：3年以上大型企业工作经验。

3. 专业背景：从事人力资源招聘工作2年以上。

4. 英文水平：达到大学英语四级水平。

5. 计算机水平：熟练使用Windows和Office系列软件。

二、特殊才能要求

1. 语言表达能力：能够准确、清晰、生动地向应聘者介绍企业情况；准确、巧妙地解答应聘者提出的各种问题。

2. 文字表述能力：能够准确、快速地将想要表达的内容用文字表述出来，对文字描述很敏感。

3. 观察能力：能够很快把握应聘者的心理。

4. 处理事务能力：能够将多项并行的事务安排得井井有条。

三、综合素质

1. 有良好的职业道德，能够保守企业人事秘密。

2. 独立工作能力强，能够独立完成布置招聘会场、接待应聘人员、评价应聘者非智力因素等任务。

3. 工作认真细心，能准确把握同行业的招聘情况。

能力是指人们顺利完成某种活动所必须具备的，并且直接影响活动效率的个性心理特征，在行为科学上也称为"本领"或"本事"。从事任何一项活动都需要一定的条件，这些条件既包括客观方面的，也包括主观方面的，能力就是顺利完成某种活动的主观条件。能力总是与人的活动相联系，并直接影响人的活动效率。一个人的能力只有在活动中才能表现出来，也只有从一个人所从事的某种活动中才能看出他具有某种能力，并从活动的效率和效果看出其能力的强弱。因此，能否顺利并出色地完成某种活动，是检验一个人能力的重要标准之一。能力是在先天遗传素质的基础上，通过后天的环境与教育的作用，在社会实践活动中逐步形成和发展的。

人们为了顺利完成某种活动，通常需要各种能力的相互作用，既需要一般能力，又需要特殊能力。一般能力是顺利完成各种活动所必需的基本能力，比如观察能力、记忆能力、想象能力、思维能力等。特殊能力是顺利完成某种专业活动所必备的能力，比如音乐能力、绘画能力、鉴赏能力等。一般能力和特殊能力有机地结合在一起，相辅相成，共同发挥作用。一般能力寓于特殊能力之中，并通过特殊能力表现出来；特殊能力的发展离不开一般能力，而且特殊能力的发展也有助于一般能力的提高。

2.4 工作设计

在工作分析中，我们会发现这样一些问题，如原有的工作规范已经不能适应企业发展目标任务和管理体制等方面的需要，或现有人力资源在一定时期内难以达到工作规范的要求，或员工中出现了抱怨、消极怠工、"三个和尚没水吃"的情形等，影响了原有工作规范下的工作效率。这时，企业就应该开始组织进行工作设计或再设计，对企业原有工作内容、工作职责和工作关系等方面进行安排或重新安排，使企业的工作岗位与人力资源更加匹配，实现事得其人、人尽其才和人事相宜。

工作设计又称岗位设计，是指根据组织需要，并兼顾个人的需要，重新规定每个岗位的责任、权力及在组织中与其他岗位关系的过程。它把工作内容、工作资格条件和报酬结合起来，目的是满足员工和组织的需要。

2.4.1 工作设计准备

工作设计是为了有效地达到组织目标与满足个人需要而进行的工作内容、工作职责和工作关系的设计，要解决的主要问题是企业向其员工分配工作任务和职责的方式，是通过满足员工与工作有关的需要，来提高工作绩效的一种管理方法。因此，工作设计是否得当，对员工的工作动力、工作满意度及工作效率都有重大影响。

工作设计的切入点有两个：①一个新企业的建立最终会导致一批工作的出现，而这些工作的内容、性质、关系需要根据企业目标来设计；②通过常规或特定的工作分析，企业会发现一些"人""事"配置方面的问题，这时需要进行工作设计或再设计。在工作设计的准备阶段，工作设计人员应该做好以下工作。

1. 需求分析

工作设计人员应在工作分析的基础上，首先对企业原有工作状况进行调查诊断以决定是否进行工作设计，应着重在哪些方面进行改进。一般来说，企业出现员工工作满意度下降、积极性降低、工作情绪消沉等情况，就需要进行工作设计了。

2. 可行性分析

在确认必须进行工作设计之后，还应进行可行性分析。首先应考虑该项工作是否能够通过工作设计改善，从经济效益、社会效益上看是否值得投资。其次应该考虑员工是否具备从事新工作的心理与技能准备，如有必要，可先进行相应的培训。

3. 评估工作特征

在可行性分析的基础上，正式成立工作设计小组，小组成员应包括工作设计专家、管理人员和一线员工。工作设计小组负责调查、诊断和评估原有工作的基本特征，提出需要改进的方面。

相关阅读

工作设计的主要内容

工作设计的主要内容包括工作内容、工作职责和工作关系的设计。

1. 工作内容

工作内容的设计是工作设计的重点，一般包括工作的广度、工作的深度、工作的完整性、工作的自主性和工作的反馈5个方面。

（1）工作的广度。工作设计得过于单一，员工容易感到枯燥和厌烦，因此设计工作时，应尽量使工作多样化，使员工在完成任务的过程中能进行不同的活动，保持工作兴趣。

（2）工作的深度。设计的工作应具有从易到难的一定层次差异，对员工的工作技能提出不同程度的要求，从而增加工作的挑战性，激发员工的创造力，提升其克服困难的能力。

（3）工作的完整性。保证工作的完整性能使员工有成就感，即使是流水作业中的一个简单程序，也要是该程序的全过程，让员工能够见到自己的工作成果，感受到自己工作的意义。

（4）工作的自主性。适当的自主权能增强员工的工作责任感，使员工感觉自己受到信任和重视，认识到自己工作的重要性，增强工作的责任心，提高工作积极性。

（5）工作的反馈。工作的反馈包括两方面的信息：①同事及上级对自己工作意见的反馈，如对自己工作能力、工作态度的评价等；②工作本身的反馈，如工作的质量、数量、效率等。工作反馈信息使员工对自己的工作效果有较为全面的认识，能正确引导和激励员工，有利于工作的精益求精。

2. 工作职责

工作职责的设计主要包括工作的责任、权力、方法及工作中的相互沟通和协作等方面的设计。

（1）工作责任。工作责任设计就是员工在工作中应承担的职责及压力范围的界定，也就是工作负荷的设定。责任的界定要适度，工作负荷不足、无压力，会导致员工行为低效；工作负荷过大、压力过大，又会影响员工的身心健康，会导致员工的抱怨和抵触。

（2）工作权力。权力与责任是对应的，责任越大，权力越大，否则两者脱节，会打消员工的工作积极性。

（3）工作方法。工作方法设计主要包括领导对下级的工作方法设计、组织和个人的工作方法设计等。工作方法的设计具有灵活性和多样性，根据工作特点的不同，采取的具体方法也不同，不能千篇一律。

（4）相互沟通。沟通是信息交流的过程，是整个工作流程顺利进行的基础，包括垂直沟通、平行沟通、斜向沟通等形式。

（5）协作。整个组织是一个有机联系的整体，是由若干个相互联系又相互制约的环节构成的，每个环节的变化都会影响其他环节及整个组织的运行，因此各环节之间必须相互合作、相互制约。

3. 工作关系

工作关系的设计主要包括3个层次：上下级关系、平级关系及部门间关系。上下级关系体现了岗位由谁直接领导，向谁汇报，同时也指出了上级负责管理和监督的工作，体现工作的纵向关系；平级关系是指部门内部的关系，反映了工作中部门内协作及沟通的环境，体现了工作的横向关系；部门间关系体现了部门间工作沟通、协作的环境。

2.4.2　工作设计方式的选择

在工作设计的准备阶段，工作分析人员根据工作调查和评估的结果，对工作状况及出现的问题做出初步判断，并以此为依据确定工作设计的大致方向。工作设计的方式一般有工作轮换、工作扩大化、工作丰富化和工作再设计等。

1. 工作轮换

工作轮换是将员工定期地从一种工作岗位轮换到另一种工作岗位，以使员工对不同的工作有更多的了解，并改变员工长期从事单一工作的枯燥乏味的感觉，达到增加员工工作兴趣，进而提升生产效率的目的。工作轮换还有一些其他的好处，如增加分配工作的灵活性，如派人顶替缺勤的员工、支援瓶颈岗位等。员工相互交换工作岗位，可以体会到不同工作岗位的难处，有利于相互理解、相互体谅，从而使整个生产运作系统更完善、更和谐、效率更高。

2. 工作扩大化

工作扩大化是指工作的横向扩大，即扩大员工的工作范围或领域，增加工作内容，以改变员工对常规性、重复性的简单工作感到单调乏味的状况，从而改善工作质量。工作扩大化可以增加员工的工作兴趣，从而提高劳动生产率。工作扩大化的途径有增加个人工作的种类，从而使其能够完成一项完整工作的大部分内容，感受工作的意义和挑战，提高工作积极性。

3. 工作丰富化

工作丰富化是指工作的纵向扩大，增加员工在工作计划、决策参与、进度控制乃至考评奖励方面的工作内容，使其介入工作管理，增强其工作自主性。例如，对于生产一线工人，使其负责制订作业计划、检验产品、参与设备保养和维修等工作，从而满足员工个人发展和自我实现的需求。工作丰富化较工作扩大化而言，更注重工作的内涵和性质，更注重高级心理需求的满足；而工作扩大化则侧重于一般工作范围或领域的扩展和较低级心理需求的满足。

4. 工作再设计

工作再设计就是重新设计员工的工作职责、内容和方式，以及所要完成的具体任务及方法，同时确定该工作如何与其他工作相互联系的过程。工作再设计必须进行整体考虑，在主要设计工作开始前，要考虑组织、环境因素和工作设计本身的因素，如工作内容、工作自主性、工作难度、信息流程、责任、职权关系、协作要求、与其他人交往并建立友谊的机会、集体合作的要求等，要听取员工的建议。工作再设计关注的目标在于绩效成果（如生产率、员工反应、满意度、出勤率、离职率等）和员工的个人特征（如个人需求、价值观、个性等）。工作再设计在很多情况下是改善员工工作质量的工具。

2.4.3 制订工作设计方案

根据工作调查和评估的结果，由工作设计小组制订可供选择的工作设计方案。一般来讲，工作设计方案中包括工作状况以及出现问题的简要描述，工作特征的改进对策，新工作体系的工作职责、工作流程与工作方式，工作时间要求，经费预算等。

2.4.4 工作设计方案的试行

在方案确定后，可选择适当部门与人员进行试点，以便检验设计效果。根据试点情况对工作设计效果进行评价。评价主要集中于3个方面：员工的态度和反应、员工的工作绩效、企业的投资成本和效益。如果工作设计效果良好，应及时在同类型工作中推广应用，在更大范围内进行工作设计。

能力自测

一、单项选择题

1. 工作分析的时机不包括以下情形（   ）。

   A. 新建企业或新组建的部门为满足组织设计与人员招聘的需要

    B. 企业的工作内容、工作性质发生变化

    C. 企业的工作内容由于新技术出现发生重要变化

    D. 企业想重新制定薪酬激励制度

2. 工作说明书主要包括工作描述和任职资格，以下不属于工作描述的是（　　　）。

    A. 工作内容　　　　　　　　　　　　B. 工作职责

    C. 工作环境　　　　　　　　　　　　D. 工作考核项目和标准

3. 以下关于工作岗位分析的作用说法错误的是（　　　）。

    A. 为岗位评价奠定了重要基础　　　　B. 为员工的素质测评提供依据

    C. 使员工明确自己的工作职责　　　　D. 能揭示工作中的薄弱环节

4. 工作设计的主要内容包括（　　　）。

    A. 工作内容　　　　B. 工作职责　　　　C. 工作关系　　　　D. 工作效率

二、简答题

1. 工作说明书主要包括哪些内容？

2. 在工作设计的准备阶段，工作设计人员一般需要做好哪些工作？

3. 问卷调查法的优点及缺点是什么？

4. 工作再设计时需要考虑的因素有哪些？

案例分析

"三个和尚"的工作分析与设计

    三个和尚没水喝的故事还有一个版本，说的是山上有座小庙，庙里有个小和尚。住持安排小和尚每天挑水、念经、敲木鱼、夜里不让老鼠来偷东西。不久，又来了一个和尚，水的需求量增加了，小和尚心想，一个人去挑水太吃亏了，便要新来的和尚和他一起去抬水，这样总算还有水喝。后来，又来了一个胖和尚，大家都在打着自己的小算盘，虽然很渴，但谁也不愿意主动去挑水。大家各念各的经，各敲各的木鱼。花草枯萎了，夜里老鼠出来偷东西，谁也不管。结果老鼠猖獗，打翻烛台，燃起大火，将他们赖以生存的寺庙焚毁了，三个和尚发现得早，逃出来了，但住持就没那么幸运，被大火烧死了。

    这是一个富于悲剧色彩的寓言故事，我们在感慨三个和尚不协作、自私自利的同时，是不是也觉得那个住持很悲哀呢？其实，从人力资源管理的角度看，没有差劲的员工，只有差劲的管理者。在三个和尚没水喝的故事中，如果住持不是"睁只眼，闭只眼"的话，也就不会造成没水喝的局面了。从人力资源管理的角度来看问题，管理者应该在做好工作分析与设计的基础上，从规范化管理角度入手。

1. 工作分析

    第一，将需要和尚做的事情全部列出来，如挑水、洗衣服、砍柴、做饭、扫地、接待客人、念经等，然后制定值日制度，规定每人多长时间轮换一次挑水。第二，规定每天必须挑水多少担，为了防止有人在挑水时投机取巧，要对水桶的大小、水满程度做出规定。类似的其他事情如做饭、扫地等也有相应的标准和制度。这相当于编写工作说明书。第三，将"工作说明书"公开，使每个和尚都有自己的"工作说明书"，起到明确工作职责的作用，也为住持对他们的绩效考核提供了依据。这样，"没水吃"的情形就不会再出现了。

2. 工作设计

随着寺庙影响的扩大，庙里和尚变多了，寺庙成立了人力资源管理部、工会。同时，为了更好地开展工作，寺庙提拔了十几名和尚分别担任副住持、住持助理，并在每个部门任命了部门小住持、副小住持、小住持助理。新的问题又来了。前台负责念经的和尚总抱怨水不够喝，后台挑水的和尚也抱怨人手不足、水的需求量太大而且没个准儿，不好办。为了更好地解决这一矛盾，经开会研究决定，成立一个新的部门——喝水响应部，专门负责协调前后台矛盾。为了便于沟通、协调，每个部门都设立了对口的负责联系的和尚。然而，还是无济于事。有的和尚在拼命挑水，有的和尚在拼命念经，有的和尚在拼命协调，有的和尚在拼命分析……忙来忙去，水还是不够喝。

显然，和尚们内心清楚：原因在于人浮于事，闲人太多。在工作设计的基础上，裁减富余人员就成为必然。于是，寺庙聘请人力资源管理公司，针对寺庙的发展阶段及未来前景，做了工作设计和再设计。

【讨论】

1. 三个和尚的工作分析解决了什么问题？
2. 寺庙在进行工作设计前遇到了哪些问题？案例给我们什么启示？

实训操作

1. 实训项目

在企业中选择某一岗位进行工作分析，编制工作说明书。

2. 实训要求

学生分小组，运用工作分析的方法分析企业中某一岗位，编制该岗位的工作说明书。

3. 实训组织

（1）根据教学班级学生人数来确定项目小组数量，每小组4～6人。

（2）以小组为单位组织工作分析，在充分讨论的基础上形成岗位的工作说明书。

（3）教师进行归纳、总结。

4. 实训考核

每组对本小组工作分析的过程和工作说明书的主要内容进行汇报，要求汇报人的礼仪规范，语言流畅，脱稿表达。

第 3 章

人力资源规划

学习目标

知识目标

1. 了解人力资源规划的概念。
2. 理解人力资源规划的意义。
3. 掌握人力资源需求预测和供给预测的主要方法。

能力目标

1. 培养学生分析问题的能力。
2. 培养学生的决策能力。

素养目标

1. 引导学生养成尊重知识、尊重专家的理念。
2. 培养学生自信心。

案例导入

某制造公司的营销经理在每周经理例会上说："我有个好消息，我们可以与 B 公司签订一笔大合同。我们所要做的就是在一年而不是两年内完成该计划。我告诉他们我们能够做到。"

人力资源经理则说道："在我看来，我们现有的工人并不具备按 B 公司的标准生产出优质产品所需的专业知识 。在原来两年的计划进度表中，我们曾计划对现有工人逐步进行培训。但是按现在这个新的时间表，我们将不得不到劳动力市场上招聘那些具有该方面工作经验的工人。或许我们有必要进一步分析这个方案，看看是否确实需要这么做。如果我们要在一年而不是两年内完成这一计划，人力资源成本将大幅度上升。不错，我们能做到这一点，但是由于有这些约束条件，这个计划的效益会好吗？"

人力资源经理的话使每个人都陷入了沉思。

【分析提示】

上述情况中，营销经理在其计划中没有考虑人力资源计划的重要性。在如今发展迅速、充满竞争的环境中，如果没有认识到人力资源计划的重要性，常常会使原本深思熟虑的计划无法实施。

3.1 人力资源规划概述

3.1.1 人力资源规划的概念

重要概念

人力资源规划（Human Resource Planning）是企业人力资源管理六大模块中的第一个，是企业人力资源管理的重要环节，其是指为实现企业发展目标与战略，根据企业内外部环境的变化，运用科学方法对所属人力资源的供需进行预测，并制定相适应的政策和措施，从而使企业人力资源的供需达到平衡，使企业与成员均受益，最终实现企业可持续发展目标的过程。简而言之，人力资源规划就是指进行企业人力资源的供需预测，使之平衡并达到可持续发展的过程。

在实践过程中，不少企业对人力资源高度关注，并投入了大量的时间和财力，却没有获得应有的回报。其首要原因是缺乏人力资源规划或者其人力资源规划无效。有管理专家指出，人力资源规划就是把所有人力资源活动连接在一起并把这些活动与组织的其余部分整合起来的线。这句话深刻地揭示了，管理人员特别是高级管理人员要充分认识到人力资源规划的重要性，且人力资源规划还要在实践中能够坚定地被执行。企业必须在选人、用人、育人、留人等方面做出适合自己的规划，只有这样才能发挥其人力资源的优势。

3.1.2 人力资源规划的意义与作用

人在企业的所有资源中起着至关重要的作用。因此，为了达到企业的战略目标和战术目标，必须规划人力资源。人力资源规划的意义与作用如下。

1. 帮助企业适应内外环境变化

由于政治、经济、技术、客流、劳动力市场、产品销售与开发情况等企业内外部因素处于不断变化之中，企业应在战略策略、组织结构、管理体制上做出相应的调整，从而适应对人员需求的相应变化。如果企业事先有良好的人力资源规划，就能针对不同情况，采取相应的策略来应对各种变化，而不会只是被动反应。

从企业人力资源供给的角度来看，如果企业不能事先对内部的人力资源状况进行系统分析，采取有效措施，充分挖掘现有员工的潜力或从外部招聘高素质人才，企业势必会面临人力资源短缺的状况。对企业人力资源进行动态的统筹规划，预测人力资源的供求差异，提前制定平衡人力资源需求与供给的调整措施，能够在很大程度上确保企业在合适的时间内找到发展所需要的合适的人才。

2．为企业管理提供重要依据

随着企业规模的扩大和结构的复杂化，管理的工作量和难度都在迅速提高，无论是确定人员的需求量、供给量，还是职务、人数及任务的调整，不通过一定的周密计划都难以实现。例如，何时需要补充人员，补充哪些层次的人员，如何补充，如何组织不同需求的培训，对不同层次和部门的人员如何考评与激励等。这些管理工作在没有人力资源规划的情况下，必然会陷入相互分割和混乱的状况，也可能造成员工的负面情绪和加剧员工流失。因此，人力资源规划是企业管理的重要依据，它为企业的录用、晋升、培训、考评、激励、人员调整等活动提供了准确的信息和依据。

3．有利于企业降低人工成本

人力资源成本中最大的支出部分是工资支出。随着企业的不断发展壮大，企业人力资源的数量往往越来越多，另外，很多员工随着组织的发展不断成长，工资也不断提高，这些都造成了企业经营成本的不断增加。企业通过人力资源规划，能够科学地预测员工在数量及结构方面未来可能出现的变化，调整人员配置不平衡的状况，进而谋求人力资源的合理化使用，使人工成本控制在合理的范围内。

此外，人力资源规划还可通过对现有的人力资源结构进行分析，找出影响人力资源有效运用的主要矛盾，充分发挥人力资源的效能，降低人工成本在总成本中的比例，达到提高企业经济效益的目的。

4．有助于发挥人力资源效能

企业员工，尤其是一线员工，工作时间较长，工作量比较大且工作内容单一，如果企业对人才没有合理的指导和长远的规划，往往会使员工觉得劳累而没有希望，从而产生跳槽的念头。当前，"要生活，也要事业"已成为人们的普遍追求。员工进入企业工作，不仅是为了获得稳定的有吸引力的报酬，也是为了谋求自身的发展。许多缺乏资金、处于发展初期的中小企业之所以能够吸引优秀人才并迅速成长，就是因为其立足自身的情况，营造出企业与员工共同成长的氛围，使员工对未来满怀信心和希望，与企业共同发展。

因此，企业人力资源规划要同时考虑企业和员工的发展。通过人员培训和调配规划，让员工各尽所能；通过晋升和薪酬规划，让员工自发、积极地创造条件努力争取，帮助他们实现自我价值。

3.1.3　企业人力资源规划的分类

企业人力资源规划可以按结构层次划分，也可以按时间跨度划分。

1．按结构层次分

人力资源规划按结构层次划分为总体规划与各项业务规划。

（1）总体规划。

总体规划是指一段时间内有关人力资源管理的方针、政策、目标、措施、步骤、预算的全局安排，具体包括人力资源结构和数量规划、人力资源素质规划、人力资源费用预算和人力资源政策规划。

（2）业务规划。

人力资源业务规划是总体规划的细则，是总体规划落地的载体。人力资源业务规划主要包括人员配备计划、人员补充计划、人员晋升计划、员工培训与开发计划、员工薪酬激励计划、员工职业生涯规划、其他人力资源计划等内容。

① 人员配备计划。企业按照内外部环境的变化，采取不同的人员管理措施（比如使员工在企业内部合理流动、对岗位进行再设计等）以实现企业内部人员的最佳配置。比如，当企业人员过剩时，企业可以通过岗位再设计对企业中不同岗位的工作量进行调整，解决工作负荷不均的问题。

② 人员补充计划。人员补充计划是指企业根据组织运行的实际情况，对企业中长期内可能产生的空缺职位加以弥补的计划，旨在促进人力资源数量、质量和结构的优化与完善。一般来讲，人员补充计划和人员晋升计划是相互联系的。企业在招聘录用时，必须预测未来一段时间内员工的需求情况，这样才能制订合理的人员补充计划。

③ 人员晋升计划。人员晋升计划是指企业根据企业目标、人员需要和内部人员分布状况，制订的员工职务提升方案。人员晋升计划的内容一般由晋升条件、晋升比率、晋升时间等指标组成。企业要尽量使人与事最佳匹配，尽量把有能力的员工配置到能够发挥其更大作用的岗位上去，以此调动员工的积极性，提高人力资源利用率。

④ 员工培训与开发计划。员工培训与开发计划是指企业通过对员工有计划的培训，引导员工的技能发展与企业的发展目标相适应的策略方案。人力资源是再生型资源，企业可以通过有计划、有步骤、分门别类的培训来开发人力资源的潜力，培养出企业发展所需要的合格人才。

⑤ 员工薪酬激励计划。员工薪酬激励计划一方面是为了保证企业人工成本与企业经营状况之间恰当的比例关系，另一方面是为了充分发挥薪酬的激励功能。企业通过员工薪酬激励计划，可以在预测企业发展的基础上，对未来的薪酬总额进行预测，并设计、制定、实施未来一段时期的激励措施，以充分调动员工的工作积极性。

⑥ 员工职业生涯规划。员工职业生涯规划既是员工个人的发展规划，又是企业人员规划的有机组成部分。企业通过员工职业生涯规划，能够把员工个人的职业发展与组织需要结合起来，从而有效地留住人才，稳定企业的员工队伍。特别是对于那些具有相当发展潜力的员工，企业可以通过员工职业生涯规划的制定，激发他们的主观能动性，使其在企业中发挥更大的作用。

⑦ 其他人力资源计划。其他人力资源计划包括劳动组织计划、员工援助计划、劳动卫生与安全生产计划等。

2. 按时间跨度分

按时间跨度分，人力资源规划有 5 年或 5 年以上的战略性长期规划、2～5（不含）年的策略性中期规划、1～2（不含）年的作业性短期计划。

（1）战略性长期规划

战略性长期规划主要涉及企业需求、外部因素及内部供给等，具体来说有战略人才的需求和供给预测、战略人才培训和吸引制度、人力资源需求总量、外部人力资源供给预测等。

（2）策略性中期规划

策略性中期规划又可称为经营计划阶段人力资源规划，主要规划内容有员工数量、员工结构组织和工作设计等。

（3）作业性短期计划

作业性短期计划也指企业年度内的人力资源规划，内容包括接替晋升计划、人员补充及培训发展等专项规划。

3.1.4　人力资源规划的过程

企业在进行人力资源规划时要综合考虑内外部环境，从战略规划出发，进行人力资源需求和供给预测，将企业人力资源的需求和供给相比较，当需求大于供给，即人员短缺的时候进行招聘；当需求小于供给，即人员冗余的时候实施减员、减少工作时间等措施。人力资源规划流程如图 3-1 所示。

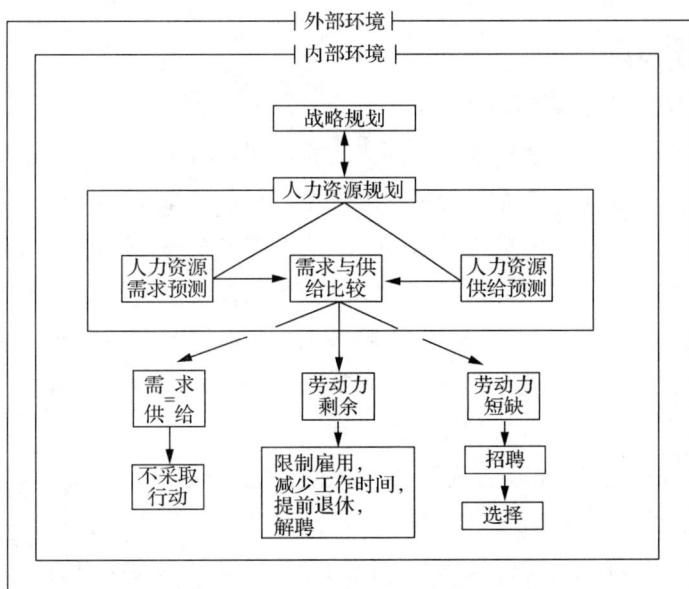

图 3-1　人力资源规划流程

3.2　人力资源需求预测

预测是在对已有资料进行分析的基础上，考虑内外环境中各种因素的影响，对未来的发展进行合乎逻辑的推理的过程。人力资源预测就是估计企业在未来某个时期的人员需求和供给状况，以满足组织人力资源需求的预测。在分析了人员需求和供给后，企业就可以确定目前是劳动力剩余还是劳动力短缺，从而采取相应的措施。

3.2.1　人力资源需求预测的概念

人力资源规划以企业人力资源需求的确定为基础。人力资源需求预测是指推算出企业为了实现既定目标未来一段时间内需要的人力资源的数量、质量和结构层次等。企业要成功进行人力资源需求预测，应全面收集和认真考虑企业发展战略、顾客需求变化、生产需求、劳动力成本趋势、劳动生产率的变化趋势、追加培训的需求、各工种员工移动情况、旷工趋向（或出勤率）、政府方针政策、工作小时的变化、退休年龄的变化及社会安全福利保障等多种因素的影响情况。

在进行人力资源需求预测时，首先要预测企业的产品或服务需求，然后将这一预测转换成为满足产品或服务需求而产生的对员工的实际需求。除上述因素外，还要考虑其他几个方面的因素：①可能的雇员流动比例（辞职或终止合同）；②雇员的质量与性质（当考虑组织将发生的转变时，这一点尤为关键）；③与提高产品或服务质量或者进入新市场有关的决定；④导致生产率提高的技术与管理方面的变化。

3.2.2　人力资源需求预测的方法

人力资源需求预测的具体方法可分为定性预测方法和定量预测方法。

一、定性预测方法

1. 经验预测法（主观判断法）

经验预测法是指企业根据以往的经验对人力资源进行预测。例如，管理者可以根据前期的任务完成情况，来预测未来某个时期内，增加相同的任务量将需要增加多少员工；也可以预测未来某个时期内，本组织内将有哪些岗位上的人将会离开，如晋升、退休、辞职、调动、降职等，以及这些岗位需要多少人员替补。经验预测法简便易行，但是这种方法是根据以往的经验进行预测的，预测的效果受经验的影响较大。因此，参考历史的档案，并借鉴多人集合的经验，可减少误差。该方法主要适用于短期预测任务与人力资源需求较简单的情况。该方法按途径又可划分为自上而下法和自下而上法。

自上而下法的基本原理是高层管理者最清楚企业的发展战略，可以从宏观上掌控企业，为了保证企业人力资源发展与企业的战略发展相符合，应该从企业的高层开始预测人力资源需求。

自下而上法基于这样的推理，即每个部门的管理者最了解该部门的人员需求。自下而上法要求从预测底层需求开始，最终汇总得出人员需求的预测总数。管理者将现有人员数量和预测人员数量进行比较，给人力资源部门充分的时间进行内部和外部资源研究。在这个预测过程中，应包括以下方面的估计。

（1）所需要的新职位。

（2）要撤销或不需要补充的职位。

（3）现有职位的变化。

（4）计划期内工作量的波动。

（5）变化的预算影响（成本）。

（6）企业一般管理费用、签约的劳动力及管理监督的变化。

2．德尔菲法

德尔菲法（Delphi Method）是由美国兰德公司于 20 世纪 50 年代初发明的群体决策方法。它是指以匿名方式通过几轮函询征求专家们的意见，组织决策小组对每一轮的意见进行汇总整理，将整理后的资料再发给每一个专家，供他们分析判断和提出新的意见，如此反复，专家的意见被集中统一，直至最后得出最终结论。这种决策方法的基本步骤如下所示。

（1）根据决策目标设计调查问卷。

（2）选择专家，分发问卷，要求每一位专家以匿名方式完成问卷。选择专家的人数，一般以 10～50 人为宜。所选择的专家一般是指有名望的或从事该工作数十年的有关方面的专家。

（3）回收问卷，决策的组织者将第一次调查结果及资料进行综合整理、归纳，再反馈给有关专家，由专家据此提出决策修改意见和新的要求。这种修改，一般可进行 3～5 轮。

（4）经过专家们反复修改，确定专家们趋于一致的决策意见。

德尔菲法具备以下 3 个特点：①匿名性，应邀参加决策的专家不知道参加者都有谁，这就消除了"权威者"的影响，同一参加的成员可以参考第一轮的决策结果；②有价值性，由于不同领域的专家参加决策，各有专长，考虑问题的出发点不同，会提出很多事先没有考虑到的问题和有价值的意见；③决策结果的综合性，为了对决策进行定量估价，采用统计方法对决策结果进行处理，最后得到的是综合的统计性的评定结果。

二、定量预测方法

定量预测方法主要是运用统计方法和数学模型来预测未来某一时点上的人力资源需求，从而预测出与企业战略发展相匹配的人力资源数量、质量、结构。

1．工作负荷法

工作负荷法也称为比率分析法。它的考虑对象是企业目标和完成目标所需人力资源数量间的关系，考虑的是每个人的工作负荷和企业目标间的比率。企业的目标一般是指生产量或者销售量等容易量化的目标。每个人的工作负荷则是指某特定的工作时间内每个人的工作量。预测未来一段时间内企业要达到的目标，再结合每个人的工作负荷就可以确定企业未来所需的人员数量。

用工作负荷法进行短期人力资源需求预测的基本步骤是由销售预测决定工作量，按工作量制定生产进程，然后决定所需人员的数量，再从工作力分析入手，明确企业的实际工作量和需要补充的人员。

（1）销售预测。由销售单位和销售人员对未来的销售情况进行预测或估计，然后将结果按地区和产品种类综合起来，形成总的销售预测数字。对消费者购买力进行估计也是销售预测的一种方法。对市场和经济趋势进行分析解释，也可以作为判断未来销售情况的重要方法。在销售预测时，一般将上述方法交叉运用，即以销售单位和销售人员的估计为基础，比较过去的记录，然后在对购买力进行估计和对经济形势进行分析解释的基础上加以调整。

（2）制定生产进程。给计划生产的产品排定生产日期，根据产品设计与过去生产的实际记录，以及时间研究的结果，可以计算出各单位所需的人工时，各单位的人力之和，就是企业所需的全部人工时或劳动力。企业职能部门人员或非直接生产单位人员数量在企业业务性质和组织结构不变的情况下，一般是一个常数。因此，全部生产人员与全部非生产人员就构成企业总的资源，或称之为企业的工作力。

（3）工作力分析。企业必须明确现有人力究竟有多少可以参与实际的工作，这就是工作力分析的内容。企业可以从人事的各种考勤记录的统计中，明确事病假或缺勤的趋势；从退休人员和辞职的记录及各单位人员的动态记录中，明确企业近期内离职的人数。在此基础上，确定企业实际的工作力。

2. 回归预测法

回归预测法是运用事物间的因果关系，根据某一变量的变化，来推测另一相关的因变量的变化的预测方法。如果只考虑组织的某个因素对人力资源需求的影响，如企业的产量，而忽略其他因素的影响，就可以采用一元线性回归预测法；如果考虑两个或两个以上因素对人力资源需求的影响，则须用多元线性回归预测法；如果历史数据显示，某一因素与人力资源需求量之间不是直线相关的关系，那么要用非线性回归法来做预测。下面只介绍一元线性回归预测法。

当人力资源的历年数据呈较有规律的近似直线趋势分布时，可用最小二乘法求出直线回归方程，即 $y=a+bx$，来预测未来的人力需要。运用此方法要满足一定的条件，即人力资源的增减趋势保持不变，内在、外在环境因素保持不变，因而此方法虽较简单、实用，但有较大的局限性。

企业在进行人力资源需求预测时，应充分考虑各种预测方法的特点、预测问题本身的特点，以及时间、人员、费用等制约因素，选择最合适的方法。

3.3　人力资源供给预测

3.3.1　人力资源供给预测概念

人力资源供给预测是指企业为实现其既定目标，对未来一段时期内组织内部和组织外部各类人力资源补充来源情况进行分析。人力资源供给分析包括组织内部供给分析和组织外部供给分析两个部分。

在进行组织内部供给分析时，必须考虑的因素有企业内部人员的自然流失（伤残、退休、死亡等）、内部流动（晋升、降职、平调等）、辞职、解聘等。

在进行组织外部供给分析时，应注意充分考虑人力资源供给的两大类影响因素。

（1）地域性因素，包括企业所在地和附近地区的人口密度，其他企业劳动力的需求状况，企业当地的就业水平和就业观念，企业当地科技文化教育水平，企业所在地对人们的吸引力，企业本身的吸引力，企业当地临时工的供给状况，企业当地的住房、交通、生活条件等。

（2）全国性因素，包括劳动人口增长趋势、全国对各类人员的需求程度、各类学校的毕业生规模与结构、教育制度变革产生的影响、国家就业法规和政策的影响等。

3.3.2　人力资源供给分析步骤

人力资源供给分析的具体步骤如下所示。

（1）进行人力资源盘点，了解企业员工的现状。

（2）分析企业的职务调整政策和员工调整的历史数据，统计出员工调整的比例。

（3）向各部门的人事决策人了解可能出现的人事调整情况。

（4）将（2）、（3）的情况汇总，得出企业内部人力资源供给预测结果。

（5）分析影响外部人力资源供给的地域性因素。

（6）分析影响外部人力资源供给的全国性因素。

（7）根据（5）、（6）的分析，得出企业外部人力资源供给预测结果。

（8）将企业内部人力资源供给预测结果和企业外部人力资源供给预测结果汇总，得出企业人力资源供给预测结果。

3.3.3　人力资源内部供给分析的方法

一般来说，企业人力资源需求的满足应优先考虑内部人力资源供给，并主要通过岗位轮换、职位变更、员工技能提升等来实现。企业人力资源内部供给分析的主要方法有人力资源信息库、管理人员接替图、马尔可夫模型等。

1. 人力资源信息库

人力资源信息库是通过计算机建立的，记录企业每个员工技能和表现的信息库，从人力资源信息库中可获取企业每个员工的晋升、调动、解聘等方面信息。它与传统的个人档案相比具有容量大、调用灵活方便、文字信息丰富等优点，能够确切反映员工的流动信息。

按照员工的类型不同，针对企业一般员工可以设立"技能清单"，集中收集每个员工的岗位适合度、技术等级和潜力等方面的信息；针对管理人员设立"管理才能清单"，反映管理者的管理才能及管理业绩，收集信息包括管理范围、管理总预算、下属职责、管理对象类型、接受的管理培训、当前管理业绩等。

此外，企业的人力资源信息系统还可以专门开辟一个板块，专门保留那些曾经到企业求职，各方面条件优秀，但由于没有合适的工作岗位而没有被聘任的人才的数据资料。这样，一旦企业有适合此类人才的岗位，通过人力资源信息系统，人力资源部门可以尽快争取到合适的人才。

2. 管理人员接替图

管理人员接替图主要涉及的内容是对主要管理者的总的评价，如图3-2所示。具体而言，即根据现有人员分布状况及绩效评估的资料，在未来理想人员分布和流失率已知的条件下，对各个职位，尤其是管理层的接班人预先安排，并且记录各职位的接班人预计可以晋升的时间，以此作为内部人力供给的参考。

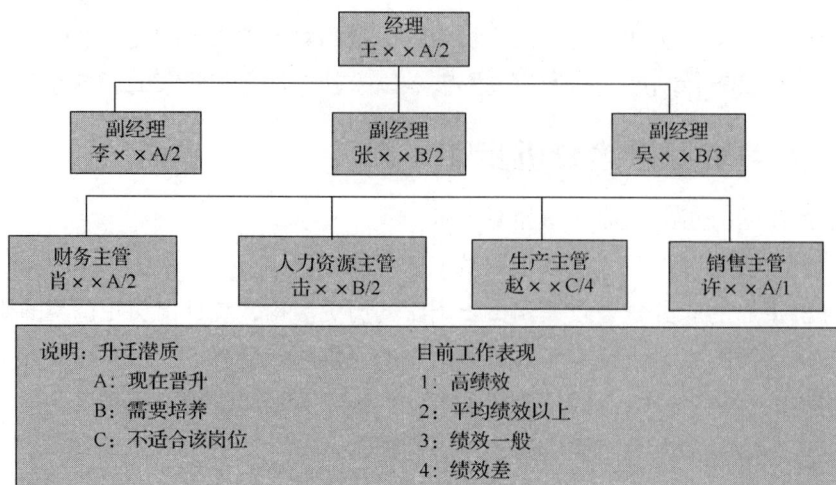

图 3-2　管理人员接替图

3. 马尔可夫模型

马尔可夫模型是分析组织人员流动的典型矩阵模型。它的基本思想是通过观察历年企业内部人数的变化，找出组织过去人事变动的规律，由此推断未来的人事变动趋势和状态，预测企业内部的人员供给情况。具体做法如下：①根据历史数据推算各类人员的转移率、迁出率；②统计作为初始时刻点的各类人员分布状况；③建立马尔可夫模型，预测未来各类人员的供给状况。

3.3.4　人力资源外部供给分析的方法

企业职位空缺不可能完全通过内部供给解决。企业员工因各种主客观原因退出工作岗位是不可抗的规律，企业需要从外部不断补充人员。外部招聘是企业人力资源供给的主要渠道。人力资源外部供给分析的主要方法有市场调查法、趋势分析法。

1. 市场调查法

市场调查法是指企业人力资源管理人员组织或亲自参与市场调查，并在掌握劳动力市场信息资料的基础上，经过分析和推算，预测劳动力市场的发展和未来趋势的一类方法。由于市场调查法强调调查得来的客观实际数据，主观判断较少，因此可以在一定程度上降低主观性和片面性。这种方法也是人力资源外部供给分析的主要方法。

企业人力资源部门进行外部供给调查，有如下几种渠道：①与相关高等院校建立日常联系；②通过人力资源市场、猎头公司等，获得所需要人才的就业信息；③与同行业企业建立广泛联系，由此获得同行业企业的人力资源供求状况；④与政府及相关部门建立紧密联系，获取有关人才供应情况的报告、政府扶持政策；⑤关注媒体报道、互联网，及时获取相关信息，了解外界人力资源供给动态。

2. 趋势分析法

相对于一般性的人才，有些特定专业的人才的获取更为棘手。这时候依靠常规的市场供给很难达到目的，企业就必须运用趋势分析法，根据历史经验来预测和建立可靠的人力资源供给来源。

3.4　人力资源供需平衡

人力资源规划的根本目的是实现企业战略发展目标，因此要求在企业人力资源数量和质量上实现供求平衡以满足需要。企业人力资源供需失衡一般可分为3种情况：第一种情况是人力资源不足；第二种情况是人力资源过剩；第三种情况是两者兼而有之，部分不足，部分过剩，称为结构性过剩。企业人力资源供需完全平衡这种情况极其少见，甚至不可能。

一、供不应求

当前，企业人才短缺已经不是少数现象，当预测人力资源在未来可能发生短缺时，企业要根据具体情况选择不同方案以避免短缺现象。

（1）将符合条件而又处于相对空闲状态的人调往空缺职位。

（2）如果高技术人员及核心人才出现短缺，应制订培训和晋升计划，在企业内部无法满足要求时，应制订外部招聘计划。

（3）如果短缺现象不严重，且本企业的员工又愿意延长工作时间，则可以根据《中华人民共和国劳动法》（以下简称《劳动法》）等有关法规，制订延长工时、适当增加报酬的计划，但这只是一种短期的应急措施。

（4）优化企业资本技术的有机构成，提高工人的劳动生产率，形成机器替代人力资源的格局。

（5）制订聘用非全日制临时用工计划，如返聘已退休者或聘用小时工等。

（6）制订聘用全日制临时用工计划，如同当地大专院校合作，短期招聘相关专业的大学生，一方面这部分人群素质相对较高，另一方面也锻炼了大学生的实践能力，间接为行业培养人才。

（7）尝试将技术性低且不涉及企业核心能力的工作任务外包出去，比如清洁等，从而在解决人力资源短缺的同时，也能提升人力资源效率及降低人力资源成本。

总之，以上这些措施，虽是解决企业人力资源短缺的有效途径，但最有效的方法是通过科学的激励机制、职业生涯引导，以及提高员工业务技能、改进工艺设计等方式，来调动员工的积极性，提高劳动生产率，减少对人力资源的需求。

二、供大于求

若企业人力资源供大于求，将会导致企业内部冗员过多，人浮于事，单位产出、工作效率低下，人工成本过高。解决企业人力资源过剩的常用方法有以下几种。

（1）永久性辞退某些劳动态度差、技术水平低、劳动纪律观念差的员工。

（2）合并和关闭某些臃肿的机构。

（3）鼓励提前退休或内退，对一些接近而还未达退休年龄者，应制定一些优惠措施，如提前退休者仍按正常退休年龄计算养老保险工龄，有条件的企业，还可一次性发放部分奖金或补助，鼓励提前退休。

（4）提高员工整体素质，如制订全员轮训计划，使员工始终有一部分在接受培训，为企业扩大再生产准备人力资本。

（5）加强培训工作，使企业员工掌握多种技能，增强他们的竞争力。鼓励部分员工自谋职业，同时，可拨出部分资金，开办第三产业。

（6）减少员工的工作时间，随之降低工资水平。这是西方企业在经济萧条时经常采用的一种解决企业临时性人力资源过剩的有效方式。

（7）采用由多个员工分担以前只需一个或少数几个人就可完成的工作，企业按工作完成量来计发工资的办法。这与上一种方法在实质上是一样的，都是减少员工的工作时间并降低工资水平。

在制定平衡人力资源供求的政策和措施的过程中，不可能存在单一的供大于求、供小于求，往往最可能出现的是某些部门人力资源供大于求，而另一些部门供不应求，且常常是高层次人员供不应求，而低层次人员供大于求。所以，应具体情况具体分析，制订相应的人力资源规划，使各部门人力资源在数量、质量、结构层次等方面达到平衡。

能力自测

一、单项选择题

1. 马尔可夫模型用于（　　　）。

　　A．人员需要　　　　　B．人员预测　　　　　C．质量分析　　　　　D．招聘评估

2. 导致组织内部人浮于事、内耗严重的人力资源供求情况是（　　　）。

　　A．人力资源供求平衡　　　　　　　　B．人力资源供大于求

　　C．人力资源供不应求　　　　　　　　D．无法确定

二、简答题

1. 人力资源规划包括哪些内容？

2. 人力资源需求预测的具体方法有哪些？

3. 人力资源内部供给分析的方法有哪些？

4. 人力资源供需不平衡时，可以采取什么措施？

案例分析

节约人力成本，做好员工返聘工作

酒店人员多，流动性大。每年酒店在新员工招聘工作上都要花费一定的人力、物力。如果能合理地返聘原先在本酒店就职的优秀员工，会大幅度降低人力成本，提高企业服务品质的稳定性。浙江开元酒店就非常重视员工返聘工作，认为返聘的已离职员工与新招聘员工相比，更有优势，理由如下。

1．适应性方面

一个核心岗位的新员工至少有 1 个月的招聘期、2 个月的适应期、6 个月的融入期，才能真正独立上岗进入奉献期，在一些特殊岗位，周期可能还会更长。在这漫长的过程中，新员工的工作效率并不高。比如客房员工，入职一个月内每日清扫 8 间房，一月后才提高到 12 间。如果成功返聘因某种客观原因而离职的老员工，其一入职就能直接进入奉献期，为企业创造价值，这无形中节约了一定的人力成本。

2．企业文化方面

新员工要通过了解、感受、融入并参与等过程，逐渐建立起自己对企业的情感。部分新员工进企业时间短，往往会因为不适应环境而离开，造成企业前期人力成本投入的浪费，而返聘员工就不存在上述问题。

3．服务质量方面

返聘员工不管在服务技能还是服务热情上都优于新聘员工，他们起点高，在工作上会少走弯路，也更能提供优质服务，确保服务品质，在一定程度上降低宾客投诉率，降低企业的投诉处理成本。

【讨论】

1．本案例体现了浙江开元酒店怎样的用人理念？

2．你认为返聘原先从本企业离职的员工还需要注意些什么？

🎛️ 实训操作

1．实训项目

选择某企业运用人力资源预测方法进行人力资源需求和供给的预测，编制人力资源业务规划。

2．实训要求

学生分小组，运用人力资源预测的方法预测企业人力资源的需求和供给，编制管理人员接替图。

3．实训组织

（1）根据教学班级学生人数来确定项目小组数量，每小组 4～6 人。

（2）以小组为单位进行企业调查，运用人力资源预测方法预测企业人力资源的需求和供给，编制人力资源业务规划。

（3）教师进行归纳、总结。

4．实训考核

每组对本小组人力资源预测的结果进行汇报，编制人力资源业务规划，要求汇报人礼仪规范，语言流畅，脱稿表达。

第 4 章

招募与甄选

学习目标

知识目标

1. 明确招聘的概念。
2. 掌握招聘的不同渠道。
3. 掌握人员甄选的方法。

能力目标

1. 培养学生的沟通能力。
2. 培养学生面试的技巧。

素养目标

1. 引导学生诚实守信面对职场。
2. 引导学生全面提高自身素质。

案例导入

一位优秀的 CEO，首先要成为优秀的 HR

张一鸣是字节跳动（抖音母公司）的创始人，曾经先后入选《福布斯》"中国 30 位 30 岁以下的创业者"和《财富》"中国 40 位 40 岁以下的商业精英"，是国内互联网行业最受关注的青年领袖之一。他有着自己独特的人才观，对优秀人才非常重视。

在字节跳动刚成立的前几年，有相当一部分员工，都是由张一鸣一个一个去招来的。据梁汝波（张一鸣大学室友，字节跳动联合创始人）透露，字节跳动的前 100 名员工，全部都是由张一鸣面试的，后面两年公司发展快起来了，他只能面试一部分，但基本每份录用通知书也都会经他确认。问到张一鸣招人的诀窍时，梁汝波说了两点：一是人认准，二是"死皮赖脸"。这个方法让张一鸣聚集了很多优秀人才。而问张一鸣的时候，他说了另外两点：一是留心，二是诚意。他曾连续几周去见同一个人，就在对方的小区面试，张一鸣对 HR 的要求也是如此，只要遇到了不错的人，时间、地点都无所谓。HR 与候选人相互吸引，是可遇不可求的，可见，张一鸣在其中投入了不少心血。张一鸣自己是程序员，但他也招过 HR 和财务人员，在招 HR 时，他觉得 HR 一定要高情商、善交际、亲和力好、有上进心。张一鸣也对外界说过：要是自己夜归的话，最多的情况就是去见候选人，有时候从下午一直聊到凌晨。用张一鸣自己常说的一句话就是：不是人家不优秀，可能是你太懒了，既误了自己，又误了别人。这位强势崛起的字节跳动的创始人，就像他自己的名字一样，一直在寻找优秀的人以产生相互间的共鸣。

一个合适的人抵得上 10 个不合适的人，可以把之前开给几个不合适的人的薪水，给他一个人，让他获得高于市场平均水平的回报。在字节跳动的人才观念里，成本不是问题，人才的产出才是问题，只有保持高的人才投资回报率，公司的竞争力才有保障。

4.1 招聘概述

4.1.1 招聘的概念

📝 **重要概念**

招聘就是根据企业的总体发展战略规划，制订相应的招聘计划，并寻找、吸引与获取合适的人员来填补空缺职位的过程。招聘实际上包括两个相对独立的过程，即招募（Recruitment）和甄选（Selection）。招募是指企业确定工作需要，根据需要吸引候选人填补空缺的活动；而甄选是指从所有来应聘这一职位的候选人中进行选择的活动。更具体地说，招募包括吸引有资格的候选人，确定企业吸引候选人的过程是公开、合法的；甄选是通过采用恰当的甄选方法和程序，在最优的时间和成本的预算约束下，实现合适的人和合适的工作的匹配。

4.1.2 招聘工作对企业人力资源管理的意义

市场竞争归根到底是人才的竞争。随着经济的发展，各行各业对人才的需求也越来越强烈，企业要发展就必须不断地吸纳人才。招聘就是替企业或组织挑选符合空缺职位所需人才的过程，求才的目的在于选择适宜、优秀的人才。

在企业人力资源管理工作中，招聘工作是一项基础性的工作。所谓基础性：一是指全部的管理工作基于招聘，离开了招聘而来的员工，就谈不上管理工作，如培训、定薪、绩效考核等，都是在找到了需要的员工以后的事；二是指一个企业发展得好不好，很大程度上取决于企业内各部门员工的努力和配合程度，招聘工作中的甄选正是为了能找到适合企业运行和发展要求的员工。如果把一个企业看作是球队，那么企业在市场竞争中的胜败与员工的关系就和球队在赛场上的胜败与球员的关系一样。招聘的意义在于获取企业的竞争优势。招聘工作在企业人力资源管理中，也是一项日常工作，原因是不少企业的员工流动性比较高。按照企业的要求，符合条件的员工往往有较多的选择工作的机会，而工作机会相对较多的员工的流动性恰恰较高。所以，对企业人力资源管理人员来说，有效的招聘，是企业正常运转的重要前提。

企业家们把大量的时间和精力花在招聘优秀的人才上。雷军创办小米公司的第一年，80%的时间用在招聘上。和同一候选人聊了10多次，有时一聊就是10个小时；为了找到一个出色的硬件工程师，连续打了90多个电话。《华为基本法》中说："我们强调，人力资本不断增值的目标优先于财务资本增值的目标。" 华为有一套完善的人才管理战略，甚至为了招募最合适的人才，对毕业生启用百万元年薪计划。

4.1.3 员工招聘原则

员工招聘是企业人力资源部门的重点工作之一，企业只有掌握一些科学的招聘原则，才能提高招聘效率及质量。

一、合法原则

合法原则即指员工招聘工作要符合国家的有关法律、政策。在招聘中应坚持平等就业、相互选择、公平竞争、照顾特殊群众、先培训后就业、不得歧视妇女等原则。由于用人单位的原因，订立无效合同或违反劳动合同的，用人单位应承担相应的责任。

二、经济原则

经济原则即指努力降低招聘成本，提高招聘效率，以最少的资金招聘到最合适的人才。招聘成本包括以下内容。

（1）招聘时所花的费用，即招聘费用。

（2）因招聘不当，重新招聘所花的费用，即重置成本。

（3）人员离职给企业带来的损失，即机会成本。

三、公正原则

公正原则即指对来自不同渠道的应聘人员应一视同仁，对不合格的人员不应特殊对待。在招聘前，应将招聘信息向预定的招聘渠道和招聘范围公开，扩大招贤纳才的范围，形成公平、公正的招聘环境；在招聘过程中，招聘部门应保持廉洁，使应聘人员有平等的竞争机会，否则不仅会影响录用人员的素质及日后绩效，而且还会严重损害企业形象。

四、适用原则

适用原则即指根据企业发展的需要和应聘者的专长和能力、志向和条件，招聘企业需要的人才，做到各得其所、各尽其才。一方面，招聘的新员工应适合企业发展的需要，要对企业的经营管理有实际好处；另一方面，要根据企业经营管理的发展演变和员工的发展潜能，给予员工一定的适应期，切忌"拿来就用"。

相关阅读

企业招聘活动的"6R"目标

（1）恰当的时间（Right Time），即在适当的时间完成招聘工作，及时补充企业所需的人员，这也是对招聘活动最基本的要求。

（2）恰当的来源（Right Source），即通过适当的渠道寻找目标人员。不同职位对人员的要求是不同的，因此要针对那些与空缺职位匹配程度较高的目标群体进行招聘。

（3）恰当的成本（Right Cost），即以最低的成本来完成招聘工作。当然，这是以保证招聘质量为前提的，在同样的招聘质量下应选择费用最少的方法。

（4）恰当的人选（Right People），即把最合适的人员吸引过来，这包括数量和质量两个方面的要求。

（5）恰当的范围（Right Area），即在恰当的空间范围内进行招聘活动，这一空间范围只要能够吸引到足够数量的合格人员即可。

（6）恰当的信息（Right Information），即在招聘之前要对空缺职位的工作内容、工作职责、任职资格及企业的相关情况做出全面而准确的描述，使求职者充分了解有关信息，以便对自己的应聘活动做出判断。

4.1.4 招聘工作流程

招聘工作流程一般由企业的人力资源部制定，基本的工作流程如下（见图4-1）。

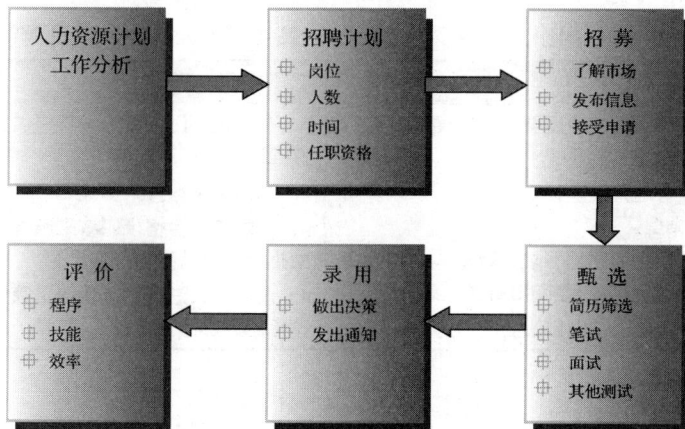

图4-1 基本的招聘工作流程

（1）人力资源部由企业的人力资源计划（企业人力资源的供需预测），得出所需的人力资源岗位和数量，再对岗位进行工作分析，得出岗位的工作说明书。

（2）人力资源部制订企业的招聘计划，其中包括招聘岗位、人数、时间、任职资格等。

（3）人力资源部选择合适的招聘渠道进行招募，在合适的人才市场（招聘会、网络平台等）上发布招聘信息，接受求职者的申请。

（4）人力资源部和用人部门通过简历筛选、笔试、面试等方式共同对申请者进行甄选。

（5）录用后由人力资源部发出录用通知书，进行入职手续办理。

（6）人力资源部评价招聘程序、技能、效率。

4.2 招募

企业招聘的首要工作是招募，即选择招聘人员、制订招聘计划、设计招聘广告、发布招聘信息等，以期能吸引到足够多的应聘者。

4.2.1 招聘人员

1. 精心选择招聘人员

招聘人员代表着企业的形象，招聘人员的素质直接影响招聘到的人才的数量和质量。在选择招聘人员的时候要考虑以下因素。

（1）人际沟通技能。

（2）对企业的热心程度。

（3）对企业与工作的了解程度。

（4）被同事信任的程度。

2. 招聘人员的分工

招聘作为人力资源的重要职能，不仅是人力资源部门的职责，用人部门也需要高度参与整个招聘过程，用人部门主管人员与人力资源管理人员的招聘职责如表4-1所示。

表4-1 用人部门主管人员与人力资源管理人员的招聘职责

	用人部门主管人员	人力资源管理人员
招聘职责	1. 列出特定工作岗位的职责要求，以便协助进行工作分析 2. 向人力资源管理人员解释对员工的要求以及所要雇用的人员类型 3. 描述工作对员工素质的要求，以便人力资源管理人员能够设计出适当的选拔和测试方案 4. 同候选人进行面谈，做出最后的甄选决策	1. 在用人部门主管人员所提供资料的基础上编写工作描述和工作说明书 2. 制订员工晋升人事计划 3. 开发潜在合格求职者来源并开展招聘，力争为企业招募到一批高质量的员工 4. 对候选人进行初步面谈、筛选，然后将可用者推荐给用人部门主管人员

4.2.2 招聘过程要素

企业在招聘过程中要考虑招聘时间、招聘地点和招聘成本。

一、招聘时间

企业招聘最适合的时机可以从企业内部环境和外部环境两个方面考虑。

第一，从企业内部环境看，企业是一个按照市场要求不断变化的组织，应随着岗位出现空缺而开展招聘工作。这种空缺的发生可能是因为业务的扩展。但是，如果出现岗位空缺时再急急忙忙地去招人，实在不是件令人愉快的事。该在何时招聘，在第3章中有所涉及，这里不详说。

第二，从企业外部环境看，各类学校毕业生找工作都是在上半年进行的，企业如果需要补充各种层次的毕业生，上半年的第一季度到各类学校进行招聘是最适合的；如果需要补充各级熟练员工，那么在年初就应该做好准备，因为那时是员工跳槽的高峰期，有很多求职者。

二、招聘地点

招聘地点要根据人才分布规律、求职者活动范围、人力资源供求状况及招聘成本等确定。

一般的招聘地点选择规则是：高级管理人员和专家在全国（甚至跨国）范围内招聘，专业人员跨地区招聘，一般办事员及工人在组织所在地招聘。

三、招聘成本

招聘成本包括3个部分：直接成本、内部成本和外部成本。

1. 直接成本

直接成本包括广告费、招聘会费用、猎头费、员工推荐奖励金、校园招聘费等。

2. 内部成本

内部成本主要是指招聘人员的工资、福利、差旅费及其他管理费用。

3. 外部成本

外部成本主要是指招聘外地员工所发生的搬家费、置家费、探亲费和交通补贴等。

4.2.3　招聘计划和招聘广告

在确定了招聘时间、招聘地点和招聘成本之后，企业要着手制订招聘计划并进行招聘广告的设计，以吸引足够多的应聘人员。

一、制订招聘计划

招聘计划是企业根据发展目标和岗位需求对某一阶段招聘工作所做的安排，包括招聘目标、招聘广告发布的时间与渠道、招聘员工的类型及数量、甄选方案及时间安排等方面。

（1）招聘岗位及数量。根据企业年度规划来确定企业年度招聘数量，并根据业务发展的速度将年度招聘数量分解为不同部门不同时间段的招聘数量，确定招聘数量时还要考虑后期人员配置、晋升及男女比例等问题。

年终各部门若产生年度招聘计划外的职位空缺，则需按照招聘流程向人力资源部门提出招聘申请，经上级领导审批，决定最终需要招聘的人数。

（2）招聘标准。招聘标准具体是指对计划招聘人员的自然属性、知识、技能、素质等的要求，包括年龄、性别、学历、工作经验、工作能力、个性特征等。一般来说，招聘标准就是招聘信息当中"任职资格"一栏中的内容。

（3）招聘团队组成和职责。企业招聘实践证明，企业招聘人员素质的高低会影响应聘者对企业的看法，因为招聘者代表的是整个企业，大多数应聘者往往通过招聘人员素质的高低来判断企业有无发展前途。所以，招聘人员必须具备良好的个人品德与修养、多方面的能力以及在本企业专业领域的知识与技能等，另外还要掌握一定的招聘技术和相关知识。

（4）招聘工作时间表。招聘工作时间表包括招聘广告发布时间、招聘时间和员工上岗时间等。为了保证如期完成招聘任务，招聘人员必须对照各阶段的工作设置严格的时间限制。一次有效的招聘一般需要将近两个月的时间，其间要接收个人简历、通知面试、准备和进行面试、决定是否录用、开展录用工作等。所以，招聘广告一般要在职位空缺前两个月就发出去，这样才能保证人力资源的供需平衡。

（5）招聘测试方案。为了对应聘者有更充分的了解，针对不同职位，需要选取效率最高的招聘技术组合，以便甄别应聘者的知识、技能、素质甚至价值观，以保证招募到适合本企业、本职位的人才。

（6）招聘费用预算。每个企业按照招聘渠道、招聘对象、招聘人数等因素，来具体决定招聘费用预算，主要包括资料费、广告费、人才交流会费用等。

（7）招聘广告。招聘广告的好与坏，直接影响企业能否吸引到优秀的人才。招聘广告应该真实、合法、简洁，如实反映企业的实际背景、运营状况，不能提供虚假的信息。

二、设计招聘广告

企业以招聘广告的方式向应聘对象进行广泛的宣传，达到丰富员工来源、促进招聘工作顺利开展的目的。同时，招聘广告也是企业对外开展宣传推销的一种途径。招聘广告有 PPT、海报、H5 等形式。

1. 招聘广告的内容

招聘广告的设计受到广告成本的限制，要求在尽量做到版面美观新颖、标题醒目突出、字体大方等的前提下，使内容简洁清晰，招聘要求明确。招聘章程一般包括以下内容。

（1）企业介绍。该部分主要介绍企业全称、性质、坐落位置、经营规模、星级等，如果是在开业前招聘，还应注明开业日期。

（2）职位与要求。招聘章程与招聘工种或职位及人数可按部门分类。招聘要求可分为基本要求与专业要求两类。基本要求主要包括品德、个性、仪容仪表、健康等方面；专业要求包括年龄、性别、学历、实际工作年限、专业水准（技术等级）、外语能力、身体条件（身高、视力）等方面。为了便于应聘者检索招聘工种或职位，可以将招聘工种及招聘要求以表格形式公布。

（3）甄选方法及录用条件。招聘章程应对报名、考试（笔试与面试）、甄选、体检、审核、合同签订等录用程序与内容做简要的说明。

（4）报名方法。招聘章程应向应聘者说明报名手续及方法。如果采用邮寄报名方式，招聘章程中要规定应聘者来函必须详细写明的内容、报名截止日期及资料邮寄地点；如采用现场报名方式则要规定应聘者在约定时间、地点，携带本人身份证、有关学历或技术等级证书、本人近照等办理报名手续。

（5）录用待遇。招聘章程对应聘者被录用后的待遇的介绍，对吸引应聘者起着重要的作用，人事部门要如实介绍，不能对应聘者乱开空头支票，否则效果会适得其反。应聘者被企业录用后的待遇一般包括被录用人员的工资福利及培训机会等。

2. 招聘广告设计原则

招聘广告的设计要遵循 AIDA 原则。

- A（Attention）：招聘广告要吸引人注意。
- I（Interest）：招聘广告要激起人们对空缺职位的兴趣。
- D（Desire）：招聘广告要唤起人们应聘的愿望。
- A（Action）：招聘广告要促使人们采取行动。

3. 招聘广告设计注意事项

（1）人事部门要会同公关部，对招聘广告的排版设计做一番推敲，尽量做到版面新颖、标题醒目突出、字体大方，使人从中领略到企业的服务水准并产生阅读的兴趣，在广大的应聘者心中留下良好的第一印象。

（2）广告内容要清晰翔实，应简要说明工作地点、工作内容、发展前景、应聘条件、工作待遇、有无特殊要求、招聘方式、招聘时间等；要务实、真诚，不带欺骗性，诸如"有志者""待遇优厚""不会后悔"等无实际意义的说明没有必要使用；重点要突出，重点要放在工作内容及应聘条件的介绍方面。

（3）招聘广告在发布之前，最好能在企业内部一定范围内请各层次员工代表审阅，以集思广益，加强效果。图 4-2 所示为招聘广告海报。

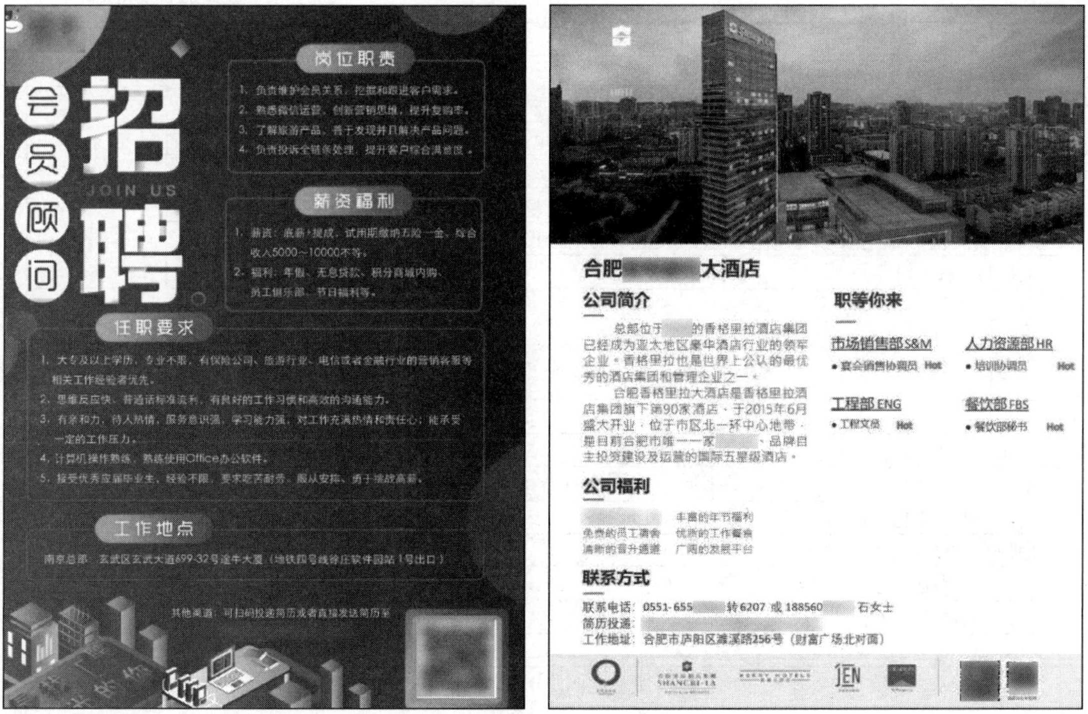

图 4-2　招聘广告海报

三、设计求职申请表

应聘者前来应聘，往往需要填写一份求职申请表。求职申请表是对求职者进行初选的依据，一份好的求职申请表可以帮助企业降低招聘成本，提高招聘效率，尽快找到理想的人选，因此求职申请表的设计非常重要。求职申请表应该包括以下内容。

（1）一般情况，如姓名、性别、年龄、住址、身体状况、兴趣爱好和特长、联系方式等。

（2）学历和受教育情况，如曾就读的各种学校和最后学历、取得学位情况、接受的各种培训、取得的专业资格证书等。

（3）工作经历，如以前的工作单位和工作年限、担任的职务和专业职称、工作变动情况和离职原因、工资情况、证明人等。

求职申请表上的内容及详细程度要根据具体工作岗位的要求而定，一般情况下，服务人员和管理人员的求职申请表是有差别的，其重点内容和要求都不同。例如，在管理人员的求职申请表中需要重点强调的是工作经验、专业及受教育程度；而一般服务人员的求职申请表则重点强调职业教育、培训及个人条件、外语水平等。应聘高级职务者还需补充其他个人资料。

招聘人员在对求职申请表进行审核时，除对书面材料认真查阅外，必要时还可利用各种方式到应聘人员原来所在的学校和单位进一步了解核实，以确保应聘人员基本情况的可信度。通过审核材料，淘汰一部分不合适的应聘人员，并在此基础上，确定进入面试环节的应聘人员名单。图 4-3 所示为某公司的求职申请表。

应聘职位：

姓名		性别		出生年月		政治面貌	
学历		毕业院校				专 业	
职称		现从事的专业/工作					
现工作单位				联系电话			
通信地址				邮 编			
家庭地址				身份证号码			
掌握何种外语			程度如何		有无证书		
技能与特长			技能等级				
个人简历							
欲离开原单位的主要原因						现在工作	
欲加入本单位的主要原因							
收入期望		元/年		可开始工作的日期			
晋升期望（职位、时间）							
培训期望（内容、日期、时间）							
其他期望							
家庭成员情况							
备 注							
本人保证表内所填写内容真实，如有虚假，愿受解职处分。 申请人签名： 日期：							

图 4-3 求职申请表示例

📖 **相关阅读**

招聘金字塔

为了保证招聘的质量，应从足够的候选人中选拔员工，候选人的样本越大，所选出的人才质量越高，但是，候选人越多，挑选的工作量越大。招聘金字塔可用于确定为了雇用一定数量的新员工需要吸引多少人来应聘，在逐步筛选过程中确定相应的人数和比例。

4.2.4 招聘渠道

为了保证能够招募到合适而又优秀的人才，需要根据招聘职位的特点选择合适的招聘渠道。目前，我国企业招聘渠道大致分为内部渠道和外部渠道两大类。内部渠道包括职位晋升、转岗、后备人才培养计划等；外部渠道包括人才招聘会、报刊广告、网络招聘、猎头公司、人才机构、校园招聘、员工推荐等。企业在确认招聘渠道时，通常应考虑以下因素。

（1）企业经营战略。企业处于高速发展期，在内部招聘不能满足对人才的需要时，应采用外部招聘；处于维持或稳定期，考虑到招聘成本，应主要采用内部招聘。

（2）企业现有人力资源状况。企业应综合考虑空缺职位的重要性、是否有合适的培养对象以及培养成本等问题，来确定是在企业内部提拔或培养，还是从外部招聘。

（3）企业文化与领导。企业文化以及领导的用人风格、领导对招聘渠道的偏好决定了企业招聘渠道的选择。

（4）招聘目的。当管理层出于为企业增加新鲜血液、激发现有员工队伍活力、转变经营观念和工作方式的目的来实施招聘时，则多采用外部招聘。

（5）人工成本。企业通过猎头获取高级人才的成本较高，但从长远发展及人才的贡献来看，外部招聘则较好；不能支付短期高额人工成本的企业，则只能选择内部培养或选拔方式。

（6）企业所处的外部环境。当企业处于区域人才市场发达、政策与法规健全、有充足的人才供给、人才信用良好等较好的外部环境时，外部招聘可帮助企业方便快捷地获取理想人选。若外部环境不好，则采用内部选拔或培养方式，避免招聘风险，节约招聘成本。

一、内部招聘

1. 内部招聘的原则

（1）管理层决策的原则。一个企业要维持现有的企业文化，不妨从内部选拔人才，因为内部的员工在思想、核心价值观念、行为方式等方面对企业有更多的认可；而外部的人员要接受这些需要较长的时间，而且可能存在风险。

（2）管理人才内部优先的原则。内部招聘主要适用于选拔管理者。

（3）适用的原则。内部现有的管理者一方面依靠自身的专业技能、素质和经验，能够很好地为企业服务；另一方面认同企业文化和价值观念，愿意为企业贡献自己全部的能力和知识。对于符合标准的员工可给予内部提升，这可以让他们安心从事本职工作，而且培训成本低。

（4）坚持标准原则。对内部应聘者一律要通过公开、公正的程序选拔，不搞特殊照顾。

2. 内部招聘的主要形式

（1）内部晋升。内部晋升是指给员工升职、发展的机会，对激励员工非常有利。通过这样的方式，把那些符合条件的、有潜力的、业绩优秀的员工提拔上去，担负更多的责任。

（2）岗位轮换。岗位轮换和内部晋升一样，需要建立一套完善的岗位轮换的管理程序和制度。岗位轮换也需要建立在职位管理和员工职业生涯规划管理体系的基础之上。岗位轮换既可以使企业内部的员工有机会了解其他岗位的不同工作，给那些有潜力的人员提供晋升的条件，同时也可以减少部分人员由于长期从事某项工作产生的烦躁和厌倦等感觉。

（3）内部公开招聘。在企业内部有职位空缺时，可以通过发布内部通告的形式进行公开招聘。符合条件的员工可以根据自己的意愿自由应聘。

（4）临时人员转正。正式岗位出现空缺，而临时人员的能力和资格又符合岗位的任职资格时，可以考虑临时人员转正。

3. 内部招聘的优点

（1）产生激励效果和榜样力量。内部选拔易形成积极进取、追求成功的氛围。获得晋升的员工能为其他员工做出榜样，发挥带头作用。

（2）提高员工的忠诚度。获得晋升的内部员工不仅会把企业当作自己的"事业平台"，而且会将企业看作"命运共同体"，对企业的忠诚度较高。

（3）成本低、效率高。内部招聘的招聘成本低，而且人才离职、流失的可能性小。现有的员工更容易接受领导和管理，易于沟通和协调，易于发挥人力资源效能。

（4）适应能力强。企业现有的员工更了解和熟悉本企业的运作模式、业务流程、人际关系等，与从外部招聘的员工相比，能更好地适应工作。

4. 内部招聘的缺点

（1）可能造成内部矛盾。内部招聘需要竞争，竞争失败的员工可能会不满、心理失衡或心灰意冷，导致士气低下，增加各级主管的工作量。

（2）容易产生裙带关系或帮派现象。

（3）会出现不公平的现象。内部招聘的依据有可能是资历、人际关系或领导喜好而非业绩、能力，会形成不正之风，给有能力的员工的职业生涯设置障碍，导致优秀人才外流或被埋没，削弱企业的竞争力。

（4）失去选取外部优秀人才的机会，减少了外部新鲜血液进入本企业的机会。

相关阅读

德陇集团完善的人才提拔体系

集团发展形成了独具特色的"3+1"人才培养模式，分别是未来之星培养计划、中层接班人培养计划、后备高管培养计划，以及管理培训生培养计划。其中，管理培训生培养计划主要面向大学应届毕业生，旨在培养酒店未来管理人才和技术专家，是集团人才梯队建设的重要一环。集团通过外部招聘和内部推荐将热爱酒店事业、有发展潜质的应届大学毕业生选拔进来，通过系统培养方案，在一定时间内，让其完成从见习管理到领班/主管、经理/总监、总经理的职业发展。

二、外部招聘

1. 外部招聘的形式或渠道

企业在采用内部招聘的同时，还必须不断从外部寻找合适的员工。外部招聘的形式或渠道主要有以下几种。

（1）媒体招聘。

利用媒体招聘是企业利用广播、电视、报纸、杂志等多种媒体向企业内外的人员公开宣布招聘计划，为潜在的应聘者提供一个公平竞争的机会，择优录用合格人员担任企业内部职务的过程。利用媒体广告发布招聘信息迅速、及时，并且可以同时发布多种类型工作岗位的招聘信息；但受媒体广告吸引的应聘者层次不一，筛选的工作量大，有时可能无法很快找到合适人选，所以不适合人员急缺岗位的招聘。

（2）网上招聘。

网上招聘是人力资源配置的一种新形式，不仅是用人单位招贤纳才的有效手段，还是单位宣传企业形象的有效途径。网上招聘具有成本低、方便快捷、无区域和时间限制、受众面广、申请人的数量多等特点，通过交互式、即时性的网上交流和选择，实现人才的选聘，因此网上招聘越来越普遍。常见的招聘网站有智联招聘、前程无忧、BOSS 直聘、猎聘网等，一些规模较大的行业还有专门的招聘网站，如酒店旅游业的"最佳东方"。

（3）人才交流市场。

通过人才交流市场招聘员工方法的优点是：应聘者面广，可以有效避免裙带关系的形成，人员选用耗时短。缺点是：需要一定费用；对应聘者的情况不够了解；不一定有空缺岗位的合适人选。

（4）专门机构。

专门机构分为一般的劳动力中介和猎头公司，劳动力中介一般为企业介绍基层员工，而猎头公司主要面向高层人才。目前劳动力中介如雨后春笋，越来越多，而且规模大小，经营项目与服务质量各不相同。这种渠道一般适用于技工和操作人员。这种劳动力中介，主要是为招聘企业和求职者提供信息交换，通过将求职者推荐到有需要的企业去应聘，收取企业的服务费。

猎头公司就是那些专门有偿地为特定企业寻找适合特定职位的具体条件的人才，并尽力挖墙脚的机构，也称为人才搜寻机构或高级人才代理招聘机构。猎头公司在搜寻高层管理人员和专门技术人员方面具有很大的利用价值。

相关阅读

猎头

"猎头"意为物色人才的人。

猎头与一般的企业招聘、人才推荐和职业介绍服务有很大的不同，猎头追逐的目标始终是高学历、高职位、高价位三位一体的人，他们搜索的是那些受教育程度高、实践经验丰富、业绩表现出色的专业人才和管理人才。简言之，猎头可以理解为人才中介。

猎头公司和简单的中介公司有很大的不同。猎头公司不对个人进行收费，其唯一的客户是企业；中介公司对双方都有可能收费，个人要找工作就对个人收费，企业找人就向企业收费。猎头公司提供人才评价、调查、协助沟通等咨询服务；中介公司往往只进行非常简单的撮合。猎头公司收费很高；而中介公司收费往往比较低。猎头公司一般主动寻找人才；中介公司更多的是在现有的资源中撮合。中介公司更多的是为找工作的人服务；猎头公司更多的是为能力强、职业道德良好的人才服务。

世界第一家猎头公司是 1926 年诞生于美国的迪克迪蓝人才搜索公司。随着大批外资企业的涌入，我国猎头行业也随之萌芽，进入探索和快速发展阶段，出现了一些立足我国本土的猎头公司。尤其是随着我国加入世贸组织，整个经济环境正变得越来越具有竞争性，猎头服务已成为企业寻求高级人才和高级人才流动的重要渠道，并逐渐形成了一种产业。

（5）校园招聘。

对于很多企业来说，学校也是一种主要的外部招聘渠道。企业通过校园招聘能够找到很多素质较高和具有发展潜力的合格申请者，并且这些年轻的毕业生充满活力，富有工作热情，可塑性强，具备敬业精神，忠诚度比较高，会给企业带来很多活力。相对于其他招聘形式来说，校园招聘从策划、准备、实施到新员工入职、培训结束，花费的时间较长，成本也比较高。

（6）自荐和熟人介绍。

没有通过预约就进入组织的人力资源部门或招聘现场的职位申请者就是自荐的应聘者。一般来说，一些大型的、知名度高的组织或企业，常常会有许多这样的自荐者。在所有的外部招聘形式中，自荐是招聘成本最低的。

熟人介绍是指组织的员工从他们的朋友或相关的人中引荐求职者。这种方法的优点是组织和求职者双方能迅速了解，从而节约部分招聘费用。但采用这种方式招聘容易掺杂人情关系，且录用后，若新员工不能令组织满意，辞退很困难。

2. 外部招聘的优点

（1）人员选择范围广泛。从外部招聘人员，不论是从技术、能力和数量方面讲都有很大的选择空间。

（2）外部招聘有利于带来新思想和新方法。从外部招聘来的员工会给企业带来"新鲜的空气"，会把新的技能和想法带进企业。这些新思想、新观念、新技术、新方法、新价值观、新的外部关系，使得企业充满活力与生机，能帮助企业用新的方法解决一直困扰组织的问题。这对需要创新的企业来说具有很大价值。在大学里，教职工系统通常采用外部招聘的方法，因为学术研究需要新的思想和方法。

3．外部招聘的缺点

（1）外部招聘选错人的风险比较大。这是因为从外部招聘时在吸引、联系和评价员工方面比较困难。

（2）员工需要更长的培训和适应阶段。即使是一项对组织来说很简单的工作，从外部招来的员工也需要对组织的人员、程序、政策等加以熟悉，而这是需要时间的。

（3）内部员工可能感到自己被忽视。外部招聘会挫伤组织内部那些认为自己可以胜任空缺职位员工的士气。

（4）外部招聘可能费时费力。与内部招聘相比，无论是引进高层人才还是中低层人才，都需要相当高的招聘费用，包括广告费、测试费、专家顾问费等。来自外部的员工通常需要比较长的时间去了解组织及其产品和服务、同事及客户。虽然候选人可能具备出色的技能、培训经历或经验，并且在其他组织中干得比较成功，但是这些因素并不能保证其在新组织中同样能获得成功或有能力适应新组织的文化。

三、新型招募方式

在依托互联网的招聘平台中，创新的模式不断涌现，带来了许多新的招聘方式：社交招聘，以社交网络为基础实现招聘的营销化、社交化、黏性化、品牌化；垂直招聘，专注于垂直招聘领域，致力于实现招聘的专业化和极致的用户体验；移动招聘，移动端的即时互联、全网的精准搜索；智能招聘，以大数据技术为核心，通过海量数据和推荐算法的结合，匹配最合适的人才。下面介绍两种新型招募方式：社交招聘和智能招聘。

1．社交招聘

社交招聘是近年来逐渐兴起的一种招聘方式，通过企业的员工、客户及合作伙伴等推荐人选，是组织招聘的重要形式。这种方式的优点是能够比较准确地了解候选人，招募成本比较低。目前来说，最常见的社交招聘是通过员工的职业人际关系招聘组织想要的员工。这种社交招聘有两种形式：一种是利用员工的职业人际关系来招聘新员工，并在招聘时把应聘者的职业人际关系作为优先考虑条件；另一种是让整个团队参与招聘过程，并最终做出决定。一方面，企业必须了解员工在业内的资源，而员工应该意识到他的职业人际关系是有助于职业发展的重要资本之一。同时，作为企业的一部分，员工应该利用自己的职业人际关系来发展企业的业务，因为他的业内熟人掌握的技能可能对企业十分重要。另外，个体表现的很大部分，甚至是绝大部分，相对于自身来讲，都更受其所处团队或组织的影响。因此，把招聘作为团队任务能更好地找到合适的员工。

2．智能招聘

在互联网革命浪潮下，在线招聘顺势而生。由于访问流量高、不受地域限制、对企业和求职者信息的优化管理等特点，在线招聘在 20 世纪 90 年代产生并迅速发展，并在新科技企业得到完善。卓越的招聘离不开对技术的充分运用。综观当前主流的技术，能够充分运用于招聘领域的主要有社交媒体、数字营销、移动化、机器学习及大数据分析等。在当前，智能招聘主要表现为视频招聘，下面以高盛集团为例进行介绍。

自 2017 年 7 月开始，高盛集团放弃了传统的校园招聘方法，转而采用结构化视频面试，即候选人需要回答一系列自动的、预先加载的问题，他们的回答由招聘人员打分。有关调查显示，在过去几年使用视频进行面试的公司从 14%陡增至 63%。投行界的知名公司高盛、瑞士银行、摩根大通，三大咨询企业之一的贝恩以及四大会计师事务所之一的安永都陆续开始使用视频的形式进行首轮面试，预计未来会有更多的公司把招聘重心从校园招聘转向效率更高、成本更低的视频招聘。面对新的招聘趋势，求职者除了自我介绍、求职意向、专业问题等方面的准备外，还需要针对视频面试的特点做好以下准备。

（1）面试环境准备。

① 营造安静的环境，找一个安静且具有商务气息的环境。

② 营造柔和的光线，测试光线角度，确保自己不会被阴影遮住。

③ 认真倾听，准备好记事本和钢笔或铅笔，以备在面试期间进行简单记录。

（2）网络准备。

① 接好网线，插好耳机，避免话筒出现噪声。在面试开始前测试镜头，并再次检查话筒或扬声器是否正常工作。

② 尽可能让镜头与眼睛保持在同一水平线上，这样可以与面试官保持良好的眼神接触。

③ 身体处于屏幕的中间，与屏幕保持适当距离。确保露出上臂，使面试官能看到你的肢体语言。

（3）面试过程。

① 注视镜头，与面试官保持眼神接触。

② 坐直身体，不要向一边倾斜。身体略微向镜头前倾，有助于面试官更好地看到你的面部表情。

③ 用自然的语气讲话，不时加入一些表现出正在倾听的词（"嗯"或"是的"），可以让面试官知道你在认真听他们讲话。音频和视频可能会出现滞后现象，因此要注意讲话的语速。

④ 如果遇到技术故障（如信号微弱、干扰或混乱），可以请面试官将问题重复一遍。如果仍然有问题，请有礼貌地提出并且重新连接网络。

（4）结束面试。

① 概括本轮面试的要点，感谢面试官花时间面试自己，并且询问后续环节。

② 注意掌控时间，并且响应面试官关于结束此次会话的暗示。

相关阅读

鲶鱼效应在人力资源管理中的作用

相传挪威人在海上捕得沙丁鱼后，如果沙丁鱼活着抵达港口，卖价就会比死鱼高好几倍。但多年来只有一只船能带着活鱼回港。该船船长一直严守成功秘密，直到他死后，人们翻开他的鱼槽，才发现鱼槽里只不过多了一条鲶鱼。

后来，挪威人再运送沙丁鱼时，都要在船舱中放几条鲶鱼。鲶鱼进入船舱后，由于环境陌生，自然会竭力游动，而原本懒洋洋的沙丁鱼发现多了"异己分子"，也会紧张起来，加速游动，这样，由于水中含有更多的氧气，沙丁鱼就能被鲜活地运送到港口，在出售时，鲜活的沙丁鱼就能卖个好价钱。这个经典故事，阐释了鲶鱼效应在人力资源管理中的作用：引进一个，激活一群，否则人员长期固定，就会缺乏活力、产生惰性；从外部找些"鲶鱼"（如常务董事），制造紧张感和压力，公司上下的"沙丁鱼"就会生机勃勃。

4.3 甄选

人员甄选即从对应聘者的资格审查开始，经过用人部门与人力资源部门共同的初选、面试、测评、背景调查、个人资料核实，到人员录用的整个过程。这是组织招聘工作中最关键的一步，也是招聘工作中难度最大的一步。相关研究表明，同一职位劳动生产率最高的员工效率可以是最差员工的四倍，因此挑选出具有相应技能、知识和经验，效率最高的人，可为组织提高生产力、节约成本打下坚实基础。人员甄选主要是通过简历筛选和人员素质测评完成的，如果测评通过，还需要进行背景调查，最后进行录用。

4.3.1 简历筛选

企业第一次了解应聘者主要是通过简历，而筛选简历是对应聘者的第一次过滤。要从简历中获得有效信息，一方面要辨别简历中的虚假信息；另一方面要对重点内容在接下来的面试中进行确认并使面试更有针对性，这主要依赖于对应聘者简历的解读。

一般来说，应聘者简历主要分成以下几个部分：应聘者年龄、学历、住址、工作经验等。

（1）年龄。年龄是岗位所要求的经验的重要参照。将应聘者的年龄与其工作经验进行比较就可以看出应聘者所列出经验的真伪。一般来说，应聘者不会虚报年龄，而有可能在经验上造假。

（2）学历。"真的假文凭"和"假的真文凭"是学历上的大问题，有必要通过各种渠道查询学历的真伪。学历还有第一学历和最后学历的问题，尤其是对最后学历更需慎重。如果是最后学历，要看应聘者是何时获得最后学历的，从这可以看出应聘者的学习能力和接受挑战的心态。和学历相关的专业，一般岗位说明书中都对其做了规定。如果应聘者具有多个学历，那么通过对其不同学习阶段专业的分析，可以得出对其知识的系统性和广度的基本判断，还可以获得对其个人规划能力的判断。

（3）住址。如果应聘者是跨城市应聘的，应了解他的动机是什么，因为他将面临非常现实的问题，如生活成本增加、生活环境变化等，这些都将影响其进入企业后的工作状态。

（4）工作经历与经验。工作经验是简历分析的重点，具体包括以下内容。

第一，工作变换的频繁程度。当应聘者存在频繁地变换工作的情况时，需要分析他每次换工作的原因。当然，频繁换工作不一定就有问题，关键是要弄清楚他为什么换工作。如果每项工作相关性不大，而且工作时间不长，那么就需要高度注意了。

第二，工作是否有间断，间断期间在做什么，目前是否在职，这关系到应聘者劳动关系的问题，也关系到应聘者被录用后何时能入职。

第三，对应聘者整个工作经历进行把握，如应聘者是否比较深入系统地从事过某一工作等。

第四，对应聘者每个阶段所负责的主要工作和业绩进行审查。

第五，应聘者的经验与岗位要求的匹配程度。如果应聘者原先已经达到一个相对较高的职位，却来应聘一个较低的职位，要明确其动机是什么。

第六，读透简历，最主要的原则就是对各项内容进行交叉分析，这样就能获得应聘者更完整和全面的信息，发现简历中的亮点和疑点。对于亮点和疑点，必须通过进一步的判断进行确认。

除上述应该注意的问题外，在进行简历筛选时，还应该注意通过简历判断其生涯趋势合理性、自我评价的适度性等，同时还要注意简历书写格式的规范性，这种看似表面的东西其实可以反映一个人的态度及性格。

4.3.2　人员素质测评

人员素质测评的方法有很多种，常用的有心理测试（能力测试、性格测试）、笔试（知识测试）、面试、评价中心技术等。

使用人员素质测评方法，目的是找到最合适的人。是否"最合适"的判断标准是人到岗后能否为企业创造价值，能否有较高的工作绩效。在所有测评方法中，准确率最高的是评价中心技术，但它是最耗时耗力的，一般用于甄选管理者。

一、心理测试

心理测试是指在控制的情景下，对应聘者的智力、潜能、气质、性格、态度、兴趣等心理特征进行测度，以了解被测试者潜在的能力及其心理活动规律的一种测试方法。心理测试包括能力测试和性格测试。

1．能力测试

能力是指个人顺利完成某种活动所必备的心理特征。能力测试又包括智力测试、一般能力倾向测试和特殊能力测试。

（1）智力测试。

智力水平高低一般用智商（Intelligence Quotient，IQ）表示。正常人的智商在90～109，110～119为中上水平，120～139为优秀水平，140以上为非常优秀。常用的智力测试工具有韦克斯勒智力量表、雷文标准推理测验等。

（2）一般能力倾向测试。

一般能力倾向测试主要测试的能力有言语理解能力、数量关系能力、逻辑推理能力、综合分析能力、知觉速度与准确性等。一般能力倾向测试（General Aptitude Test Battery，GATB）是由美国劳工部自 1934 年开始，花了 10 多年的时间研究制定的，包括 9 种职业能力倾向：一般能力（G）、言语能力（V）、数理能力（N）、书写能力（Q）、空间判断力（S）、形状知觉（P）、运动协调（K）、手指灵活度（F）以及手腕灵巧度（M）。这套测试工具所涵盖的各种能力与不同的职业类型密切相关，经过测试可以对应聘者是否适宜从事所应聘的职位做出判断，例如手指灵活度不高的人，就不适宜从事打字员这一工作。

（3）特殊能力测试。

特殊能力指那些与具体职位相联系的不同于一般能力的能力，例如人力资源管理职位，就要求具备较强的人际沟通能力；而保安职位，对反应能力的要求就比较高。特殊能力包括飞行能力、音乐能力、美术能力、文书能力、机械能力、操作能力及创造力等。特殊能力测试的工具主要有：明尼苏达办事员测试、西肖音乐能力测试、梅尔美术判断能力测试。在进行特殊能力测试时，企业要根据岗位和职位的类别，选择相应的测试工具。

2. 性格测试

我们日常交流中所谈论的性格，实际上是指心理学上的人格。人格的心理学含义尽管存在众多不同的看法，但通常是指一个人相对稳定的心理特征和行为倾向。从这个意义上说，人格就是我们通常所理解的性格。所以，性格测试，即人格测试，或叫人格测量。性格测试经常采取自陈量表法，自陈量表法就是让被试者按自己的意见，对自己的人格特质进行评价的一种方法。自陈量表通常也称为人格量表。自陈量表通常由一系列问题组成，一个问题陈述一种行为，要求被试者按照自己的情形来回答。常用的自陈量表有以下 3 种。

（1）明尼苏达多项人格调查表。

明尼苏达多项人格调查表（Minnesota Multiphasic Personality Inventory，MMPI），是现今常用的人格测验之一，此量表由美国明尼苏达大学教授编制。该量表的内容包括健康状态、情绪反应、社会态度、身心状况、家庭婚姻问题等 26 类题目。

（2）卡特尔 16 种人格因素问卷。

卡特尔 16 种人格因素问卷是美国伊利诺伊州立大学人格及能力测验研究所卡特尔教授（Cattell）经过几十年的系统观察和科学实验，以及使用因素分析统计法慎重确定和编制而成的一种精确的测验。

本测验在国际上颇有影响力，具有较高的效度和信度，广泛应用于人格测评、人才选拔、心理咨询和职业咨询等工作领域。该测验于 1979 年引入我国并由专业机构修订为中文版。

（3）迈尔斯-布里格斯人格类型测验。

迈尔斯-布里格斯人格类型测验（Myers-Briggs Type Indicator，MBTI）始于著名心理学家荣格的心理类型的学说，后经美国的伊莎贝尔•布里格斯•迈尔斯和她的母亲凯瑟琳•库克•布里格斯深入研究而发展成型。目前它已被翻译成 10 多种文字。近年来，全世界每年有 200 多万人次进行该测试。据统计，世界前一百强公司中有 89%的公司引入 MBTI 作为员工和管理层自我发展、改善沟通、提升组织绩效的重要方法。

在采用心理测试方法选拔员工时，应注意对应聘者的隐私加以保护，在未征得应聘者同意之前，不能公布应聘者的心理测试结果。因为心理测试涉及个人的智力、能力等方面的隐私，这些内容严格来说应该只让应聘者以及他同意的人了解，所以有关测试内容应该严加保密。在进行心理测试以前，还要做好充分的准备。心理测试选择的内容、测试的实施和计分以及测试结果的解释都是有严格的顺序的，一般来说，测试者要受过严格的心理测试方面的训练。此外，心理测试的结果也不能作为评定的唯一依据，测试者可以将心理测试和面试、笔试等方式结合，以对应聘者做出客观评价。

二、笔试（知识测试）

笔试是一种与面试对应的测试，是考核应聘者学识水平的重要工具。这种方法可以有效测试应聘者的基本知识、专业知识、管理知识、综合分析能力和文字表达能力等素质及能力。

笔试在员工招聘中有相当大的作用，尤其是在大规模的员工招聘中，它可以帮助招聘人员将员工的基本素质及能力了解清楚，然后可以划分出基本符合需要的界限。笔试适用面广、费用较少，可以大规模地运用。笔试的内容一般包括常识、专业知识、专业能力、学习能力等方面。

三、面试

面试是员工招聘的基本方法，它是在特定时间、地点进行的，有着预先设计好的明确的目的和程序的谈话。面试通过面试官与应聘者双方面对面的观察、交谈等双向沟通方式，帮助招聘人员对应试人员做出更加完整和公正的评价，以充分保证企业招聘的效果。

1. 面试的种类

面试一般包括如下类别。

（1）结构化面试。结构化面试，即提前准备好问题和各种可能的答案，要求应聘者在问卷上选择答案。结构化程度最高的面试方法是设计一个程序化的问题纲要来提问，并记录应聘者的回答，进行数量分析，给出录用决策的程序化结果。因此，面试官可根据应聘者的回答速度对应聘者做出理想、良好或者优异等各种简洁的评价。因此，结构化面试是一种较规范的面试形式。

（2）非结构化面试。非结构化面试，即面试官可以任意与应聘者讨论各种话题，面试的问题没有一个事先安排的需要遵守的框架。在非结构化面试中，面试官可以根据应聘者对上一个问题的回答来决定下一个问题问什么，也可以根据应聘者的回答对某些问题进行追问，以了解更深入的信息。非结构化面试的优点在于面试官和应聘者在谈话过程中都比较自然。非结构化面试的缺点在于对不同应聘者提不同的问题，可能会影响面试的信度和效度，其中最大的问题在于，这种面试可能会遗漏重要的问题。

2. 面试前的准备工作

面试前的准备工作通常包括面试时间设计、面试环境设计与布置、位置安排、多轮面试设计、面试职责划分、确定面试形式、面试前的文字资料准备等内容。充分的准备是保证面试成功的前提。

（1）面试时间设计。限定面试时间可以充分提高招聘的效率和成功率，从整体上了解一个人的综合能力。面试的时间取决于岗位的需求和应聘人员的特点，针对相对复杂的职位就需要安排较长的面试时间，一般来说，面试时间在30～90分钟。

（2）面试环境设计与布置。环境因素会影响面试对象的行为表现，面试环境的首要要求是安静，其次是不被打扰。面试环境布置要考虑的因素有光线、颜色、噪声等。除此之外，还要检查面试中所需的物品是否齐全，包括纸和笔、企业宣传册、求职申请表、工作说明书和人员招聘标准等。

（3）位置安排。面试的位置安排对面试来说至关重要，如果是多个面试官对一个应聘者，可以采用圆桌形式；如果是一对一形式，应聘者与面试官隔着桌子，最好不要面对面相视而坐，两者可以斜着坐，这样可以缓解紧张气氛；不宜让应聘者坐在屋子的中间，这会使其感到不安。

（4）多轮面试设计。多轮面试是指几个面试官逐一进行面试，其原则是采取逐级通过的方法进行。多轮面试应做好面试分工，人力资源部要与各级面试官做好沟通工作，尽量保证各级面试官不重复面试，各级面试官应做好协作工作。

（5）面试职责划分。应根据不同的求职者设计不同的面试职责：人力资源部主要考查求职者的基本素质与任职资格是否基本符合，核实求职者个人经历与资质是否符合企业要求；用人部门主要考查求职者的业务能力与素质；一般企业的聘用决定权由企业最高领导或其任命的负责人享有。

（6）确定面试形式。不同的职位类别所适用的面试方式不同，因此需要根据职位类别设计不同面试方式组合。

（7）面试前的文字资料准备。面试前要将面试需要的文字资料准备好，包括工作说明书和任职要求、面试问题等。

相关阅读

面试中的提问类型

- 行为性问题：希望了解应聘者发生过的真实行为事例及工作经验。
- 理论性问题：希望了解应聘者对管理经营、技术等专业基础理论的认识及应聘者在一般情况下会采取的行为。
- 引导性问题：提问将引导应聘者只能跟随提问人的思路。

3种提问类型举例如表4-2所示。

表4-2 3种提问类型举例

才能	行为性问题	理论性问题	引导性问题
协作能力	作为监管人员，你曾如何对付难缠的雇员	你将如何对付难缠的雇员	你善于化解矛盾吗

续表

才能	行为性问题	理论性问题	引导性问题
销售能力	谈谈过去一年中你成交的最高的销售额。你是如何做成的	你认为你能卖出商品的原因是什么	我们的销售目标很高，你能应对这种挑战吗
解决问题能力	请你说说你最近遇到的一个有关产品质量的问题。你是如何解决的	你将如何处理生产中出现的问题	你能排除机器设备的故障吗
安全意识	请你谈谈你认为不安全的情况。具体情景是什么样的？你做了些什么	你认为工作中的安全问题有多重要	听起来你是个小心谨慎的人，是吗
应变能力	请谈谈你工作中不得不适应变化的经历。是怎样的变化？结果如何	如果你不得不改变自己的工作安排以适应变化的要求，你将有何感想	一个月内让你先后做4种不同的工作，你会烦吗

相关阅读

宝洁公司的8个面试问题

√ 请描述一下你自己确立并实现某一个挑战性目标的例子。

√ 请描述一件这样的事情：在你的发起和领导下，大家一起来做一件重要事情，最后实现了你希望的结果。

√ 请描述这样一件事情：为了取得某种期望的结果，你必须搜寻相关信息，弄清关键问题，并决定行动的步骤。

√ 请描述一个由于你有效地利用了事实和数据而获得他人认同的例子。

√ 举例说明你是如何与他人有效合作来完成一件重要事情的。

√ 举出一个由你提出的创新，这个创新对于一项活动或计划的成功发挥了重要的作用。

√ 请举一个例子说明，经过对情况的评估和分析，你找出了问题的关键，并将精力投入了最重要的方面，从而取得了好的结果。

√ 请举例说明，你是如何掌握某项技术技能，并将其运用到实践当中去的。

3. 行为面试法

行为面试法是通过要求面试对象描述其过去某个工作或者生活经历的具体情况来了解面试对象各方面素质特征的方法。行为面试法的基本假设：通过一个人过去的行为可以预测这个人将来的行为。行为面试法中常用的 STAR 面试法则，如图4-4所示。

首先，要了解应聘者工作业绩取得的背景（Situation）。通过不断询问与工作业绩有关的背景问题，可以全面了解该应聘者取得优秀业绩的前提，从而获知所取得的业绩有多少与应聘者个人有关，有多少和市场的状况、行业的特点有关。

STAR面试法则

图4-4　STAR 面试法则

其次，要详细了解应聘者为了完成工作，都有哪些任务（Task），每项任务的具体内容是什么样的。通过这些可以了解应聘者的工作经历和经验，以确定他所从事的工作与获得的经验是否适合现在所空缺的职位。

再次，继续了解该应聘者为了完成这些任务所采取的行动（Action），即了解他是如何完成工作的，他所采取的行动是如何帮助他完成工作的。通过这些，可以进一步了解他的工作方式、思维方式和行为方式。

最后再来关注结果（Result），每项任务的结果是什么，好还是不好，好是因为什么，不好又是因为什么。

这样通过 4 个步骤，一步步将应聘者的陈述引向深入，一步步挖掘出应聘者潜在的信息，为企业的决策提供正确和全面的参考，既是对企业负责（招聘到合适的人才），也是对应聘者负责（帮助他尽可能地展现自我、推销自我），获得一个双赢的结果。

📚 **相关阅读**

STAR 面试法则案例

【例 1】应聘者认为自我学习能力很强。

问题：请讲出一件你通过学习尽快胜任新的工作的事。追问：

（1）这件事发生在什么时候？（S）

（2）你要从事的工作是什么？（T）

（3）接到任务后你怎么办？（A）

（4）你用了多长时间获得完成该任务所必需的知识？（深层次了解）

（5）你在这个过程中遇到困难了吗？（了解坚韧性）

（6）你最后完成任务的情况如何？（R）

【例 2】企业需要招聘一个业务代表，而某应聘者的资料上写着自己在某一年做过销售冠军，某一年销售业绩过百万元等。我们是不是就简单地凭借这些资料认为该应聘者是一名优秀的业务人员，一定适合企业的情况？当然不是。

他说去年销售业绩很好，那就要追问一句：你是在什么情境下销售业绩很好呢？公司的氛围、产品怎么样？你负责区域的需求量怎么样？接下来问：你采取了什么行动，销售业绩才会这么好？是拜访客户，还是组织专家演讲，抑或是产品好，客户找着你要？他说他是公司最好的销售人员，那要问：你们公司有几个销售人员？你为什么觉得你是最好的销售人员呢？只有这样不断追问，才能弄清楚该应聘者是否适合企业。

4. 面试常见的错误与改进方法

常见错误：（1）面试目的不明确；（2）不清楚合格者应具备的条件；（3）偏见影响面试，首因效应（根据开始几分钟甚至是面试前从个人简历等资料中得到的信息对其做出评价）；（4）对比效应；（5）晕轮效应（以点代面）；（6）录用压力。

改进方法：（1）培训招聘人员，充分准备；（2）获得促使应聘者成功的原因，了解其工作能力；（3）应事先根据工作岗位必需的才能制定出面试提纲。

📖 **相关阅读**

面试时会有哪些认知偏差

1. 首因效应

首因效应是指最初接触到的信息所形成的印象对人们以后的行为和评价有很大的影响。比如在一群人参加面试时，面试官会在有限的时间内观察应聘者的表现，那些先给面试官留下良好印象的，会在后续的面试中更具有优势并且更容易脱颖而出。

2. 晕轮效应

晕轮效应，就是在人际交往中，人身上表现出的某一方面的特征，掩盖了其他特征，从而造成人际认知的障碍。面试时，如果应聘者的衣着打扮不合适，就会给面试官留下不好的印象，即使后期表现再出色，面试官很可能也会自动忽视。

3. 对比效应

对比效应也称"感觉对比"，是指同一刺激因背景不同而产生的感觉差异的现象。如同一种颜色，背景较暗，它看起来就明亮些；背景较亮，它看起来就暗些。两种不同的事物同时或继时呈现，比它们单独呈现所得到的效果要好。

很多时候，面试是随机的，很容易出现强者碰到强者的局面，在这个时候，面试官很容易因为对比效应，觉得其中一位不行，其实他比其他组的应聘者更强，但是他因为对比效应不得不失去面试通过的机会。

4. 刻板效应

刻板效应，又称刻板印象，它是指对某个群体产生一种固定的看法和评价，并对属于该群体的个人也形成这一看法和评价。刻板印象可能会形成偏见，忽略个体差异性。在刻板印象的影响下，人们往往把某个具体的人或事看作是某类人或事的典型代表，把对某类人或事的评价视为对某个人或事的评价，因而影响正确的判断，若不及时纠正，进一步发展或可扭曲为歧视。

刻板印象是面试官常犯的错误，人脑会根据以往的认知给他人贴标签，比如我们在职场中常见的性别歧视、地域歧视等，都是因为面试官的刻板印象。

四、评价中心技术

评价中心技术由基于多种信息来源的标准化行为评价组成，在评价中心多个经过训练的评价者使用多种测量技术进行评价，主要是在专门建立起来的测量情境中对行为进行评定。评价者将各自的评定结果集中在一起进行讨论以达成一致或者用统计方法对评价结果进行整合，整合后得到对应聘者行为表现的综合评价。

评价中心技术的主要方法包括文件筐测验、无领导小组讨论、角色扮演等。

1．文件筐测验

文件筐测验是一个模拟管理者处理文件工作的活动，是评价中心中运用得最多也是最重要的测量方法之一。在模拟活动中，文件筐中装有各种文件和手稿，如电话记录、留言条、办公室的备忘录、公司的正式文件、客户的投诉信、上级的指示、人事方面的信息等，这样的资料一般有10~25条，有来自上级、下级的，有来自企业外部、内部的，有关于日常琐事和重大的紧急事件的。应聘者应在规定的时间内做出决策。这个测验不仅可以较好地反映应聘者在管理方面的计划、协调、领导等能力，而且还可反映其对环境的敏感性及收集和利用信息的能力。

2．无领导小组讨论

无领导小组讨论是指数名应聘者集中在一起就某一问题进行讨论，事先并不指定讨论会的主持人，评价者在一旁观察应聘者的行为表现并对应聘者做出评价的一种方法。面试官不参加应聘者的讨论，他们的工作只是观察和记录应聘者的行为表现。讨论小组的成员之间是平等、合作的关系，他们自己来决定整个讨论的过程。

无领导小组讨论的目的主要是考查应聘者的协调能力、领导能力、人际交往能力、资料利用能力、辩论说服能力等，同时也考查应聘者的自信心、进取心、责任感、灵活性及团队精神等个性方面的特点和风格。

案例链接

无领导小组讨论题目

选题一

一个人要想拥有良好的人际关系，可能需要具备以下特点。

A．在人际交往中表现得比较主动、待人热情。

B．为人老实。

C．办事能力强。

D．占有较高的社会地位。

E. 兴趣爱好广泛。

F. 乐于帮助别人。

G. 对他人的内心世界有很好的洞察力。

H. 豁达、不在小事上斤斤计较。

I. 健谈，幽默。

J. 为了朋友能够牺牲个人利益。

K. 言谈举止有风度。

M. 情绪稳定性好。

N. 独立、有主见。

请你分别从上面所列出的这些因素中选择一个你认为最重要和最不重要的因素。

要求：1. 个人在 5 分钟的时间内考虑并给出答案。

2. 小组用 30 分钟的时间就这个问题展开讨论并给出一致意见。

3. 小组派出一个代表来汇报总的意见，并阐述做出这种选择的原因。

选题二

一个旅游团在游览的途中遇险，被困在一个山洞中。当救援人员赶到时，发现山洞中的氧气很稀薄，而且救援条件很差，只能凭一根绳子一次救出一个人，根据时间推算，只能确保 5～6 人脱险。当时，山洞中共有 11 人，介绍如下。

外科医生：40 岁，在心脏外科手术方面很有成就，曾成功地救治了很多心脏病患者。

企业家：50 岁，他领导的企业对当地有重要贡献。

工程师：40 岁，他从事国家重要科技攻关项目研究。

老夫妇：60 岁，丈夫是著名的学者。

2 名儿童：10 岁。

年轻的大学生：20 岁。

导游：27 岁。

年轻的新婚夫妇。

要求：1. 个人在 5 分钟内做出决定，给人员排序。

2. 小组必须在 30 分钟内讨论并做出决定。

3. 小组派代表汇报讨论后的排序。

选题三

假设你是某面包公司的业务员。现在公司派你去偏远地区销毁一卡车过期面包（不会致命，无损于身体健康）。在行进途中，刚好遇到一群饥饿的难民堵住了去路，因为他们坚信你所坐的卡车里有能吃的东西。这时报道难民动向的记者也刚好赶来。对难民来说，他们肯定要解决饥饿问题；对记者来说，他要报道事实；对作为业务员的你来说，你要销毁面包。

现在要求你既要解决难民的饥饿问题，让他们吃这些过期的面包（不会致命，无损于身体健康），以便销毁这些面包，又要不让记者报道过期面包的这一事实。你将如何处理？

    说明：1. 面包不会致命。

           2. 不能贿赂记者。

           3. 不能损害公司形象。

    要求：1. 个人用 5 分钟时间考虑，找出处理方法。

           2. 小组用 30 分钟时间就这一问题进行讨论，并给出一致意见。

           3. 小组派出一个代表来汇报讨论后的处理方法。

3. 角色扮演

角色扮演即要求应聘者扮演一个特定的角色，处理日常管理事务，以此观察应聘者的表现，以便了解其心理素质和潜在能力的一种测试方法。

简单的角色扮演：接听电话、打电话等；接待和拜访客户。

复杂的角色扮演：由多个应聘者共同参加，每个人扮演一定的角色，模拟一系列实际工作活动。例如，要求多名应聘者合作完成一种新产品的销售推广活动。

面试官可以向应聘者施加压力，以了解应聘者的各种心理活动及个性特点、意识和行为倾向。

评价要点包括：应聘者的实际工作能力、协作能力、创新能力、组织协调能力等。

作为一个相对独立的评价系统，评价中心技术操作比较复杂，由于成本和技术力量的问题，在企业建立和实施一个非常严谨的评价中心系统不太现实，可以把评价中心流程作为人才选拔和考核的最后一个阶段。在选拔的前期运用简历筛选、专业知识测试和技能测试、心理测验、结构化面试等方法，考查基本的工作能力，筛出明显不合格的人选，让较少的应聘者进入评价中心流程，评价他们在某些维度上的表现，衡量他们是否具有某些关键的特质。这样既能节约人员选拔的成本，又能保障在不同层次上把握应聘者各方面的关键特质。

📖 **相关阅读**

你适合在企业中从事什么职位的工作

美国学者金兹伯格提出的职业选择心理与行为发展变化理论认为，人的职业选择可分为空想期、暂定期及现实期 3 个时期。在现实期内，对于一个人，在企业工作如何能够客观地把自己的职业愿望或要求，同自己的主观条件、能力及社会现实和职业需要密切联系和协调起来，寻找适合自己的职业角色非常重要。下面对企业中几类重要工作进行分析，以期对择业者有所帮助。

一、行政类

企业的行政部门主要包括人力资源部、总经理办公室、后勤部等，其中人力资源部作为开发、管理人力资源的职能部门，所处的位置和所担当的责任是极为重要的，是企业中关键的决策职能部门之一。除人力资源部外，其他部门由于承担着控制成本、内外协调、后勤保障等职能，所以在企业里不可或缺。这类部门所提供的职位十分有限，往往同样的职位的数量只有一至两个，要求人员素质较高，具备一定的专业知识和修养，具有一定的管理协调能力，性格稳重。因此，选择此类部门需要考虑自己的性格、爱好、发展目标等因素是否与之适应。喜欢办公室工作的，应该是性格文静、能够妥善处理各种重复劳动和复杂的人际关系，并立志成为行政管理或人力资源管理方面的专家的人。喜欢冒险与挑战、活泼好动、善于接受新事物的人，经营部门是其比较理想的选择。

二、财务类

财务部门担负着企业经济效益的总核算，管理企业资金流动，指导业务部增加营业收入、控制运作成本，为企业决策层提供管理会计的职能，在企业里占有极其重要的位置。财务部门提供的职位丰富，人员数量相对较多，如出纳人员、会计人员、审计人员等，要求具备财务、会计、审计等相关专业知识。其工作特点是常与数字接触，要求细心，反应敏捷。

三、营销类

企业营销工作面对的是竞争日益激烈、变化多端的市场环境，为了抢占更多的市场份额，营销人员必须具备新观念，勤奋踏实，目标明确，性格外向，富于开拓精神，具有恒心和毅力，善于学习，突破自我，自信豁达、主动性、洞察力、客户服务意识、心理承受力都较强，敢于承担工作压力及面对各种挑战。此类工作发展空间较大。

4.3.3 背景调查与人员录用

一、背景调查

背景调查是指通过从外部求职者提供的证明人或以前工作的公司那里搜集资料，来核实求职者的个人资料的行为，是一种能直接证明求职者情况的有效方法。通过背景调查，公司可以查证求职者的教育和工作经历、个人品质、交往能力、工作能力等信息。法律对背景调查有一定的限制，这种限制主要是为了防止侵犯个人隐私或防止就业时的歧视。在安然事件及众多公司的财务丑闻曝光后，雇主们想得到更多关于雇员的情况，越来越多的公司正在设法降低由于错误雇用不合适的员工而产生的风险和损失，更加重视员工的背景调查。

二、人员录用

企业招聘小组对所有复试人员做出相应评价，提出录用或不录用的意见和建议，经企业人力资源部总监或者高层领导批准后，发送录用通知书。对未录用的人员，也应发函或者以电话形式通知面试结果，将其资料录入企业建立的后备人才储备库，以表明企业对应聘者的尊重，塑造良好的企业形象。

企业在录用前应澄清相关事宜，如录用条件、待遇与福利、相关工作要求等。

在发出录用通知书时，应该备注报到须知，如被录用人员应该参加体检。

三、员工录用中需要注意的问题

在确定录用员工后，企业将与新员工签订劳动合同。除相关必备条款外，有几个要点需要注意。

（1）正确确定试用期限。劳动合同期限与试用期是有联系的，试用期不可随意约定，《劳动合同法》对此做出了明确规定。

（2）在录用新员工时，确定并告知试用期内的工作考核标准问题。员工在试用期内被证明不符合录用条件的，企业可以解除劳动合同。

（3）在劳动合同中明确约定薪资的有关问题。在劳动合同中应明确约定试用期及转正后的薪资结构、薪资数额、支付方式等有关事项。

（4）可在劳动合同中约定单方解除劳动合同的违约金或赔偿金。违约金或赔偿金的约定应是对等的。但如果存在企业为员工出资培训、分配住房等情况，违约金可以是单方面的。

4.3.4　招聘评价工作

评价招聘工作，一般要从以下方面来进行。

（1）职位填补及时性。它是指招聘人员能否在用人部门要求的时间内发现候选人，完成筛选程序并最后录用合格的人选。职位填补及时性反映了招聘工作的效率。

（2）用人部门对招聘工作的满意度，包括对录用员工的数量和质量的满意度、对招聘过程的满意度、对所录用人员绩效的满意度等。

（3）招聘渠道的吸引力。评估招聘渠道吸引力的主要指标为招聘渠道所吸引的有效候选人的数量。对网上招聘而言，还可通过职位信息的点击数量、提交职位申请的人员数量，对招聘渠道的吸引力进行评估。对于报刊广告的效果，则可用收到的电话咨询数量、简历总量及有效简历的数量等指标来评估。

（4）新员工对所在岗位的满意度。该满意度可用员工满意度调查结果来衡量，也可以用新员工离职意向或离职率来衡量。

（5）招聘成本，可以用招聘总成本和招聘单位成本两个指标进行衡量。

① 招聘总成本由直接成本和间接成本构成。直接成本包括招聘费用、选拔费用、招聘人员差旅费、应聘人员招待费及其他费用。间接成本包括内部提升费用、工作流动费用。更广义的招聘总成本包括获取成本、开发成本、离职成本，在实际工作中，有些成本与费用的计算比较困难。

② 招聘单位成本是招聘总成本与录用人数之比。在其他条件相同时，招聘总成本与单位成本越低，招聘的效果越好。

（6）应聘比例。这是对招聘效果数量方面的评估，其计算公式如下。

$$应聘比例=（应聘人数/计划招聘人数）\times100\%$$

在其他条件相同时，应聘比例越高，说明招聘信息发布的效果越好。

（7）录用比率。这是对招聘效果质量方面的评估，其计算公式如下。

录用比率=（录用人数/应聘人数）×100%

在其他条件相同时，录用比率越高，说明招聘的效果越好；而录用比率越低，则可能说明录用者的素质越高。

（8）招聘完成比。其计算公式如下。

招聘完成比=（录用人数/计划招聘人数）×100%

当招聘完成比大于100%时，则说明在数量上全面完成了招聘任务。

（9）成本效用评估。这是对招聘成本所产生效果的分析，主要包括招聘总成本效用分析、招聘成本效用分析、人员选拔成本效用分析、人员录用成本效用分析等。它们的计算公式分别如下。

招聘总成本效用=录用人数/招聘总成本

招聘成本效用=应聘人数/招聘期间的费用

人员选拔成本效用=被选中人数/选拔期间的费用

人员录用成本效用=正式录用的人数/录用期间的费用

（10）招聘收益成本比。这既是一项经济评价指标，也是对招聘工作的有效性进行考核的指标，招聘收益成本比越高，说明招聘工作越有效。其计算公式如下。

招聘收益成本比=所有员工为企业创造的总价值/招聘总成本

能力自测

一、单项选择题

1. （　　）属于对比效应。

　　A. 应聘者的表达能力非常出色，面试官在综合评价上给该应聘者打了高分

　　B. 前后相邻的两位应聘者表现差别太大，多数面试官给表现好的一位打分偏高

　　C. 由简历中的工作经历描述产生该应聘者具有很强的组织协调能力的印象

　　D. 由于必须在明天前招募20名技术人员，面试官在现有的应聘者中匆匆圈定了几位

2. 一般来说，（　　）更适合从外部招聘。

　　A. 财务部经理　　　　B. 车间主任　　　　C. 行政部主管　　　　D. 销售部经理

3. （　　）是一种灵活性很大的面试形式，它不限制范围，面试官可以让应聘者自由地发表见解。

　　A. 结构化面试　　　　B. 非结构化面试　　　　C. 压力面试　　　　D. 行为面试

4. 内部招聘的优点是（　　）。

　　A. 费用较低　　　　　　　　　　　　　B. 带来新思想、新方法

　　C. 有利于招到一流人才　　　　　　　　D. 有利于树立企业形象

二、简答题

1. 员工招聘的原则有哪些？

2. 企业内部招聘的原则及其优缺点有哪些？

3. 企业外部招聘形式或渠道有哪些?

4. 在招聘工作中,作为人力资源专员,对应聘人员的甄选主要考虑哪些方面?

案例分析

案例一

李某参加一次人才市场的招聘会,在招聘会现场,看到正前方有 3 个展台,其中一个展台上没有关于岗位的介绍,也没有关于公司的视觉展示材料,公司的招聘人员忙着窃窃私语;第二个展台上整齐地摆放着公司和招聘岗位的资料,还有一些公司的宣传资料可以随便领取,公司的招聘人员正在阅读公司材料;第三个展台上没有花哨的东西,只摆放了关于公司和招聘岗位的基本介绍材料,十分醒目,公司招聘人员热情地与经过的人打招呼,似乎在尽力收集应聘人员的简历并回答他们的问题。

【讨论】如果你作为应聘者,你会选择哪家公司? 利用所学知识,分析上述 3 家公司的招聘行为,给出建议和意见。

案例二

A 公司是一家跨国公司,以研制、生产、销售医药、农药为主要业务,随着生产业务的扩大,为了对生产部门的人力资源进行更为有效的管理和开发,2000 年初始,公司总经理把生产部门的于经理和人力资源部门的田经理叫到办公室,商量在生产部门设立一个处理人力资源事务的职位,其主要工作内容是生产部与人力资源部的协调事宜。最后,总经理表达了希望通过外部招聘的方式寻找人才的想法。在走出总经理办公室后,人力资源部田经理开始了一系列工作,在招聘渠道的选择上,他设计了两个方案。一个是通过本行业专业媒体做专业人员招募,费用为 3 500 元。其好处是专业人才的比例会高些,招募成本低;不利条件是企业宣传力度小。另一个方案为在大众媒体上做招募,费用为 8 500 元。其好处是企业影响力很大;不利条件是非专业人才的比例很高,前期筛选工作量大,招募成本高。拟初步选用第一方案。总经理看过招募计划后,选择了第二种方案。

【讨论】总经理为什么选择第二种方案?

实训操作

1. 实训项目

模拟招聘过程。

2. 实训要求

学生分小组,每组代表某一企业制订招聘计划,进行模拟招聘。招聘计划包括:招聘岗位及数量、招聘标准(任职资格)、招聘团队和职责(人力资源部门和用人部门分工)、招聘工作时间表、招聘渠道、招聘测试方案(笔试、面试方案)、招聘费用预算、招聘广告(宣讲

PPT 和 H5 ）。

3．实训组织

（1）根据教学班级学生人数来确定项目小组数量，每小组 4～6 人，提交招聘计划。

（2）每组选择代表上台宣讲企业，每位同学制作简历进行投递，招聘小组将简历筛选后进行模拟面试，教师选择表现较好的两组进行无领导小组讨论测试。

（3）教师对每组表现进行归纳、总结。

4．实训考核

考核要点：招聘计划全面合理，招聘 PPT 制作精美，演讲人有感染力，面试准备充分。

第 5 章

培训与开发

学习目标

知识目标

1. 理解培训与开发的概念。
2. 熟悉常见的培训与开发方法。
3. 熟悉新员工入职培训的内容。

能力目标

1. 能进行培训需求分析。
2. 能制订合理的培训计划。
3. 学会使用常见的培训方法。

素养目标

1. 树立终身学习的理念。
2. 树立团队意识,提高团队协作能力。

案例导入

多学一种语言

在一个漆黑的晚上,大老鼠带着小老鼠外出觅食,正当一群老鼠准备在一家餐馆厨房的垃圾桶里大吃一顿时,突然传来猫的叫声。老鼠四处逃命,但大花猫穷追不舍,终于有两只小老鼠被大花猫捉到了!大花猫正要吃小老鼠,突然从垃圾桶后传来凶恶的狗吠声,令大花猫手足无措,狼狈逃命。这时大老鼠从垃圾桶后面走出来说:"我早就对你们说,多学一种语言有利无害啊!"

类似地,员工需要提升技能、提升自我,企业需要不断培训员工。你想成为优秀的人力资源管理者吗?通过对本章内容的学习,你能够了解培训与开发的概念、新员工入职培训的内容，了解培训与开发的程序及方法，为成为优秀的人力资源管理者奠定坚实的基础。

5.1 培训与开发概述

当今是全球经济一体化的时代，是高新技术不断更新换代的时代，是竞争日益激烈化的时代。身处其中的企业要想跟上时代发展的步伐，要想从激烈的竞争中脱颖而出，就必须不断地更新管理理念，运用现代管理方法，更加注重人力资源的作用，不断开发人力资源的潜力，充分发挥人力资源的优势。因此，很多企业逐渐重视并努力开展员工培训工作。

5.1.1 培训与开发的概念

1. 培训与开发的定义

📝**重要概念**

培训与开发是企业通过各种方式使员工具备完成现在或者将来工作所需要的知识、技能并改变他们的工作态度，以改善员工在现有或将来职位上的工作业绩，并最终实现企业整体绩效提升的一种计划性和连续性的活动。

2. 培训与开发的区别

培训是企业向员工提供知识与技能的过程，培训针对员工的工作现状与工作要求之间的差距，通过知识、技能等的传递使员工更好地胜任工作；开发是依据员工需求与组织发展要求对员工的潜能进行开发，以及对员工职业生涯进行系统设计与规划的过程。两者间的区别如表 5-1 所示。

表 5-1　培训与开发的区别

不同点	培训	开发
目标	为当前做准备	为变化或未来做准备
关注焦点	当前	未来
范围	较小	较大
持续时间	较短	较长
参与意愿	强制性	自愿
使用工作经验的程度	低	高
收益与效果	近期内见效	在未来获得收益

3. 现代培训与传统培训的区别

现代培训突破了传统培训的条条框框，实质上开拓了创造智力资本的途径，两者在教育观、特征、学习行为、培训责任等方面都有较大区别，具体如表 5-2 所示。

表 5-2　现代培训与传统培训的区别

不同点	传统培训	现代培训
教育观	学校教育的补充	对"企业人"的改造
特征	注重技能教育	注重解决问题的能力、沟通能力的训练
学习行为	教什么，学什么	学员积极、主动学习
培训责任	培训机构的责任	工作单位、学员和培训机构共同的责任
成功关键	培训者知识水平和教学能力	学员的积极参与

5.1.2　培训与开发的目的

（1）提高员工的工作绩效水平。

员工培训与开发的直接目的就是发展员工的职业能力，让员工掌握新知识和新技能，接受新的观念和理念，拓展知识面，使其更好地胜任现在和未来的工作，继而提高员工的工作绩效水平。

（2）适应企业外部环境的发展变化，增强组织和个人的应变能力、适应能力和创造能力。

在知识经济时代，外部环境瞬息万变，企业的生存与发展取决于其技术创新能力与变革能力，企业通过培训与开发使管理队伍和技术队伍紧随时代的步伐，与时俱进，不断更新知识、技术和方法，从而增强组织和个人的应变能力、适应能力和创造能力。

（3）增强员工对企业的认同感和归属感。

培训与开发为员工提供了提升和完善自我的机会，使员工可以在工作中实现职业生涯规划，对员工有激励作用；同时培训与开发还包含企业文化等的培训，可增强员工对企业文化的认同感；此外，员工在培训中相互接触，相互了解，加深了对企业的感情，归属感明显增强。

5.1.3　培训与开发的原则

1. 服务企业战略与规划的原则

企业必须将员工的培训与开发放在战略地位。员工培训与开发有的能立竿见影，很快反映到员工工作绩效上；有的可能在若干年后才能收到明显的效果，尤其是对管理人员的培训与开发。因此，许多企业将培训与开发看成只见投入不见产出的"赔本"买卖，往往只重视当前利益，安排"闲人"去参加培训，而真正需要培训的人员却因为工作任务繁重而抽不出身，结果就出现了不会用或根本不用所学知识的"培训专业户"，使培训与开发真正变成了只见投入不见产出的"赔本"买卖。为彻底改变这一状况，企业必须树立战略观念，根据企业发展目标及战略制订培训与开发规划，使培训与开发和企业的长远发展紧密结合。

2. 理论联系实际、学以致用的原则

员工培训与开发应当有针对性，从实际工作的需要出发，与职位特点紧密结合，与培训对象的年龄、知识结构、能力结构、思想状况紧密结合，目的在于通过培训与开发让员工掌

握必要的技能以完成工作，最终为提高企业的经济效益服务。只有这样培训与开发才能收到实效，才能促进员工提高工作效率。

3. 全员培训与重点提高结合的原则

全员培训就是有计划、有步骤地对在职的所有员工进行培训，这是提高全体员工素质的必经之路。为了提高培训的投资回报率，培训必须有重点，即有计划地培训与开发对企业兴衰有着重大影响的管理人员（特别是中层管理人员）和技术骨干、有培养前途的梯队人员。

4. 效益原则

培训与开发是企业的一种投资，和其他投资一样，也要从投入产出的角度考虑效益大小及远期效益、近期效益问题。

5.1.4 培训与开发的分类

1. 按照培训对象的不同分类

按照培训对象的不同，培训分为新员工培训和在职员工培训两类。

（1）新员工培训。是对新员工在正式工作前所进行的培训。主要培训内容有：企业的规章制度、企业经营的特色、企业文化及历史概况、员工的权利及义务、各部门的职责及权限、处理业务的方法和程序等。

（2）在职员工培训。是对在职员工进行提升的培训，主要包括：对员工在执行工作时所需要的工作技能、知识欠缺部分的培训；对员工中工作业绩突出、具有发展潜力的，给予下一阶段职业生涯的培训；对主管所进行的管理方面的培训。

2. 按照员工所处的层级不同分类

按照员工所处的层级不同，员工培训可分为基层员工培训、基层主管培训、中层主管培训和高层主管培训4类。

（1）基层员工培训：培训工作所需的基本知识和技能。

（2）基层主管培训：培训基层主管应具备的能力，包括对新员工的培养能力、领导能力、口头与书面表达能力等。

（3）中层主管培训：中层主管除了要具备基层主管所具备的能力外，还需有良好的会议主持、沟通协调能力。

（4）高层主管的教育培训：高层主管除了要具备基层及中层主管所具备能力外，还要有财务管理、战略规划、策略分析等方面的能力。

3. 按照培训形式的不同分类

按照培训形式的不同可以将培训开发划分为在职培训、脱产培训两类。

（1）在职培训：员工一边工作一边培训，这种培训的内容主要是跟实际工作相关的，这种培训相对来说成本较低，也不会对员工的工作产生很大的影响，但学习到的知识的系统性不足。

（2）脱产培训：员工脱离现有的岗位，去专业的机构或者教育学院学习，学习到的知识较为系统。

4. 按照培训内容的不同分类

按照培训内容的不同可以将培训划分为知识培训、技能培训和态度培训。

（1）知识培训：通过这方面培训，员工应该具备完成本职工作所必需的知识，包括基本业务知识和专业知识；员工应该了解企业的基本情况，如企业的发展战略、目标、经营状况、规章制度等，能够较好地参与企业活动。

（2）技能培训：通过这方面培训，员工应该掌握完成本职工作所必备的技能，包括一般技能和特殊技能，如操作技能、人际交往技能等。

（3）态度培训：员工的工作态度对企业绩效影响很大，通过这方面的培训，员工应该产生对企业的信任，具备团队精神，增强归属感和荣誉感。

5.1.5　培训与开发的发展趋势

当今社会，培训与开发工作更关注企业的战略目标和长远发展，以企业战略规划、人力资源规划为依据制订的培训与开发计划，能把培训目标与企业的长远发展目标、战略、愿景紧密地联系在一起。未来的培训与开发将更注重合作与团队建设，激发员工的学习动机，强调以人为本。

5.2　新员工入职培训

5.2.1　新员工入职培训的概念

新员工入职培训亦称岗前培训、职前培训、入职培训，指为新员工提供有关企业和工作的基本背景情况介绍的活动。一般而言，这项活动是企业的一个固定培训项目，由人力资源部门和用人部门合作进行。新员工入职培训是新员工快速融入一个新群体的需要。通过培训，新员工可以消除新进企业产生的焦虑和陌生感，消除一些不切实际的期望，较快适应新的工作环境，还能增强对企业的认同感和归属感。

相关阅读

知名企业的新员工培训

新员工是否长期留在企业发展，很大程度上取决于最初进入企业的一段时间内的经历和感受，在此期间新员工感受到的企业的价值理念、管理方式将会直接影响新员工的工作态度、绩效和行为，而这些和新员工入职培训的效果关系密切。

海尔"四步"打造合格新员工——第一步，使员工端正心态；第二步，使员工把心里话说出来；第三步，使员工把归属感"养"起来；第四步，使员工把事业心树起来。

方正建立了一套"三维"的培训体系：第一维度按职务层次划分，从普通员工到高层经理都有相应的培训；第二维度按专业类别划分，有专业技术培训、管理培训等；第三维度则按部门类别划分，不同的部门有不同的培训。

华为的入职培训会宣扬民族主义情怀，在培训方法上，从生产、市场和管理一线抽派员工与新人进行近距离交流，同时采用案例教学，让培训课程更加生动，且不与现实脱节，同时还会在新员工培训中穿插热情洋溢的高层演讲。

戴尔对销售新人的培训使用"喋喋不休式培训"，销售经理不断地给予新员工指导和鼓励，提高他们的工作能力，帮助他们养成良好的工作习惯。

5.2.2 新员工入职培训的内容

1. 企业基本情况及相关制度和政策

（1）企业的创业、成长、发展过程，企业经营战略和目标、经营范围，企业的性质，企业的优势和面临的挑战。

（2）企业的组织结构与部门职责，主要包括企业的部门设置情况、纵横关系以及各部门的职责与权利、主要经理人员等。

（3）企业的产品及市场，主要包括企业主要产品或服务的种类及性能、产品包装及价格、市场销售情况、市场同类产品及厂家和主要客户情况等。

（4）企业的经营理念、企业文化和价值观、企业行为规范和标准，也包括企业的优秀传统、创始人的故事、企业标识的意义等。

（5）企业的主要设施，包括规定的用餐地点、急救站、员工出入口、停车场、禁区，部门工作休息室、个人物品储藏柜、火灾报警箱、主管办公室等。

（6）企业相关制度和政策，主要指企业人事制度与政策，这些与员工的利益密切相关，应详细介绍并确认新员工已全部理解。其包括工资构成与计算方法、奖金与津贴、福利、绩效考核办法与系统、晋升制度、员工培训与开发和职业发展的政策，也包括更详细的劳动纪律、上下班时间、请假规定、报销制度、安全制度、保密制度等。

2. 基本礼仪与工作基础知识

（1）问候与措辞。

（2）着装。

（3）电话礼仪。

（4）指示、命令的接受方式。

（5）报告、联络与协商。

（6）与上司或同事的交往方式。

（7）个人与企业的关系。

3. 部门职能与岗位职责及知识技能

（1）部门职能。

部门职能主要包括部门目标及最新优先事项或项目、与其他职能部门的关系、部门结构及部门内各项工作之间的关系等。

（2）岗位职责及知识技能。

岗位职责及知识技能主要包括工作说明书、工作流程、绩效考核的具体标准和方法、常见的问题及解决办法、工作时间和合作伙伴或服务对象、请求援助的条件和方法、加班要求、规定的记录和报告、设备的领取与维护等。

5.2.3　新员工入职培训的方式

新员工入职培训的方式灵活多样，可以是集体授课、研讨会、导师制、教练制，也可以是在岗实地培训，有的企业会委托专业的培训公司负责，比如采用户外拓展训练等方式。具体的培训方式将在第四节展开介绍。

5.3　培训与开发的基本程序

培训与开发的基本程序包含培训需求分析、培训方案制定、培训实施和培训效果评估。

相关阅读

故事一：消失的培训需求

有位销售经理，来找培训经理，提出销售人员的销售技巧不行，需要培训。

培训经理问："怎么不行？"销售经理说："带出去拜访客户，销售话术都不愿意说，没有销售技能。"培训经理问销售经理："是他们不知道怎么说？还是他们知道却不愿意说？"

一番沟通之后，培训经理与销售经理达成共识：销售经理去申请提高业务的提成比例，申请更多激励政策；培训经理准备培训课程，设计项目。

后来，提成比例申请下来了，还翻了一倍，各种激励政策也申请下来了。销售经理再也没来找过培训经理，这个需求也就消失了。

故事二："事与愿违"的结果

某企业成立10多年，成立初期发展迅速，但近几年来停滞不前，甚至有倒退的迹象。企业老板认为企业停滞不前，主要原因是企业中高层管理者的能力不足，无法适应环境的变化。于是，企业老板找到了某培训公司，希望找培训师为企业的管理层做些培训，以提升管理层的能力，进而使企业再上一个台阶。老板就培训课程的价格不断和培训公司讨价还价，至于课程内容却并没有进行积极的沟通。在和培训师沟通课程内容时，企业老板只是说："你们培训师是专家，你们认为该讲什么就讲什么。"于是，在讲课时，培训师对企业管理层及企业老板对于企业发展的影响做了深刻的分析。听完课后，管理层终于明白企业之所以停滞不前主要是因为"企业内部管理不行"，而对内部管理负有主要责任的人是企业老板。最终的结论是："企业之所以停滞不前，主要是老板不行。"结果，原来稳定的管理层开始流失。

5.3.1 培训需求分析

1. 培训需求分析的思路

培训需求分析是培训工作的起点，它决定着培训的目标和培训活动的方向。培训需求分析的关键是详细分析现状与目标之间的差距，还要判断哪些问题是可以通过培训解决的，哪些问题不能通过培训解决，并以此确定培训需求。只有正确把握培训的需求，才能真正有效地实施培训。通常从3个方面进行培训需求分析：组织、任务和人员。

（1）组织分析。

确认组织层面的培训需求的主要依据是企业的经营发展战略，还有组织目标、结构、内部文化、政策及未来发展等因素，企业的发展战略不同，经营的重点就会不同，因此培训的重点和方向也不同。不同的企业经营战略（集中型战略、内部成长战略、外部成长战略、紧缩投资战略）与员工培训的关系如表5-3所示。

表5-3 不同的企业经营战略与员工培训的关系

战略	重点	如何实现	关键事项	培训重点
集中型战略	① 提高市场份额 ② 减少运营成本 ③ 开拓并维持市场定位	① 提高产品质量 ② 提高生产效率或革新技术流程 ③ 按需要制造产品或提供服务	① 技术交流 ② 现有劳动力的开发 ③ 特殊培训项目	① 团队建设 ② 人际交往 ③ 技能培训 ④ 在职培训
内部成长战略	① 市场开发 ② 产品开发 ③ 革新 ④ 合资	① 销售现有产品，增加分销渠道 ② 拓展全球市场 ③ 调整现有产品 ④ 创造新的或不同的产品 ⑤ 通过合伙发展壮大	① 创造新的工作任务 ② 革新	① 支持或促进产品价值的高质量沟通 ② 文化培训 ③ 培养创造性思维和分析能力 ④ 提高工作中的技术能力 ⑤ 对管理者进行反馈与沟通方面的培训 ⑥ 冲突调和技巧培训
外部成长战略（兼并）	① 横向联合 ② 纵向联合 ③ 发散组合	① 兼并处于产品市场链上相同经营阶段的公司 ② 兼并或联合本产业的上下游企业或产业 ③ 兼并或联合与本企业处于不同领域的企业	① 整合公司的富余人员 ② 重组	① 判断被兼并公司员工的能力 ② 联合培训 ③ 合并公司的方法和程序 ④ 团队建设
紧缩投资战略	① 节约开支 ② 转产 ③ 剥离 ④ 债务清算	① 降低成本 ② 减少资产 ③ 创造利润 ④ 重新制定目标 ⑤ 卖掉全部资产	提高效率	① 革新、目标设置、时间管理、压力管理 ② 领导技能培训 ③ 人际沟通培训 ④ 向外配置的辅助培训 ⑤ 寻找工作技能的培训

（2）任务分析。

任务分析主要是通过查阅工作说明书或具体分析完成某一工作需要的技能，了解员工有效完成该项工作必须具备的条件，并找出差距，确定培训需求。每项工作任务包括知识、技能和态度 3 个方面。

① 知识：对信息，尤其是客观的、程序性的事物本质的理解，这种理解有助于成功地完成工作任务。

② 技能：在完成一项具体任务时，表现出的个体的熟练性和资格的级别。资格的级别往往还可以用数字进行排序。

③ 态度：工作态度。

（3）人员分析。

人员分析是针对员工来进行的，包括两方面内容：一是对员工个人的绩效做出评价，找出员工现状与绩效标准的差距，以此确认培训需求；二是根据员工的职位变动计划，将员工现状与未来职位的要求进行比较，以确定培训需求。通过人员分析，确定企业中哪些人员需要接受培训以及需要接受什么样的培训。

2．培训需求分析的方法

培训需求分析的方法有很多，常用的有 4 种：观察法、问卷调查法、工作任务分析法和访问法。

（1）观察法。

观察法是指培训者到员工身边了解员工的具体情况，通过与员工一起工作，观察员工的工作技能、工作态度，了解其在工作中遇到的困难，收集培训需求信息的方法。

观察法是一种最原始、最基本的需求调查工具，它适用生产作业人员和服务人员，而对技术人员和销售人员则不太适用。这种方法的优点在于培训者直接观察培训对象，但不干预被观察者正常工作，对他们的工作有直接的了解，同时可以得到有关工作环境的信息，并将分析活动对工作的干扰降至最低。其缺点是观察员工需要很长的时间，观察的效果也受培训者对工作熟悉程度的影响，培训者的偏见也会对观察结果有影响，这种方法对培训者的要求较高；另外员工的行为方式可能会因为被观察而受到影响。

为了改善观察效果，通常要设计一份观察记录表，用来核查各个要了解的细节，这样才能保证观察不会流于形式，而且观察结束后，培训者就会掌握大量资料。

（2）问卷调查法。

问卷调查法是较常用的培训需求分析方法。现在的企业只需要通过网络便可以开展大规模的调查。问卷调查法费用较低，可以从大量人员中收集信息，信息易于归纳总结。但问卷中一个问题只涉及一件事，且多为打分的方式，很难收集到具体的信息，如果调查的事项过多，问卷篇幅会很长。大规模发放问卷的情况下，回收率也很难把握。

一般实施问卷调查法有 5 个步骤。

① 制订调研计划。明确调研目标、任务、实施周期。

② 编制问卷。通常采用选择题和问答题的方式。比如，你对本行业的新知识是否熟悉，有 3 个选项——非常熟悉、一般、不熟悉；你需要何种程度的专业知识培训，有 3 个选项——

高、中、低。

③ 收集数据。其包括发放调查问卷（表），并组织回收、整理。在这一步需要剔除无效问卷。

④ 数据处理。将统计的数据、问题进行汇总、分析，客观分析出每个类型的培训需求对应的人数。

⑤ 得出结论。编写需求调研报告，并把调查结果提交给直接上级。报告中要包含分发问卷的份数、回收的份数及有效的份数，并且根据调查结果，列出哪几项培训需求比较迫切。

（3）工作任务分析法。

工作任务分析法是以工作说明书、工作规范或工作任务分析记录表作为确定员工达到要求所必须掌握的知识、技能和态度的依据，将其和员工平时工作中的表现进行对比以判定员工要完成工作任务的差距所在，工作任务分析法是一种非常正规的培训需求调查方法。它通过岗位资料分析和员工现状对比得出员工的素质差距，结论可信度高，但这种培训需求调查方法需要花费的时间和费用较多，一般只是在非常重要的一些培训项目中才会运用。工作任务分析记录表通常包括主要任务和子任务、各项工作的执行频率、绩效标准、执行工作任务的环境、所需的技能和知识，以及学习技能的场所等。具体工作可以根据本身要求进行相应的修改。

（4）访问法。

访问法是通过与访问对象直接对话，获得大量信息的一种方法。访问法一般在有一定培训需求方向的情况下才会使用，访谈者通过与培训对象的上级或者培训对象沟通，进一步对已有的培训需求进行确定。比如通过调查访谈者了解到，培训对象希望参加沟通方面的培训，但是沟通培训有很多种类型，于是访谈者通过访问法来确定培训对象是需要辅导方面的培训，还是汇报方面的培训。访问法的优点是比较灵活，有利于发现具体的培训需求及其产生的原因和解决办法；其缺点是主观性较强，耗费时间长，分析难度大，需要访谈者有高超的访谈技巧。

运用访问法时的注意事项如下。

① 列访谈提纲。

② 确定访谈目标及访谈对象，明确最有价值的、必须了解的信息。

③ 营造融洽的、相互信任的访谈氛围。

④ 详细记录访谈结果。

5.3.2 培训方案制订

为了保证培训活动的顺利实施，需要根据培训目标制订培训方案，它能指导培训的具体实施。一般来说，一个比较完备的培训方案应当涵盖以下内容。

1. 培训目标

培训目标是指培训活动所要达到的目的，即企业期望员工以什么标准，在什么条件下完成什么样的事情，以最终提高工作绩效。培训目标不仅对培训活动具有指导意义，而且是培训效果评估的一个重要依据。

2. 培训内容

培训内容主要可以分为三大类。

一是知识，培训要使员工具备完成工作所必需的基本业务知识，如企业的基本情况、发展战略、经营方针、规章制度等。

二是技能，包括从事工作所必备的技术和能力，如谈判技术、操作技术、应变能力、沟通能力、分析能力。

三是态度，它与人的价值观和利益相联系。培训要使员工具备完成工作所要求的积极态度，如合作性、积极性、自律意识和服务意识等。

3. 培训对象

根据培训需求分析确认培训对象，同时需要考虑培训对象能否参加培训。与培训对象相关的因素如下：工作内容、工作经验与资历、工作意愿、工作绩效、公司政策、培训对象所属主管的态度等。

4. 培训讲师

培训讲师选择的恰当与否对整个培训活动的效果和质量有着直接影响，优秀的培训讲师往往能够促使培训工作富有成效。培训讲师一般有两个来源渠道：一是外部渠道，二是内部渠道。通过两种渠道选择培训讲师的利弊如表 5-4 所示。

表 5-4　通过两种渠道选择培训讲师的利弊

渠道	优点	缺点
外部渠道	① 培训讲师比较专业，有先进的理念和丰富的培训经验 ② 培训讲师与企业没有直接关系，员工比较容易接受 ③ 可引起企业上下的关注	① 培训讲师对企业不了解，培训内容可能不实用，针对性不强 ② 培训费用高
内部渠道	① 培训讲师对企业情况很了解，针对性强 ② 培训费用低 ③ 培训讲师可与参加培训的员工进行更好的交流	① 培训讲师可能缺乏培训经验 ② 培训讲师受企业现有状况影响比较大，新理念和新思维较少 ③ 员工对培训讲师的接受程度可能比较低

5. 培训时间

在培训时间方面需考虑的因素包括：能配合员工的工作状况，培训时长合适；符合培训内容，教学方法的运用，时间控制。

6. 培训地点及培训设施

在培训地点和设施方面需要考虑的因素包含：培训性质、交通状况、行政服务、座位安排、费用等。

7. 培训方法及培训费用

由于培训都是有成本的，因此还需要编制培训费用预算，这里的培训费用一般只包括直接发生的费用，如场地租金、培训的教材费、培训讲师的授课费、培训的设备费等。对培训费用做预算，既便于获取资金支持以保证培训的顺利实施，也能为培训评估提供依据。培训方法见下一节。

5.3.3 培训实施

培训实施前，要做好准备工作，即根据培训方案对培训内容、培训对象、培训讲师、培训时间、培训地点、培训设施、培训方法等内容进行具体确认。

在培训实施过程中要对以上要素加以组织和管理，保证培训顺利推进，同时要及时了解受训人员的到位情况，保证培训进度；积极收集意见和建议，适时跟踪和反馈培训效果，对培训做出相应调整，以促使受训人员保持学习的积极性并为其指明学习的方向和重点。

在培训结束后，要做好与培训讲师的沟通工作，同时做好设备设施的归位工作，以及培训资料的整理归档工作。培训实施方案如表 5-5 所示。

表 5-5 培训实施方案

时间	内容
实施日两月前	计划拟定、课程确定、讲师联系、地点初步确定
实施日一月前	课程培训调查、讲师最终确定、培训信息反馈、培训大纲审查
实施日两周前	成立项目小组、召开会议并做好分工、发送讲义、制作课程表
实施日一周前	复印课程讲义、排定支援事项、准备器材用品、制作与发放培训通知
实施日三日前	讲师行程确认、课程问卷调查表制作、课后心得调查表制作、评估标准制定、签到表制作、住宿餐饮预订、交通工具预订、回答咨询问题
最后清点项目（实施日两日前）	签到表、课程问卷调查表、课后心得调查表、培训评估标准、培训记录表、培训讲义、计算机、投影仪、话筒、扩音机、摄像机、电源、白板、板擦／白板笔、胶带、图钉、白纸、茶叶、饮料、纸杯／茶杯、海报、条幅
培训前一天	培训教室布置、灯光与空调调试、视听设备调试、桌椅摆放、悬挂条幅和海报、接送外聘讲师、安排外聘讲师食宿、培训前信息沟通、安排培训讲师视察教室
培训当日	人员签到、授课资料发放、主持、介绍培训讲师、领导讲话（重要培训）、讲师授课、复印各类资料、突发事件处理
上课工作项目（培训中）	课程录音/录像/拍照、茶水服务、评估问卷/试卷发放、填写培训记录、配合讲师工作、反馈学员信息、出勤安排协调、评估问卷/试卷回收
后续工作项目（培训后）	教室打扫/设备归位、经费报销、问卷统计分析、安排车送外聘讲师、培训资料归档、撰写培训报告、工作总结

5.3.4 培训效果评估

培训的效果如何，可以依据被培训员工所获得的知识、技能及员工态度的变化等方面来评估。培训效果可能是积极的，这时工作绩效会得到提高，这也是培训的根本目的；也可能是消极的，这时工作绩效可能出现恶化。对于培训的有效性评估，最有代表性的观点是柯氏评估模型，柯氏评估模型从4个层次来对一个培训项目进行评估，如表5-6所示。

表5-6 柯氏评估模型

评估层次	评估重点
反应	被培训者的满意度
学习	被培训者学到的知识、技能、态度
行为	被培训者工作行为的改进
结果	培训创造的经济效益

1. 反应评估

反应评估指评估被培训者对培训项目的满意度，关注的是被培训者对培训项目及其有效性的主观感受和看法，是最基本、最常用的评估方式。例如，可以询问"您喜欢此次培训吗？""对培训讲师满意吗？"等问题。反应评估可以采取问卷调查法、面谈法、座谈法等方法。

2. 学习评估

学习评估指评估被培训者在接受培训以后，知识、技能、态度方面是否有所提高或改变以及有多大程度的提高或改变，更多地停留在认知层面上。学习评估可以采取考试法（知识）、实际操作（技能）、自我评价量表（态度）等方法。

3. 行为评估

行为评估指评估被培训者在接受培训以后工作行为的改变程度和对学习成果的运用程度，即评估被培训者在工作中是否改进了以前的行为，是否运用了培训中学到的内容。员工行为和组织效益的改善才是企业最终关注的结果，行为评估可以采用360度反馈法，从多方面进行评估，或者采用行为评价量表。

4. 结果评估

结果评估是与组织利益最为相关，也是最重要的评估层面。结果评估是指衡量经过培训后，组织的经营与绩效是否得到了改善和提高，包括事故率、产品品质、员工士气、成本、利润等评估指标。

5.4 培训与开发的主要方法

5.4.1 常用的在职培训方法

在职培训就是指员工在实际工作岗位和工作场地进行的现场培训，也称"在岗培训""不脱产培训"。其通常表现为安排新员工跟着有经验的员工或主管人员，一边接受培训一边工作。

1. 师带徒

师带徒即"师傅带徒弟"，是一种最为传统的在职培训方式。由经验丰富的员工作为师傅，和新员工结成比较固定的"师徒关系"，并由师傅对徒弟的工作进行指导和帮助。

2. 导师制

导师制是师带徒的现代演绎版。导师指为被指导者提供指导、训练、忠告的个人。指导的内容不仅包括知识、技能，也包括品行、态度等方面。导师制的优点如下所示。

① 新员工在导师指导下开始工作，可以避免盲目摸索。

② 有利于新员工尽快融入团队。

③ 可以消除新员工刚开始工作的紧张感。

④ 有利于企业优良工作作风的传递。

⑤ 新员工可从导师处获取丰富的经验，以及受到导师品行、态度方面的积极影响。

3. 工作轮换

工作轮换亦称轮岗，是通过调动员工工作职位的方式来进行培训的方法，通过职位的变化可以使员工丰富工作经验，扩展知识面，提升技能。通过了解其他职位的工作内容和情况，员工能够胜任多方面的工作。这种方法更适用于对新进入企业的年轻管理人员或有管理潜力的未来管理人员的培养。

4. 教练

教练方法源于体育，是一种由管理人员与专业顾问进行一对一培训的方法。企业教练不只是一种知识传输或者技巧训练，它更侧重于"激发人的潜能"，注重态度训练，教练并不是解决问题的人，他们只是为培训对象提供一面镜子，使培训对象能洞悉自我，把握自己的状态和情绪，发挥自己的能动性，找到最适合自己的方法，从而有效快捷地达到培训目标。

5. 行动学习

行动学习是一种员工以完成预定工作任务为目的，在团队成员帮助下持续不断地反思实际遇到的问题，以形成积极的工作态度，通过合作分析问题并制定、实施解决问题的行为方案，以提高解决实际问题能力的培训方式。

5.4.2 常用的脱产培训方法

脱产培训就是指员工离开自己的工作岗位专门参加的培训，脱产培训的方法主要有以下几种。

1. 演讲法

演讲法是最普遍也是最基本的一种培训方法，就是指培训讲师以讲授方式把培训内容表达出来，传授给培训对象的培训方式。

2. 案例分析法

案例分析法是指给培训对象提供一个现实案例，让他们经过独立分析和共同讨论后，做出判断，提出解决问题方案的一种培训方式。案例分析法的最终目的并不是要给出一个确定的答案，而是要借助这种方式，使培训对象学习如何分析问题和解决问题，有助于培养培训对象独立分析与解决问题的能力。

3. 角色扮演

角色扮演在招聘中是一种有效的测评方法，也是一种常用的培训方法。在角色扮演时，首先要给培训对象提供一个真实的情境，让他们在其中分别扮演不同的角色，通过表演去体验他人感情或体验在特定环境中处理问题的方式。在扮演过程中培训者随时对培训对象加以指导，结束后组织大家进行讨论和评价。

4. 行为示范法

行为示范法指让培训对象观摩行为标准样例或录像等，并进行实际操练的一种培训方法。行为示范法由 4 个环节组成：注意、回应、机械重复与激励。

5. 网络培训法

随着计算机和网络技术的发展，通过网络媒介进行培训的方法成为一种趋势，网络培训突破了传统培训的固有模式，跨越了时间和空间。E-learning（在线学习）作为一种新的企业人力资源培训与开发方式，已经成为企业培训员工的重要手段，其主要做法是在企业内部开设网络课程，或由专业培训公司提供课程，培训者和培训对象不必面对面交流，培训对象可以通过网络技术和计算机的辅助在世界范围内进行自主学习。

能力自测

一、单项选择题

1. 以下哪种工作岗位最适合采用观察法分析培训需求（　　　）。

　　A．酒店保洁员　　　　B．HR 总监　　　　C．理财经理　　　　D．汽车销售员

2. 在不同的企业经营战略下，培训重点也不同，以下哪种经营战略的培训重点是革新、目标设置、压力管理、寻找工作技能的培训等（　　　）。

　　A．集中战略　　　　　　　　　　　　　B．内部成长战略

　　C．外部成长战略　　　　　　　　　　　D．紧缩投资战略

3. 以下选项中，（　　　）不属于新员工入职培训需解决的问题。

　　A．融入群体的问题　　　　　　　　　　B．现实与期望的矛盾

　　C．第一工作环境的问题　　　　　　　　D．前沿技术问题

4. "通过查阅工作说明书或具体分析完成某一工作需要的技能，了解员工有效完成该项工作必须具备的条件，并找出差距，确定培训需求"，这是（　　　）。

　　A．组织分析　　　B．任务分析　　　C．员工分析　　　D．战略分析

5. 以下选项中，（　　　）不属于问卷调查法的缺点。

　　A．耗时长　　　B．回收率可能较低　　　C．分析难度大　　　D．不够具体

6. 以下选项中，（　　）不属于知识培训的内容。

    A. 合作性与积极性　　　　　　　　B. 企业基本情况

    C. 企业发展战略　　　　　　　　　D. 基本业务知识

7. 以下选项中，（　　）属于外部培训讲师的优点。

    A. 培训费用较低

    B. 可与参加培训的员工进行更好的交流

    C. 针对性较强

    D. 可引起企业上下的关注

8. 在柯氏评估模型中，（　　）考查培训者的知识运用程度。

    A. 反应评估　　　　B. 学习评估　　　　C. 行为评估　　　　D. 成果评估

9. 以下选项中，（　　）更适用于对新进入企业的年轻管理者或有管理潜力的未来管理人员的培养。

    A. 师徒制　　　　　B. 工作轮换　　　　C. 导师制　　　　　D. 教练

二、简答题

1. 简单描述培训与开发的区别。

2. 简单描述培训与开发的目的。

3. 在职培训可采用哪些培训方法？

4. 培训方案制订需考虑哪些因素？

5. 简单描述新员工入职培训的内容。

6. 简单描述培训需求分析的思路。

案例分析

案例一

A 公司是上海的一家股份制公司。按计划，该公司人力资源部 3 月份要派人去深圳某培训中心参加一次培训。当时人力资源部的人员都想参加，不仅是因为培训地点在经济特区，可以借此机会到经济特区看一看，而且据了解，此次培训内容很精彩，而且培训讲师大都是在大公司工作且有丰富管理经验的专家。但很不凑巧，当时人力资源部工作特别忙，所以主管权衡再三，最后决定由手头工作比较少的小刘和小钱去参加。人力资源部主管把培训时间、费用等事项跟小刘和小钱做了简单的交代。培训期间，小刘和小钱听课很认真，对讲师所授内容做了认真记录和整理。但在课间和课后小刘与小钱总在一起，很少跟其他学员交流，也没有跟讲师交流。培训回来后，主管只是简单地询问了一些培训期间的情况，小刘、小钱与同事也没有详细讨论过培训的情况。过了一段时间，同事都觉得小刘和小钱培训后并没有什么明显的变化，小刘和小钱本人也觉得培训内容很精彩，但是对实际工作并没有什么帮助。

【讨论】

1. 该公司的小刘和小钱参加培训的效果令人满意吗？

2. 该项培训的人员选派是否存在问题？为什么？

3. 根据案例提出能够改善培训效果的有效措施。

案例二

RB 公司是一家位于华中某省的皮鞋制造公司，拥有将近 400 名工人。大约在一年前，公司失去了两个较大的主顾，因为他们对产品过多的缺陷表示不满。RB 公司领导研究了这个问题之后，一致认为：公司的基本工程技术方面还是很可靠的，问题出在生产线上的工人、质量检查员及管理部门的疏忽大意、缺乏质量管理意识。于是公司决定通过开设一套质量管理课程来解决这个问题。

质量管理课程的授课时间被安排在工作时间之后，每个周五晚上的 7:00—9:00，历时 10 周。公司不付给来听课的员工额外的薪水，员工自愿听课，但是公司的主管表示，如果一名员工积极参加培训，那么这个事实将被记录到他的个人档案里，以后在涉及加薪或升职的问题时，公司将会予以考虑。

课程由质量监控部门的李工程师主讲。授课形式主要包括各种讲座，有时还会放映有关质量管理的录像，并进行一些专题讨论。课程内容包括质量管理的必要性、影响质量的客观条件、质量检验标准、质量检验的程序和方法、质量统计方法、抽样检查及程序控制等。公司里所有对此感兴趣的员工，包括监管人员，都可以去听课。

课程刚开始时，听课人数有 60 人左右。在课程快要结束时，听课人数已经下降到 30 人左右。而且，因为课程安排在周五晚上，所以听课的人都显得心不在焉，有一部分离家远的人课听到一半就提前回家了。

在总结这一课程的效果的时候，人力资源部经理评论说：“李工程师的课讲得不错，内容充实，知识系统，而且他很幽默，使得培训引人入胜，听课人数的减少并不是他的过错。”

【讨论】

1. 你认为这次培训在组织和管理上有哪些不合适的地方？

2. 你如果是 RB 公司的人力资源部经理，会怎样安排这个培训项目？

实训操作

1. 实训项目

制订某企业培训方案。

2. 实训要求

学生分小组自行选择企业，了解其人力资源现状，并制订培训方案。

3. 实训组织

（1）根据教学班级学生人数来确定项目小组数量，每小组 4～6 人。

（2）以小组为单位组织搜集资料、研讨，分析企业人力资源现状、培训需求、制订培训方案，并形成汇报PPT。

（3）小组汇报，讨论交流。

（4）教师进行归纳、总结。

4．实训考核

准备PPT汇报，要求课件制作精美，观点鲜明，逻辑清楚，论据充分，汇报人的礼仪规范，语言流畅，脱稿表达。

第6章

职业生涯规划

学习目标

知识目标

1. 了解职业生涯、职业生涯规划的相关概念。
2. 理解个人职业生涯规划的作用。
3. 了解职业生涯规划的相关理论。

能力目标

1. 掌握职业生涯规划的设计与实施。
2. 具备职业生涯规划和职业生涯发展的管理能力。

素养目标

1. 培养自我管理意识。
2. 树立职业目标，合理规划职业生涯。

案例导入

学生的困惑

老师：

　　您好！我是一名大一的学生，即将升入大二，听老师和高年级的同学讲，现在大学生就业竞争十分激烈，既需要各种证书，也需要实际工作能力和实践经验，因此，我很担心毕业后找不到理想的工作，于是下决心专升本，但是又担心考不上，您说我该怎么办？

一位迷茫的大学生（致信）

　　一方面，这个学生的担心是有道理的，我国有句古语："凡事预则立，不预则废"，大学生提前做好升学就业的计划十分必要，这称为职业生涯规划。另一方面，与那些"车到山前必有路"的人相比，这个同学已经具有职业生涯规划的意识了。

6.1 职业生涯规划概述

6.1.1 职业生涯规划的历史与现状

职业生涯规划起源于西方。工业革命后，西方传统大学教育培养的大学生在就业方面出现一系列的问题，高校开始对大学生进行职业辅导。美国波士顿大学教授帕森斯提出了"选择一项职业"要比"找一份工作"更重要的理念，并提出了职业辅导的步骤。1908年，帕森斯教授在波士顿成立就业指导局，迈出了职业辅导活动系统化的第一步。我国的职业生涯规划教育起步较晚，目前我国的职业生涯规划教育主要集中在高等教育阶段，但是由于高校机制局限、专业人员的缺乏等，这项工作的开展遇到许多困难，大学生对职业生涯规划的重视还不够。

目前我国企业实施职业生涯管理的问题主要有：企业对员工职业生涯管理的认识不足，企业的管理理念无法提供相应支持，组织中没有合适的发展空间，缺乏专业职业生涯管理人员与相关制度措施。

6.1.2 职业生涯的相关概念

1. 职业与职业生涯

职业是指人们为了获取经常性的收入而从事的连续性的特殊活动，是人们追求自我实现的重要人生阶段，对人生的价值起决定性作用。

职业生涯是指一个人一生的工作经历，特别是职业、职位的变动及工作理想实现的整个过程。职业生涯不仅包括特定的客观职业活动，而且还包括与职业有关的一切行为和态度等主观性内容。如前所述，职业生涯在人的一生中占有极为重要的地位，职业生涯的成功与否直接影响到人生价值能否得到充分的体现，间接决定了生命是精彩还是平淡。

2. 职业生涯规划的含义

职业生涯规划是现代企业人力资源规划的重要内容之一，是企业帮助员工制订职业生涯规划和推动其职业生涯发展的一系列活动。

> **重要概念**
>
> 职业生涯规划又叫职业生涯设计，是指结合自身条件和现实环境，确立自己的职业目标，选择职业道路，确定相应的培训、教育和工作计划。由于职业生涯贯穿人的一生，因此，对职业生涯的规划，就是为自己的人生绘制理想的蓝图。

3. 职业生涯阶段

孔子曾说过："吾十有五而志于学，三十而立，四十而不惑，五十而知天命，六十而耳顺，七十而从心所欲，不逾矩。"他说的是人生的阶段，人的职业生涯则一般分为4个阶段。

（1）探索期（20～29岁）。

个体在这个时期开始考虑自身条件与喜爱的职业是否相符，并有意识地进行能力培养，选定工作领域，开始从事某种职业，对职业发展目标的可行性进行实践。

（2）稳定期（30～39岁）。

这个时期非常关键，是极富创造性的时期，一般职业方向已定，个体拥有并保持自己的核心竞争力，在自己选择的专业或管理领域内继续学习，力争成为一名专家或职业能手。

（3）中年危机期（40～49岁）。

40岁以后个体进入"安身立命"的状态，呈现"中期稳定"态势，同时也会遇到一系列"中年危机"，如面对新人挑战，或偏离原来职业目标或发现新的目标，以及出现职业发展瓶颈等，这个时期是人生发展的重要分水岭。

（4）成熟期（50～59岁）。

个体在这个阶段扩大、发展、深化自己的核心技能，维护已获得的成就和社会地位，维持家庭和工作两者间的和谐关系，寻找接替人选，并不断总结自己的职业经验，开始成为一名良师，传授经验给后起之秀。

📖 相关阅读

孔子的"三戒九思"

孔子曰："君子有三戒：少之时，血气未定，戒之在色；及其壮也，血气方刚，戒之在斗；及其老也，血气既衰，戒之在得。"

释义："君子有三个方面需要戒备：年少的时候，精力还没有稳定，要戒备因为美貌而产生的感情和欲望；等到壮年，精力正是旺盛的时候，要戒备争斗；等到年老的时候，精力已经衰弱，要戒备贪得无厌。"

孔子曰："君子有九思：视思明，听思聪，色思温，貌思恭，言思忠，事思敬，疑思问，忿思难，见得思义。"

释义："君子有九件要用心思考的事：看的时候，要思考看清与否；听的时候，要思考是否听清楚；对自己的神态，要思考是否温和；对自己的容貌，要思考是否谦恭；言谈的时候，要思考是否忠诚；办事要思考是否谨慎严肃；遇到疑问，要思考是否应该向别人询问；愤怒时，要思考是否有后患；获取财利时，要思考是否合乎情理原则。"

4. 职业生涯管理

职业生涯管理主要包括两种：一是组织职业生涯管理，二是自我职业生涯管理。本课程讲的是组织职业生涯管理，指的是企业通过分析、评价员工的能力、兴趣、价值观等，确定双方都能接受的职业生涯目标，并通过培训、工作轮换、丰富工作经验等一系列措施，逐步实现员工职业生涯目标的过程。其目的在于将员工的个人需要与组织的需要统一起来，做到人尽其才并最大限度地调动员工的积极性，同时使他们觉得在组织中个人有发展前途，从而极大增强其对组织的归属感。

也就是说，职业生涯管理应看作是竭力满足规划者、员工、企业三者需要的一个动态过程。在现代企业中，个人最终要对自己的职业发展计划负责，员工是自己的主人。这就需要每个人都清楚地了解自己的知识、技能、能力、兴趣、价值观等，而且还必须对职业选择有较深的了解，以便制定目标，完善职业计划。自我规划是职业生涯管理成功的关键。规划者必须鼓励员工对自己的职业生涯负责，在员工进行个人绩效反馈时提供帮助，并提供员工感兴趣的有关组织工作、职业发展机会等信息。企业必须提供自身的发展目标、政策、计划等，协助员工规划其职业生涯，并为员工提供必要的教育、训练、轮岗等发展的机会，促进员工生涯目标的实现。在职业生涯规划中，员工个人和企业必须按照职业生涯规划的具体要求做好各项工作。无论是个人还是组织，都不能过分依赖对方，因为有些工作是对方不能代替的。从个人角度看，职业生涯规划必须由自己决定，要结合自己的性格、兴趣进行设计，而企业在进行职业生涯规划时，所需要考虑的因素主要是组织整体及所有组织成员的职业生涯发展。只有个人目标与组织目标有机结合，职业生涯规划才具有意义，因此职业生涯管理是从企业出发的职业生涯规划和职业生涯发展。

6.2 职业生涯规划的作用

6.2.1 个人职业生涯规划

"为什么总是找不到适合我的工作？"很多找不到工作或频繁跳槽的人都有这样的困惑。职业生涯规划是我们迈入社会的第一个规划，也是人生规划当中的核心规划。

职业生涯在人的一生中占有极为重要的地位，职业生涯的成功与否直接影响到人生价值能否得到充分的体现，间接决定了生命是精彩还是平淡。因此，做好职业生涯规划，对每个人来说都是十分重要的，它关乎个人的前途与命运。

1. 什么是个人职业生涯规划

个人职业生涯规划是指一个人对自己未来的发展做出主动的、自觉的计划和设计，并根据变化做出相应的调整。人的生命是很丰富的，职业只是其中的一个组成部分，所以人要明白自己，扬长避短，一辈子坚持自己喜欢的，做快乐的自己。生涯规划不是一锤子买卖，它贯穿人的一生，要主动地、自觉地做出规划。

在规划中要"知己知彼"，"知己"就是了解自己，"知彼"就是了解职场、用人单位。但两者之间最重要的最难的是了解自己。因为人是丰富的，有家庭的我、学校的我、社会的我、道德的我等，在选择职业时要扬长避短，明白自己擅长什么、不擅长什么，也就是说了解自己的优势和劣势。选择职业是人生大事，一定要根据自己的优势和劣势做好自己的职业生涯规划。

2. 个人职业生涯规划的作用

职业生涯规划的目的，绝不只是帮助一个人按照自己的条件去找到一份工作，而且是帮助一个人真正了解自己，为自己定下事业大计，筹划未来，进一步详尽估量主客观条件和内外环境优势与限制，在"衡外情、量己力"的情形下，确定符合自己特点的、合理而又可行的职业生涯发展方向。

人的一生有 5 个重要环节，即出生、求学、求职、求偶和死亡。而在这 5 个环节中，有 3 个环节特别重要：求学、求偶、求职。同学们处在 3 个环节中关键的基础阶段——大学的求学阶段，即人生职业生涯规划的重要阶段：这个阶段属于人生的自我探索阶段。罗素说，选择职业是人生大事，因为职业决定了一个人的未来，选择职业就是选择自己的未来，选择将来的自己。因此，做好职业生涯规划特别重要。

每年到了毕业季，正是学子离开学校寻职觅业的旺季。有人找到了很理想、很合适自己的工作；有人则屡试屡败，找不到工作；有人对市场上的工作都不太满意，不知要找哪一个，抉择标准在哪里。

对于个人来说，职业生涯规划的作用可归纳为以下几点。

一是准确评价个人特点和强项，以既有的成就为基础，确立人生的方向。

二是评估个人目标和现状的差距，激发自己前进的动力。

三是重新认识自身的价值，实现自我价值的不断提升，增强职业竞争力。

四是通过科学的规划，将个人、事业与家庭生活和谐地联系起来，经营更美好的人生。

6.2.2　企业职业生涯规划

许多企业的人力资源管理人员最痛心的莫过于"留不住人"，甚至有些人抱怨：我们公司无论薪酬还是福利，样样不比竞争对手的公司差，可员工怎么就是喜欢跳槽呢？

人才流失的原因主要有 3 个。

一是报酬问题。待遇较差，人才难留，这是人才流失的重要原因之一。

二是才能发挥问题。一个人才在某一岗位上，如果才能得不到发挥，专长得不到利用，就不会安心工作，迟早会跳槽。

三是社会角色问题。对一个人才而言，尽管待遇较高，才能也得到了发挥，但如果没有适当的职务，心理也是不平衡的。人们往往认为职称和职务的高低是一个人能力大小、贡献多少的体现。如果不能量其才，任其职，人才也难以留住。

在寻找和追求目标的漫长旅途中，优秀人才就是那群走在前列的旅行者，如果企业阻碍了他们的前行，他们必然会离开企业。在很多情况下，企业能否留住优秀骨干的关键就在于，企业能否为他们创造良好的条件，使之有机会施展才能、实现自我价值。

近年来，同行业企业间的薪酬差距逐渐减小，人们在择业过程中越发关注工作环境、人才培育机制、个人发展空间等因素，因此，员工职业生涯规划在企业留人方面的作用逐渐凸显。从企业的角度来说，职业生涯规划是现代企业人力资源规划的核心内容之一，是满足人才需求、留住人才的重要手段。可以说，职业生涯规划是企业的责任，而不是福利。企业要发展，就不能只将员工看成是打工者，而应当看作是影响企业成败的战略合作伙伴。

通过员工职业生涯规划，企业可以更全面地了解员工的兴趣、特长、理想等，根据员工的职业目标和现状有针对性地安排培训，使之看到他在企业的发展方向和成长空间，通过个人发展愿望与组织发展需求的结合实现企业发展，达到企业目标，营造高效率的工作环境和引人、育人、留人的企业氛围，真正做到留住优秀人才的"心"！

相对于人员更迭频繁的企业，一个人员相对稳定的企业能更专注于业务，效率更高。成功的职业生涯规划，将大大提升员工对企业的信赖度和忠诚度，提高员工的稳定性。企业应通过员工职业生涯规划，为员工提供广阔的职业发展空间，最大限度地激发员工的潜能，最终实现企业与员工的共同发展。

对于企业来说，职业生涯规划的作用可归纳为以下几点。

一是可以更深地了解员工的兴趣、愿望、理想，以使他能够感觉到自己是受到重视的人，从而发挥更大的作用。

二是规划者和员工之间有时间充分接触和沟通，从而可以激发员工上进心，使其为企业的工作做出更大的贡献。

三是由于了解了员工希望达到的目标，规划者因此可以根据具体情况来安排对员工的培训，同时可以适时地引导员工进入组织的工作领域，从而使个人目标和组织的目标更好地统一起来。

四是能够使员工看到自己在组织中的希望和目标，从而达到稳定员工队伍的目的。

当企业为员工做出的职业规划和员工自身的规划高度吻合，既符合企业战略目标的要求，又符合员工内心的诉求时，就能实现企业和员工的双赢，人才的流失率就会大幅度降低，企业的招聘成本、培训成本就会大幅度下降，员工的求职成本和自身盲目培训的成本也会大幅下降，同时减少员工到处求职的机会成本。

只有这样，才能达到人力资源的高效配置，才能改变企业埋怨难以招聘到合适的员工、员工抱怨难以找到合适的工作的局面。

案例链接

朗讯的职业生涯留人

朗讯科技（中国）有限公司（简称"朗讯"）推行了这样的员工职业生涯规划：当一名新员工进入公司后，部门经理必定与他进行一次深入的长谈。长谈内容包括：来到本公司后，你对个人发展有什么打算；一年之内要达到什么目标；三年之内要达到什么目标；为了实现目标，除个人努力之外，需要公司提供什么帮助。

在朗讯，这已成为一项滚动发展制度，每到年末部门经理都要和员工一起对照上一年的规划进行检查，制订下一年的规划。可以说，职业生涯规划不仅为员工架起了成长的阶梯，而且使公司获得了长久发展的能量。

6.3 职业生涯规划的实施

6.3.1 职业生涯规划的实施条件

1. 拥有良好的发展预期

员工职业生涯规划过程的第一步就是企业根据员工的发展现状及战略的要求，协助员工确立职业生涯目标。所以，中小企业要对员工进行职业生涯规划，首先得结合企业自身发展预期，从企业发展的角度提供战略目标，为员工多样化的职业生涯发展提供明确方向。因为只有将员工个人与企业群体的发展利益相结合，追求个人和企业共同发展，达到双赢，才能使这项工作有效且持续地开展下去并取得成效。

2. 企业高层领导的支持

通常，职业生涯规划是由人力资源部门与企业规划者联合组织的，其中人力资源部门主要进行相关知识培训、制度建设、实施引导等，而具体的实施主要靠企业各级规划者。

由于企业各级规划者对其下属员工非常了解，对组织的经营和发展前景心中有数，他们应该成为员工职业生涯的指导者，帮助员工制定可行的职业目标，进行职业生涯规划并动态调整行动计划、提供帮助。而且，员工职业生涯规划相较于其他人力资源规划工作是一项长期的激励工作，不可能在短期内取得显著效果。因此，若要成功进行职业生涯规划，必须得到企业高层领导的大力支持。

3. 构建完善的职位架构，并疏通职业发展通道

要做好员工职业生涯规划，就需要做好职位体系的划分。明确高、中、基层的职位名称及薪资体系，为职业生涯规划提供真实的职位信息。

同时，随着企业的发展，应开发双通道式的员工职业生涯发展路径：一是员工走管理通道，通过达到岗位要求，承担更多责任来实现职位晋升；二是员工走专家技术通道，通过在专业技术岗位上的经验积累和技能提升，评定更高职称或职级，从而获得高报酬。

4. 完善人力资源规划的基础工作，构建员工职业生涯规划体系

职业生涯规划是一项专业性非常强的工作，很多中小企业虽然有这方面的意愿与观念。但是由于企业本身人力资源规划基础薄弱，并缺乏相应的制度、体系支撑，因此很难实施该项工作。

6.3.2 职业生涯规划的六大原则

（1）双赢的原则：无利不起早，如果职业生涯规划只对单方面有利，那么这项工作是很难开展的，也背离了其初衷。

（2）充分沟通的原则：企业应与员工充分沟通，一厢情愿地规划往往会事与愿违。

（3）因人而异的原则：每个人的资质条件和兴趣愿望都是不一样的，需要根据自身的条件和兴趣选择未来发展方向。

（4）动态目标的原则：未来具有很强的不确定性，规划需要有一定弹性，能随着环境变化而适时调整。

（5）时间梯度的原则：规划要考虑到职业生涯发展的整个历程，每个发展阶段应有相应的时间限制和发展目标。

（6）全程推动原则：职业生涯规划是一个持续推进的过程，是不可能一蹴而就的。

6.3.3 职业生涯规划的设计取向

1. 目标取向——人生目标分析

要考虑：我的梦想是什么？我对什么最感兴趣？做人和做事的价值观是什么？比如，李开复说："我必须听从我心中的声音！"

达尔文自幼对动植物就有强烈的兴趣，他狂热地搜集昆虫与植物标本，收集贝壳、化石之类的东西，他的卧室就像个博物馆。在父亲和老师眼里，他是一个不求上进、智商不高、成绩低下、不可救药的孩子。在父亲的训导下，他先后前往英国爱丁堡大学和剑桥大学学习医学和神学，但他的兴趣始终在自然科学上，他经常把采集到的昆虫新物种送给学者去命名。1831 年，达尔文获准以自然科学家的身份参加了贝格尔舰的环球航行，1859 年他出版的《物种起源》震惊了全世界。

2. 能力取向——自身优势总结

从工作经历、知识结构、年龄、技能、个性特点等角度对自己的能力与潜力进行全面总结，看看自己究竟能做什么。

当一个人自身的素质和其工作职位的要求有重叠部分时，他就容易成功。因此特别要思考的是：我具有什么样特殊的天赋？如果能将自己的天赋和职业结合起来，那就更完美了！

3. 机会取向——机会与挑战分析

首先要对环境进行分析，环境是职业活动的背景，环境是职业生涯规划的限制条件。职业生涯规划最重要的是适应环境，顺应环境变化，也即所谓识时务者为俊杰。

有多少职业辉煌一时？有多少职业正在逐步淡出我们的视线？时光荏苒，刻在年轮上的最大印记之一，便是众多职业的更替。比如，那些逐渐消逝的职业：弹棉花、代写书信、磨刀、卖凉开水、放蜂、修钢笔、补锅、打水井……

6.3.4 职业生涯规划的步骤

1. 职业生涯诊断——我能够做什么

认识自我与环境，了解自己的长处与不足、能力和兴趣等，谨守分寸，才不会遭受挫败。职业生涯规划的重要环节可以归结为：知己、知彼、决策、行动，如图 6-1 所示。"知己知彼"是职业生涯探索与规划的原则，若我们对自己及环境有充分的认识与了解，便能做出较为适合自己的决定。

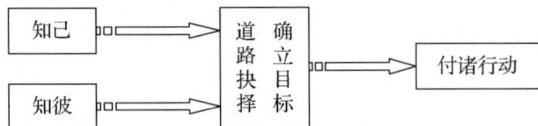

图 6-1 职业生涯规划的重要环节

职业选择的关键是"知己知彼"。

有效的职业生涯规划，有利于明确人生未来的奋斗目标。一个人的事业究竟应向哪个方向发展，可以通过制订职业生涯规划明确。

自我分析是职业生涯探索中（求职中）最难的一件事。职业选择的关键在于了解自己的特点和职业的特点，做到"知己知彼"。

知己即了解自我，弄清楚自己的职业兴趣、人格类型、职业价值观、职业能力等。为了得到更加客观的认识和评价，可以征求旁人的意见，也可以运用测验、量表等认知工具来帮助自己。

知彼就是了解职场、用人单位，即认知职业和社会环境，通过各种渠道收集和了解与职业和行业相关的信息，综合分析社会环境。

决策，即在以上两者的基础上决定自己的道路，并确立自己的目标。在进行决策之前可以进行一些咨询活动，参考他人意见。

行动，即按照自己设计的道路，朝向目标努力行动。

对自我及环境了解得越透彻，越能做好职业生涯规划。

职业生涯规划第一步就是诊断自己和环境，进而科学地选择适合自己的发展道路。一方面充分了解自己，即明确而全面地认识自己、发现自己、改善自己、塑造自己。可通过"自我评估""心理测验""他人评价""命理分析"等方法对自我进行内心世界的深刻剖析，唯有在真正了解自己的性格特质、身体状况、职业取向、欲望倾向、情绪管理、生活环境、社会需求、价值观念基础上，才能将所做的职业生涯规划认真贯彻执行下去，否则即使规划得再完美无瑕也无济于事；另一方面充分了解环境，即准确而多方面地获取职业和社会环境信息，可通过"查阅资料""实地走访""社交媒体""熟人介绍"等方法获取更多关于职业和社会环境的信息，减少信息差所带来的盲目性，为切实实现职业生涯规划提供基础保障。

2. 进行职业定位——我应该做什么

如何根据自身特点做出正确的职业选择？职业锚理论有助于我们回答这个问题。我们根据SWOT模型进行自我分析（目标取向、能力取向）和环境分析（机会取向）后，可以参考以下5种类型的职业锚进行选择。

（1）技术/职能型职业锚。

属于这一类型的人在进行职业选择时，应专注于工作的实际技术或职能内容，他们会在自己的领域不断地提高专业水平。他们的认同感来自在专业领域不断得到锻炼，直到成为该领域的专家。

他们总是围绕着特定领域安排自己的职业，虽然在其技术或职能领域也有规划职责，但他们对规划职业并不感兴趣。在许多岗位上都会有倾向技术或职能型职业锚的人，如咨询公司的项目经理，工厂的技术副厂长，企业中的研究开发人员、统计人员和会计人员等。

（2）管理型职业锚。

属于管理型职业锚的人把规划本身作为职业目标，而具体的技术工作或职能工作仅仅被看作是通向更高的管理层的必经阶段。

他们倾心于全面管理，掌握更大的权力，肩负更大责任，他们具有强烈的升迁动机，以提升等级和收入作为成功的标准，他们具有分析能力、人际沟通能力和情感能力。管理型职业锚的主要职位有政府机构、企事业组织的主要负责人，如市长、局长、校长、厂长和总经理等。

（3）创造/创业型职业锚。

属于创造/创业型职业锚的人时时追求建立或创造完全属于自己的成就。他们要求拥有自主权、规划能力和施展自己才华的特殊能力，创造是他们自我发展的核心。他们意志坚定，敢于冒险，个人的强烈需要是感受到所发生的一切都是与自己的创造成果联系在一起的。

他们希望用自己的能力去创建属于自己的公司或创建完全属于自己的产品（或服务），而且愿意夫冒风险，并克服障碍。创造/创业型职业锚的主要职业有发明家、冒险性投资者、产品开发人员和企业家等，该类型职业锚同其他类型的职业锚存在着一定的重叠。

（4）自主/独立型职业锚。

属于自主/独立型职业锚的人希望随心所欲地安排自己的工作方式、生活方式，追求最大限度地摆脱组织约束，施展自己职业能力的工作情景。他们追求在工作中享有自由，他们宁愿放弃提升或工作发展机会，也不愿意放弃自由与独立。

只有当某一项工作允许他们有弹性的工作时间和方式时，他们才愿意留任。该职业锚的主要职业有学者、科研人员、职业作家、个体咨询人员、手工业者和个体工商户等，该职业锚与其他类型的职业锚有明显交叉。

（5）安全稳定型职业锚。

属于安全稳定型职业锚的人倾向于追求安全、稳定的职业前途，比如安全的工作，体面的收入、有效的退休方案和津贴等。对他们来讲，工作挑战性、丰富性和其他内部动机并不重要，他们关注工作的情境（如发展前途、工作条件、福利等）而不是工作内容本身。

他们依赖组织，倾向于根据组织要求行事，寻求组织的认同，没有太大的抱负，认为成功的标准是处在稳定、安全、良好而合理的家庭和工作环境中。该职业锚的主要职业有公务员或稳定性非常强的企事业单位职员。

以上 5 个职业锚是施恩教授根据员工在组织中的职业生涯发展概括而来的。20 世纪 90 年代后，又演绎增加出了服务型、挑战型、生活型 3 个职业锚，此处不一一阐述。

3. 选择职业发展通道——我可以做什么

根据上述职业锚的选择结果，我们来确定职业发展通道。

（1）管理通道：基层管理者→中层管理者→高层管理者，具体根据各个公司的职级划分。

（2）专家通道（营销类、技术类、职能类等）：初级→中级→高级→资深→首席等，具体根据各个公司的职级划分。

案例链接

腾讯的双通道职业发展体系

腾讯作为我国互联网的标杆企业之一，聚拢了不少各类人才，在人才管理方面积累了不少的经验，拥有一套有效的人才晋升体系。腾讯与惠普商学院共同打造了员工职业发展体系，建立了员工规划和专业"双通道"的职业发展体系，即所有员工都可以根据自己的特长和兴趣，选择规划通道，也可以选择技术、设计、产品、市场等专业通道，在专业通道上发展可以获得和在规划通道上发展相同的认可和回报，避免了"千军万马走规划独木桥"的发展瓶颈。

4. 确定发展目标——我要做什么

制订个人职业生涯规划的最终目标就是实现自己的职业目标，因此，目标抉择是职业生涯规划的核心。职业生涯规划中所确立的目标，应该是可预想到的、有一定实现可能的目标，包括终极目标、长期目标、中期目标和短期目标。

我们什么时候对自己未来的职业有明确的新想法，有追求，有明确的目标呢？通过对个人的人生路线的分析，回顾自己的过去，展望自己的未来，会很自然地对自己的将来产生一种规划动力，即对未来的生活、事业的发展做出设想，制定今后的奋斗目标。"目标之所以有用，是因为它能帮助我们从现在走向未来。"只有有了明确的目标，才能去积极奋斗，并积极创造条件去实现目标。

可以通过职业生涯规划选择未来的自己。通过选择适合自己的工作，将来在社会上扮演积极而有用的角色；同时通过合适的工作发挥自己的才能和潜质，拥有更精彩的人生。

5. 制订实施计划与措施——我该怎么做

在确定了职业生涯规划目标后，行动便成了关键的环节。这里所指的行动，是指落实目标的具体措施，主要包括轮岗或多工种训练、在职培训、脱产学习等方面的措施。

实施方案：首先找出自身观念、知识、能力、心理素质等方面与目标之间的差距，然后制订具体方案以逐步缩小差距，实现各阶段目标。

📖 **相关阅读**

21世纪最需要的7种人才

1. 融会贯通者

早在几千年前，我国的学生就懂得勤奋学习、刻苦攻读的道理。勤奋学习本身是很好的，但很多学生却错误地认为，勤奋学习的目的不外乎就是获取特定的文凭或优越的成绩。一些学校和老师也把大量精力花在培养"考试机器"上面。甚至有辅导老师对同学们说："你们考前尽量背知识点，考完就尽快忘掉，不然，你们无法应对接踵而至的繁重课程。"

我认为融会贯通是学习的最高境界。融会贯通的一个要点是必须具有清晰而灵活的思维。融会贯通也意味着你必须学会解决那些从未见过、没有确定答案的问题，用创造性的思维方式分析和解决问题。在谷歌的招聘过程中，我发现有一些很好的学生非常善于解答某些有着明确描述和明确答案的问题（例如，"怎样遍历无向图或有向图"），但他们一碰到那些需要进一步抽象和明确的、略显模糊的问题（例如，"如何将常用的图算法应用于人际关系建模与分析"），就很难拿出正确的思维方向，更难根据具体的情况选择最合适的解决方案。

2. 创新实践者

科研领域和产业界往往会有一种"为了创新而创新"的倾向。许多研发成果只片面地追求"科技领先"或"概念独特"，许多研究员只追求发表论文而不考虑创新的结果是否能很好地解决实际问题，是否能被大多数用户接受。

3. 跨领域融合者

许多同学进入大学时总认为"专业就是职业，把专业学好就是金饭碗"，这个观点是错误的。21世纪是各学科、各产业相互融合、相互促进的世纪。21世纪对人才的要求也由传统的专才转向了跨领域、跨专业的综合性人才。

4. 三商（IQ＋EQ＋SQ）兼高者

一个人能否取得成功，不只要看他的学习成绩或智商（IQ）的高低，还要看他在智商（IQ）、情商（EQ）、灵商（SQ）这3个方面是否达到了均衡发展。

（1）高智商（IQ，Intelligence Quotient）：高智商不但代表着聪明才智，也代表着有创意，善于独立思考和解决问题。前面谈到的融会贯通、创新实践、跨领域融合都是21世纪高智商的表现。

（2）高情商（EQ，Emotional Quotient）：情商是与认识自我、控制情绪、激励自己及处理人际关系、参与团队合作等相关的个人能力的总称。在高级规划者中，情商的重要性是智商重要性的9倍。

（3）高灵商（SQ，Spiritual Quotient）：高灵商代表有正确的价值观，能分辨是非、甄别真伪。那些没有正确价值观指引，无法分辨是非黑白的人，其他方面的能力越强，对他人的危害也就越大。

我建议在校学生充分利用学生社团、项目合作、暑期实习等各种机会，培养自己在智商、情商和灵商等方面的潜质。

5. 沟通合作者

托马斯·弗里德曼提出："19世纪的国家不学会沟通无法生存，20世纪的企业不学会沟通无法生存，21世纪的青年不学会沟通无法生存。"

沟通与合作能力是新世纪对人才的基本要求。在21世纪，跨领域的项目越来越多，所以每个人都必须和别的领域的人合作。因为公司会越来越放权，所以每个人都必须主动地与人合作，而不是等老板来分配工作。如果一个人是天才，但他孤僻、自傲，不能正面地与人沟通，融洽地和人合作，那么他的价值将大幅度下降。

在信息随手可得的今天，重要的不是你有多少信息，而是你是否能合适地用易被理解的方式表达这些信息，用说故事的方法来取得共鸣。例如，在计算机领域，我认识不少从事"企业架构设计师（Enterprise Architect）"工作的朋友。这个高薪的职位其实就是"能说会道的工程师"。

6. 热爱工作者

在选择就业岗位时，今天的大多数学生都会选择最热门或收入丰厚的工作，而不管自己是否真正喜欢这项工作。人人都需要钱，人人都希望有更多的钱。希望有钱不是坏事，但是一个仅仅为钱工作的人所能发挥的潜力是非常有限的，因为他凡事都会想"怎样才能赚更多的钱"。

我更认可的是那些真正自觉、自信的学生，他们会根据自己的兴趣、爱好来选择工作——因为只有做自己热爱的工作，才能真心投入，才能在工作的每一天都充满激情和欢笑。我想，后一种人才是最幸福和最快乐的人，他们最容易在事业上取得最大的成功。有一位美国朋友把孔子的"知之者不如好之者，好之者不如乐之者"翻译为"If you find a job you love，you never have to work a day in your life."这句话道出了"从事自己热爱的工作"的真谛。如果一个学生只想着自己将来能拿多少薪水，那么他的成功必将是有限的。

7. 积极乐观者

沉默不一定是金，谨小慎微也不一定总是为人处世的经验之道。在机遇稍纵即逝的21世纪，如果不能抱着乐观的态度，主动把握机会甚至创造机会，机会也许就再也不会降临到你的身边，如果不能主动让别人了解你的能力与才干，你也许就会永远与你心仪的工作无缘。

在《给中国学生的第五封信》中，我提出了积极主动的3个重要性及培养积极进取精神的各种要素。

（1）对自己的一切负责，把握自己的命运：我们必须认识到，不去解决也是一种解决，不做决定也是一个决定。

（2）沉默不是金：要想把握住转瞬即逝的机会，就必须学会说服他人，向别人推销自己、展示自己的观点。

（3）不要等待机遇，而要做好充分的准备：不要坐等机遇上门，因为那是消极的做法。也就是说，在机遇还没有来临时，就应事事用心，事事尽力。当机遇尚未出现时，除了时刻准备之外，我们也应该主动为自己创造机遇，不能总是守株待兔，等着机遇上门。

（资料来源：李开复演讲，有删改）

能力自测

一、单项选择题

1. （　　）提出"选择一项职业"要比"找一份工作"更重要的理念，并提出了职业辅导的步骤。

　　A. 约翰·霍兰德　　　　B. 托马斯.弗里德曼　　C. 帕森斯　　　　　　D. 卡尔夫

2. 对于个人来说，职业生涯规划的作用不包括以下（　　）。

　　A. 准确评价个人特点和强项　　　　　B. 评估个人目标和现状差距

　　C. 重新认识自身的价值　　　　　　　D. 了解自己在企业中的价值

3. 人的职业生涯一般分为探索期、稳定期、（　　）、成熟期4个阶段。

　　A. 中年危机期　　　B. 成长期　　　C. 形成期　　　D. 萌芽期

4. 职业生涯管理成功的关键是（　　　）。

　　A. 规划者规划　　　B. 自我规划　　　C. 企业规划　　　D. 组织规划

5. 生涯探索与规划的最佳原则是（　　　）。

　　A. 目标确定　　　B. 能力取向　　　C. 知己知彼　　　D. 决策行动

6.（　　　）型职业锚的人把规划本身作为职业目标，而具体的技术工作或职能工作仅仅被看作是通向更高的管理层道路上的必经阶段。

　　A. 自主/独立型职业锚　　　　　　　　B. 创造/创业型职业锚

　　C. 安全稳定型职业锚　　　　　　　　D. 管理型职业锚

二、简答题

1. 什么是职业生涯规划？个人职业生涯规划与企业职业生涯规划有什么关系？

2. 职业生涯规划的实施条件有哪些？

3. 如何进行职业生涯规划？其实施有哪几个步骤？

4. 如何设计职业生涯规划？

案例分析

比尔·拉福的职业选择之路

一位美国青年立志做一名优秀的商人。中学毕业后他考入麻省理工学院，没有去读贸易专业，而是选择了工科中最普通、最基础的专业——机械制造专业。大学毕业后，这位小伙子没有马上投入商海，而是考入美国芝加哥大学，攻读为期三年的经济学硕士学位。出人意料的是，获得硕士学位后，他还是没有从事商业活动，而是考了公务员。在政府部门工作了五年后，他辞职去了通用公司。又过了两年，他开办了自己的商贸公司。20 年后，他的公司资产从最初的 20 万美元发展到 2 亿美元。这位小伙子就是美国知名企业家比尔·拉福。

1994 年 10 月，比尔·拉福率团来中国进行商业考察，在北京长城饭店接受《中国青年报》记者采访时，他谈到他的成功得益于他父亲的指导，他们共同制订了一个重要的职业生涯规划。最终这个职业生涯设计方案使他功成名就。我们来看一下他成功的路线：工科学习（取得工学学士学位）→经济学学习（取得经济学硕士学位）→政府部门工作（锻炼处事能力，建立广泛的人际关系）→通用公司锻炼（熟悉商务环境）→开办公司→事业成功。

第一阶段：工科学习。

选择：中学时代，比尔·拉福就立志经商。他的父亲是洛克菲勒集团的一名高管，他发现儿子有商业天赋，机敏果断，敢于创新，但经历的磨难太少，没有经验，更缺乏必需的知识。于是，父子俩进行了一次长谈，并描绘出职业生涯的蓝图。因此升学时他没有像其他人一样直接去读贸易专业，而是选择了工科中最基础、最普通的机械制造专业。

评析：做商贸必须具备一定的专业知识。在商品贸易中，工业品占多数，不了解产品的性能、生产制造情况，就很难保证从贸易中获取收益。工科学习不仅能培养知识技能，而且能帮助建立严谨求实的思维体系。良好的推理分析能力，脚踏实地的工作态度，正是经商所需要的。

收获：比尔·拉福在麻省理工学院的四年，除了本专业，还广泛接触了其他课程，如化工、建筑、电子等，这些知识在他后来的商业活动中发挥了举足轻重的作用。

第二阶段：经济学学习。

选择：大学毕业后，比尔·拉福没有立即投入商海而是考入美国芝加哥大学，开始了为期三年的经济学硕士课程学习。

评析：在市场经济下，一切经济活动都是通过商业活动来实现的，不了解经济规律，不学习经济学知识，就很难在商场立足。

收获：比尔·拉福掌握了经济学的基本知识，搞清了影响商业活动的众多因素，还认真学习了有关法律和微观经济活动的知识。几年下来，他对会计、财务规划也较为精通，在知识上已完全具备了经商的素质。

第三阶段：政府部门工作。

选择：比尔·拉福拿到经济学硕士学位后考取了公务员，在政府部门工作了五年。

评析：经商必须有很强的人际交往能力，要想在商业上获得成功，必须深知处世规则，善于与人交往，建立诚信合作关系。这种开拓人际关系的能力只有在社会工作中才能得到提高。

收获：在环境的压迫下，比尔·拉福养成了强烈的自我保护意识，由稚嫩的热血青年成长为一名成熟稳重、处变不惊的公务员，并结识了各界人士，建立起关系网，为后来的事业发展提供大量的信息和便利条件。

第四阶段：通用公司锻炼。

选择：五年的政府工作结束之后，比尔·拉福完全具备了成功商人所需的各种素质，于是辞职去了通用公司。

评析：知识要通过实践才能转化为技能。

收获：在国际著名的通用公司进行锻炼，比尔·拉福不仅为实践所学的理论知识找到了一个强大平台，而且积累了丰富的规划经验，完成了原始资本积累。这也是大学生创业应该借鉴的地方，除了激情还应该考虑到更多的现实。

第五阶段：开办公司，大展拳脚。

选择：两年后，他已熟练掌握了商情与商务技巧，便婉言谢绝了通用公司的高薪挽留，开办了拉福商贸公司，开始了梦寐以求的商人生涯，去实现多年前的计划。

评析：时机成熟后，应果断决策，切忌浪费时间，应抓住契机实现计划。

收获：比尔·拉福几乎考虑到了每个细节。拉福商贸公司的成长速度出奇得快，20年后，拉福商贸公司的资产从最初的 20 万美元发展到 2 亿美元，而比尔·拉福本人也成为商界传奇。

【讨论】比尔·拉福的职业生涯规划有何独到之处？

实训操作

1. 实训项目

制订自己的职业生涯规划书。

2. 实训要求

职业生涯规划书包括短期、中期、长期的内容，并制作成 PPT，进行汇报展示。

3. 实训组织

（1）4～6 人组成一个小组，对编写职业生涯规划进行分析。

（2）以小组为单位推荐一份最为完整的职业生涯规划书。

（3）小组汇报。

4. 实训考核

师生对汇报组进行点评，并给出建设性意见。

第7章

绩效管理

学习目标

知识目标

1. 了解绩效与绩效管理的基本概念。
2. 了解绩效管理的实施过程。

能力目标

1. 领会绩效管理的意义。
2. 掌握绩效管理的方法与工具。

素养目标

1. 培养学生的沟通能力和自我管理能力。
2. 培养学生积极参与管理活动的意识。

案例导入

失败的绩效考核

A 公司是一家生产、销售乳酸制品的大型食品饮料企业。该公司产品主要销往市内各大商场、超市等零售网点。销售人员每天都要深入销售区,除了新品谈判、货款结算业务外,更重要的是网络维护、卖场销售情况反馈、终端促销员管理等工作。由于公司近几个月没有新产品推出,并且货款结算大都为月结,规律性较强,公司陈老板便认为员工无所事事,甚至没有作为,于是找到了主管营销的副总经理,让其拿出一套绩效考核体系,加强对销售人员的管理,防止他们在市场上"浪费"时间。副总经理接到任务后,绞尽脑汁,最后设计出一套表格,要求销售人员逐日填写访问客户、访问时间、接洽人、工作内容、接洽人电话等内容。刚开始,销售人员还如实填写,但后来便产生了抵触情绪,认为公司对员工严重不信任,于是就开始在表格上信手涂鸦。虽然副总经理也曾通过打电话给客户以监督、检查表格内填写内容是否真实，可是执行起来并不容易，经常找不到人，并且客户也没有义务配合工作，而副总经理又不能到实地去核查，这种考核方式根本反映不了销售人员的实际工作量。

【讨论】

1. 为什么案例中的销售人员不认真参与绩效考核？

2. 如果你是该公司的绩效专员，你应从哪个方面进行突破，设计一个合适的绩效考核方案？

【分析提示】

绩效是影响一个企业成败和是否能长久发展的关键因素，如何利用正确的、科学的绩效管理工具、方法去提升绩效水平，从而实现企业的成功，是每一个企业管理者都需要思考的问题。本案例中的企业虽然开始重视从绩效考核方面提升企业的竞争力，但是适得其反，其根本原因不是不应该进行绩效考核，而是选择了错误的工具和方法。

7.1 绩效管理概述

7.1.1 绩效的概念

"绩效"一词来源于英文"performance"，其字面意义是工作的效率和结果表现。绩效的概念随着管理实践的不断深入不断变化发展，不同组织的学者对绩效的理解也不尽相同：《牛津词典》将其解释为执行或完成一项活动、任务或职能的行为或过程；坎贝尔（Campbell）、麦克洛伊（Mccloy）等人提出绩效指的是员工所控制的与组织目标有关的行为。

类似的描述还有很多，概括起来主要有 3 种典型观点：第一种认为绩效是工作的结果；第二种认为绩效指的是行为；第三种强调绩效是行为和结果的统一体。本节认为，将绩效定义为工作行为和工作结果的统一体更为恰当。

7.1.2 绩效管理的发展及概念

1. 绩效管理的发展

绩效是绩效管理的对象，绩效管理的主要任务是对绩效进行科学、全面的计划、监控、考核和改进，最终实现组织效率提升的目的。绩效管理的发展经历了较长的几个阶段。

19 世纪初期，在罗伯特·欧文最早的绩效管理实验中，工人的绩效被分为恶劣、懈怠、良好和优秀 4 个等级，并分别用黑色、蓝色、黄色和白色 4 种颜色来表示，所有员工都可以看到每个人的不同颜色，在自尊心的作用下，表现恶劣的人数逐渐减少，而表现良好的工人越来越多，欧文的实验开了绩效考核的先河。

真正引起人们对绩效的认识的是 20 世纪早期以泰勒为代表的科学管理学派通过工作标准化来实现绩效的提高，随后在梅奥的"社会人"研究假设下，人际关系学派和行为科学学派对个体的社会性需求、非正式组织的影响以及管理者的领导能力等方面进行了系统分析，使绩效管理更加注重以人为本的人性化管理。

到了 20 世纪 50 年代，管理学家彼得·德鲁克提出了"目标管理"思想，强调了员工参与目标制定和充分尊重员工意愿以激发其内在动力。德鲁克的目标管理理论为绩效管理的发展做出了重要贡献，随后激励理论、领导理论、权变理论、战略管理理论等理论如雨后春笋般涌现，使绩效管理出现了多层次、多维度的特征。

2．绩效管理的概念

随着管理实践的不断深入，人们发现以往的管理理论的缺点越来越多，这些管理理论以事后评价为主，且只关注短期的财务指标，忽视了企业的发展潜力和长远利益，也忽视了把组织利益与个人利益相结合。在 20 世纪 80 年代末期，有学者提出了绩效管理（Performance Management，PM）的概念，随后有学者对绩效管理的内涵和特点进行了深入的探讨，最终在 3 个方面达成了共识：第一，绩效管理强调了系统思考和持续改进的思想，要关注绩效管理的过程和结果；第二，绩效管理强调了实现组织目标是绩效管理的最高目标；第三，绩效管理并非只是人力资源部门的事情，全体部门应该共同参与，且用人部门是第一责任主体。

> 📝 **重要概念**
>
> **绩效管理**
>
> 绩效管理是指为实现企业的战略目标，通过管理人员和员工持续的沟通，经过绩效计划、绩效实施、绩效考核和绩效反馈 4 个环节的不断循环，不断地提高员工的绩效，进而提高整个企业绩效的管理过程，如图 7-1 所示。
>
>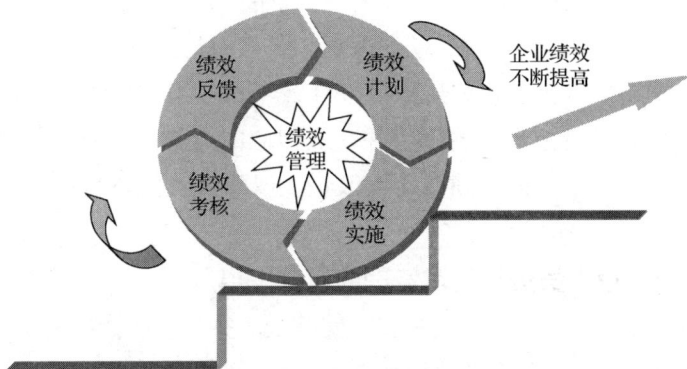
>
> 图 7-1　绩效管理的 4 个环节

绩效管理是一个完整并且不断循环的过程，其最终的结果是员工个人绩效和组织整体绩效的不断提高，从而实现员工个人发展和组织整体发展的"双赢"。

7.1.3　绩效考核与绩效管理的联系与区别

绩效考核是绩效管理中的重要环节，重点关注了"考核什么""谁来考核""如何考核"

等问题。绩效考核是根据绩效目标协议所约定的评价周期和评价标准，由绩效管理主管部门确定评价主体，采用正确的评价方法，对组织、部门及个人的绩效目标完成情况进行评价的过程。

从发展历程来看，绩效考核是绩效管理产生的基础，也是绩效管理思想发展的重要阶段；从管理实践来看，绩效考核只是绩效管理的一个环节，只是其中的一部分，并不等同于绩效管理。

绩效考核重点在于考核，管理者的角色是"裁判"。而绩效管理却着眼于员工绩效的改善，在绩效管理中，管理者的角色是"教练"，绩效管理的主要目的是通过管理人员和员工持续的沟通，指导、帮助或支持员工完成工作任务，这样的结果必然是实现员工个人绩效和组织整体绩效共同提高的"双赢"。

绩效考核不是为了考核而考核，而是通过评价员工的绩效来奖励先进、鞭策后进，激发员工工作的积极性，进而提高整个组织的绩效。如果一个组织只进行绩效考核，而不重视其他环节，必然会出现一系列问题，使绩效考核丧失意义，也难以实现组织的目标。为了解决这些问题，管理者必须重视绩效考核前后应该进行的一系列工作，实施绩效管理。有效的绩效考核依赖于绩效管理活动的展开，而绩效管理也需要绩效考核的实现，只有通过绩效考核，才能为企业或个人的绩效改进提供管理决策依据。所以，在实践过程中，要正确认识绩效考核与绩效管理的关系。

7.1.4 绩效管理的意义

1. 绩效管理能够保证企业的战略得到贯彻执行

通过绩效目标的设定和绩效计划过程，企业的战略目标被有效地分解到各个部门和个人，企业的战略目标得以层层传递和落实，从而保证个人目标与企业目标一致。

通过对员工实现绩效目标过程的监控以及绩效考核，组织可以有效地了解目标的实现情况，可以及时发现阻碍目标实现的原因并采取相应的措施，从而能够有效地约束、引导和激励员工行为，通过员工个体的绩效持续改进，保障企业战略目标的实现和业绩的不断提升。

2. 绩效管理是管理人员进行日常管理的有效工具

通过绩效计划阶段企业目标的层层分解和同员工的充分沟通，员工明确了工作要求以及自己工作对企业的意义，从而将企业目标和个人目标联系起来，提高在工作执行中的主动性和有效性。

通过管理人员和员工的持续沟通，员工不断强化已有的正确行为和改变低效的行为，不断提高工作能力和工作绩效，这也保证了管理者的绩效不断提高。

通过不断沟通和交流，促进员工和管理者之间信任和合作关系的发展，从而创造良好的组织氛围。为晋升、工资发放、奖金分配、人事调整等人力资源管理活动提供可靠的决策依据。

3. 绩效管理能够促进员工绩效和个人能力的提高

在绩效计划阶段，一方面员工明确了上级对自己工作的要求和期望；另一方面，上级还会鼓励员工制定挑战性目标。在绩效实施期间，管理者会给予员工必要的指导和帮助。在绩效考评之后会伴随员工绩效提高的计划和行动。如此反复循环，必然能够不断提高员工的工作能力和工作绩效。

在绩效管理中，管理者的角色是"教练"，绩效管理的主要目的是通过管理人员和员工持续的沟通，指导、帮助或支持员工完成工作任务。当员工认识到这一点时，员工会更深入地合作、更坦诚。因而，在不断进行的绩效管理循环中，员工个人能够得到不断发展。

7.2 绩效管理的方法和工具

人力资源管理作为管理学科中的一个重要分支，具有较强的科学性和实践性，在管理学发展过程中，引入了其他学科的知识，逐渐形成了管理科学和管理工程体系，出现了许多管理模型和工具，这些模型是管理理论与实践之间的桥梁、纽带。在绩效管理科学的发展中，先后出现了目标管理（Management by Objective，MBO）、关键绩效指标（Key Performance Indicator，KPI）、平衡计分卡（Balanced Score Card，BSC）等绩效管理工具。理解这些绩效管理工具，将有助于我们建立一套科学、全面的绩效评价体系。

7.2.1 目标管理

目标管理是由美国著名的管理学家彼得·德鲁克在 1954 年提出的一种管理理论。德鲁克认为："并不是有了工作才有目标，是因为有了目标才能确定每个人的工作。"如果一个领域没有目标，那么这个领域里的所有工作都将被忽视，这些工作也将是没有意义的。因此，领导者必须通过目标对下级进行管理，在确定组织目标后，通过一系列的设计和分解过程，将目标和责任落实到部门和个人，以便到最后督促组织目标实现和控制员工绩效。这就是所谓的目标管理。

目标管理改变了管理者过去监督员工工作的传统方式，取而代之的是主管与下属协商确定具体的工作目标，事先确定绩效衡量标准，并且放手让下属努力去达成既定目标。这种双方协商一个彼此认可的绩效衡量标准的模式，自然会形成目标管理与自我控制。通过将管理者与员工的关注重心都引到同个目标，使管理者与员工都明白需要达到的结果是什么，同时确保上级了解下级员工的期望，从而建立和谐的关系并把每个人的工作潜力都发挥出来，激励每个管理者和员工朝着组织的目标努力。目标管理的实施步骤主要有以下 4 个。

1. 计划目标

计划目标是目标管理中最为重要的步骤，是关键环节。目标往往由被评价者共同来制定，以确定每个人所应达到的目标。目标定得过高或者过低都不利于员工最大限度地发挥个人的潜力：目标过高，会让员工觉得希望渺茫而自暴自弃；目标过低，会让员工认为没有努力的必要。所以计划目标时，要选择"跳起来能摘到的果子"。

2. 目标实施

目标计划好之后，就要执行，目标实施就是监控计划实施的过程，保证计划按照原定步骤进行，及时发现偏差，采取适当的矫正行动，即所谓的"纠偏"。需要注意的是，随着客观条件的变化，有时候原定目标是不可能实现的，这时需要调整目标，但是这种调整需要慎重，否则会影响组织计划的"严肃性"。

3. 结果评价

目标执行之后，需要将实际的执行结果与计划目标相比较，找出未达到的目标，或者超过预先设定目标的情况，从而帮助管理者做出合理的决策，为后期制订计划做准备。

4. 目标反馈

在一个目标计划周期结束之后，管理者与员工要一起对预期目标的实现情况进行讨论和总结，并为下一周期的计划做准备和探讨。

目标管理在各国经济发展期间，极大地调动了员工的积极性，在企业管理中发挥了巨大作用，它重视激发员工的潜力，通过上下级协商确定目标来激发员工的工作动力。目标管理有利于组织目标的顺利实现，在制定目标的过程中，明确权责，将个人的需求和组织的目标结合起来，同时还迫使管理者采用适当的方式、方法，确保行动计划切实可行，实现组织的目标。同时，目标管理强调上下级充分沟通，以目标完成情况评价为重点，在实施过程中，监督的成分较少，能有效地改善组织中的人际关系，营造良好的组织氛围。

目标管理发展至 20 世纪 70 年代末期，其弊端也逐渐出现。目标管理实施的假设前提是人们对追求成功、实现自治有着强烈的需求，无须太多的监督与约束，并且非常愿意接受有挑战性的目标。但是在管理实践中，这种假设过于乐观。员工存在较大的惰性，而且自我管理的意愿也没有那么强烈，所以其实施效果大打折扣。此外，目标管理需要上下级多次沟通，这样会耗费大量的时间和成本，而且可能造成许多决策犹豫不决。另外，目标管理最重要的是计划目标，但是目标及考核标准的选择难以实现客观、公平。

相关阅读

SMART 原则

目标管理由管理学家德鲁克提出，首先出现于他的著作《管理的实践》(*The Practice of Management*) 一书中。制定目标看似简单，每个人都有过制定目标的经历，但是如果上升到技术的层面，必须学习并掌握 SMART 原则。SMART 原则的具体解释如下。

（1）绩效指标必须是具体的（Specific）。

（2）绩效指标必须是可以衡量的（Measurable）。

（3）绩效指标必须是可以达到的（Attainable）。

（4）绩效指标要与其他目标具有一定的相关性（Relevant）。

（5）绩效指标必须具有明确的截止期限（Time-bound）。

7.2.2　关键绩效指标

关键绩效指标是在 20 世纪 80 年代后期出现的一种将绩效管理与企业战略相结合，把过程评价与结果评价相结合的一种绩效管理工具。其核心思想是"二八定律"，又称"帕累托定律"。1897 年，意大利经济学家帕累托研究和发现了财富和收益模式的不平衡原理，即社会上 20%的人占有 80%的社会财富，财富两极分化极为严重。后来人们逐渐发现生活中到处存在着类似的不平衡现象，在任何一组东西中，最重要的部分只占 20%，其余的 80%虽然是多数，却是次要的。在一个企业的价值创造过程中，同样存在这样的规律，即 20%的骨干人员创造企业 80%的价值；而且在每一位员工身上，"二八定律"同样适用，即 80%的工作任务是由 20%的关键行为完成的。

关键绩效指标的本质类似于"牵牛要牵牛鼻子"，就是要将组织的目标层层分解，抓住关键成功领域，重视关键绩效要素，就能以少制多，以点带面，实现组织的战略目标。这个分解过程常常使用鱼骨图来表示，如图 7-2 所示。

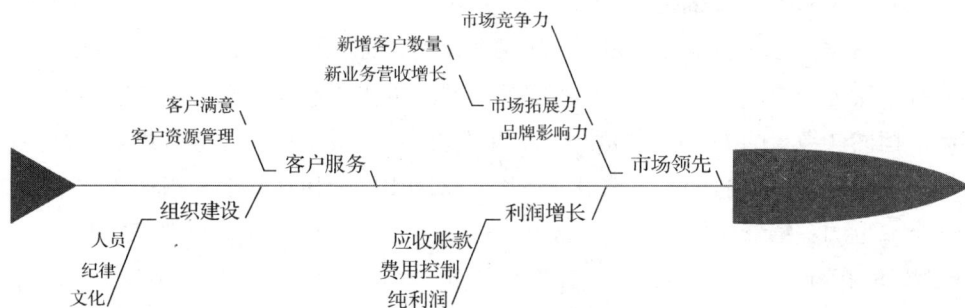

图 7-2　鱼骨图

关键绩效指标体系的实施大体可分为以下几个步骤。

1. 确定关键成功领域

根据组织的战略，寻找组织实现目标所必需的关键成功领域。在这一阶段，需要回答几个问题，即：企业为什么会成功？成功依靠什么因素？未来成功需要的因素是什么？关键成功领域的确定非常重要，因为将影响关键绩效指标的选取，可通过访谈、头脑风暴等方法来确定关键的 20%领域。

2. 确定关键绩效要素

在确定了关键成功领域后，需要对其进行分析和细化，解答关键成功领域包含的内容是什么、如何保证在关键成功领域获得成功、衡量在该领域获得成功的标准是什么等问题。

3. 确定关键绩效指标

关键绩效指标是对关键绩效要素的细化，指标要能客观、集中地反映关键绩效要素的要求，而且是对取得成功影响较大的要素，这些指标必须有明确的定义和计算方法，才能具备可操作性。关键绩效指标按照层次划分，可分为组织关键绩效指标、部门关键绩效指标、个人关键绩效指标。其中组织关键绩效指标来自对组织战略目标的分解，部门关键绩效指标来源于对组织关键绩效指标的分解，个人关键绩效指标又来自对部门关键绩效指标的分解和细化。按照性质划分，关键绩效指标可分为财务指标、经营指标、管理指标等，它们的侧重点和作用都不同。

关键绩效指标的选择很大程度上取决于组织战略，如果对组织战略进行了调整，关键绩效指标也必须调整，确保关键绩效指标时刻都对组织成功起着"关键性"的作用。关键绩效指标将引导员工的行为朝着组织战略目标的方向，将关注重心移到对绩效产生最大驱动力的行为上。

4. 确定部门关键绩效指标

部门关键绩效指标是对组织关键绩效指标的承接和分解，有些指标是可以直接由具体某一个部门承接的，如降低原材料采购不合格率，可以直接由采购部门承接；有些指标不能直接由某一部门承接，需要进行分解，直到可以由具体部门落实为止。如果某个组织关键绩效指标无法由具体部门落实，必然导致重要工作被忽视。

5. 确定个人关键绩效指标

个人关键绩效指标的确定方式如同部门关键绩效指标一样，其是对部门关键绩效指标的承接与分解，所有的部门关键绩效指标都必须由具体的人来承担。在管理实践中，并非所有的岗位都承担同样数量的关键绩效指标，有些岗位承担的关键绩效指标数量多，有些较少。通常关键绩效指标对员工的行为起着引导作用，这种引导作用往往依靠指标的数量和权重来实现。一个岗位的关键绩效指标数量一般在 5～10 个，指标过多会让员工感到无所适从，不知重点在哪里，指标过少可能会让员工忽视部分重点工作。每个指标的权重一般不超过 30%、不低于 5%，过高的权重会引导员工将绝大部分精力都放在这个指标上面而忽视了其他指标，而过低权重会使评价结果影响力小，无法突出重点工作。

关键绩效指标作为绩效管理工具，有助于企业战略的实现。通过对组织战略的分解找出关键成功领域，然后确定关键绩效要素，最后得到关键绩效指标，这个过程有助于在组织内部形成一致的行动导向。同时，由于个人关键绩效指标来源于对组织关键绩效指标的层层分解，员工在实现个人绩效目标的同时也是在实现组织目标，从而实现个人与组织的共同进步。

关键绩效指标是用于衡量工作人员工作绩效表现的量化指标，是绩效计划的重要组成部分。关键绩效指标通过财务与非财务指标相结合，体现关注短期效益，兼顾长期发展的原则；指标本身不仅传达了结果，也体现了产生结果的过程；以财务指标为主，非财务指标为辅。关键绩效指标注重对过去绩效的评价，且其指导员工绩效改进的出发点是员工过去的绩效存在的问题。

7.2.3 平衡计分卡

20 世纪中后期，随着管理实践的发展以及知识经济和信息技术的兴起，传统的以经营财务指标为主的绩效考核模式无法全面反映组织的整体运作情况，于是哈佛大学教授罗伯特·卡普兰（Robert Kaplan）等人创建了平衡计分卡。平衡计分卡作为战略管理工具，将企业的战略转化为一套全面的目标和指标，这些目标和指标分为 4 个层面：财务、客户、内部业务流程和学习与成长，如图 7-3 所示。

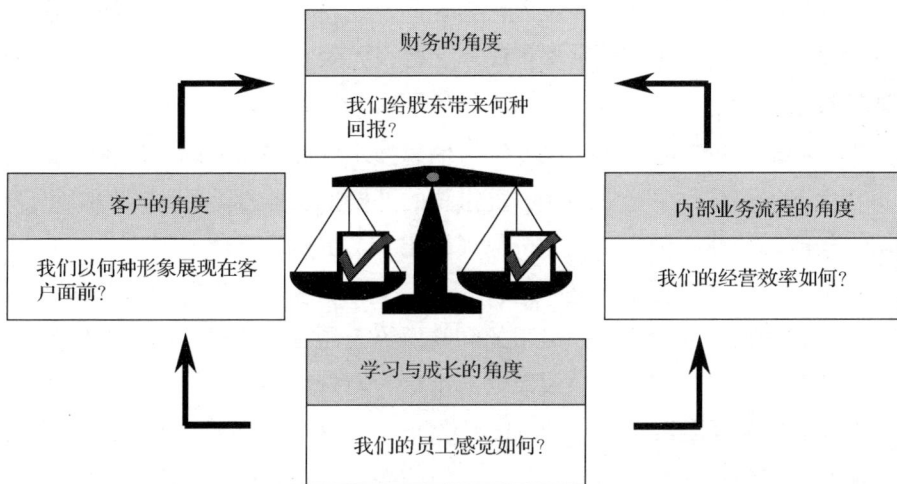

图 7-3 平衡计分卡

平衡计分卡保留了传统的财务目标和指标，同时增加了作为财务目标的业绩驱动因素的非财务指标。用个形象的比喻来说，平衡计分卡就像飞机驾驶舱内的导航仪，管理层通过这个"导航仪"显示的各种指标，可以观察企业运行是否良好，随时发现在战略执行过程中哪方面出现失误。这样，企业可以及时获得反馈信息，并根据这些反馈信息及时调整目标和指标并制定相应的解决方案，这是个持续改进的动态平衡过程。

平衡计分卡作为一种新型的绩效管理工具，实现了短期目标与长期目标的平衡、财务指标与非财务指标的平衡、滞后指标与领先指标的平衡、内部与外部的平衡。下面介绍这 4 个层面的构成要素以及它们是如何实现平衡的。

1. 财务层面

企业是以利润最大化为目的的经济型组织。财务指标是任何组织都必须首先关注的层面，财务目标也为其他 3 个层面的目标的确定提供了依据，通常采用销售利润率、资产负债率、流动比率等指标进行考核。

2. 客户层面

客户的需求千变万化。在当前买方市场的情况下，必须时刻把握客户的需求，通过深入的市场调查去研究目标客户群体对产品功能、外观、价格、售后及企业形象等各方面的偏好，把握客户的价值主张，如有些客户主张总成本最低，沃尔玛就以"天天平价，始终如一"的定位，吸引价格敏感型客户。

3. 内部业务流程层面

内部业务流程是指企业投入资金、原料、信息、时间等，经过固定的程序生产出客户所期望的产品或服务。内部业务流程分为运营管理流程、客户管理流程、创新流程、法规与社会流程。运营管理流程是指企业在较低的风险下，能以高效率、高质量、低成本快速交付让客户满意的产品或服务。客户管理流程是指吸引、获得、保留目标客户并不断扩大客户规模的一系列活动。创新流程是指企业开发新产品、新服务或者新流程的活动，当前，创新是企业进步的决定性因素。企业需要不断投入，为客户设计、生产出让其满意的产品或服务。法规与社会流程是指企业在遵纪守法、保护环境、建设繁荣社区等方面所做的一系列活动。

4. 学习与成长层面

人的知识、技能、价值观及企业的专利、信息技术等都是企业的无形资产，这些无形资产的获得与壮大不能仅依靠用金钱购买。更重要的是要把企业打造为学习型组织，不断丰富员工的知识、技能，让员工树立正确的价值观，化无形资产为有形成果。

现代企业创造价值的主要基础是"无形资产"。对客户关系、产品和服务创新、高效率的业务流程、信息技术系统的前瞻性、员工的高素质等无形资产的评估显得尤为重要。平衡计分卡与以往的绩效工具不同，它不再仅以财务指标为衡量标准，它加入了未来驱动因素（即客户因素、内部业务流程因素、学习与成长因素），即在保证短期效益的同时，更保证了组织未来发展的驱动力，包括良好的财务现状、良好的客户关系、高效的内部业务流程、优秀人才的培养。平衡计分卡保证的是财务指标和非财务指标的平衡，或者说保证企业 4 个层面价值最大化之间的平衡，即股东价值最大化、客户价值最大化、任务价值最大化、员工价值最大化。

相关阅读

如何选择合适的绩效管理工具

上文对目标管理、关键绩效指标、平衡计分卡进行了简要的阐述。目标管理、关键绩效指标、平衡计分卡实际上代表了不同的管理水平，这三者之间实际上存在一个层层递进的发展关系。例如，企业要成功实施平衡计分卡，必须首先引入目标管理，将员工的工作方向统一到达成企业总目标上来，并且控制关键点。因为目标管理和关键绩效指标是实施平衡计分卡的两大基石。

但是，无论是目标管理、关键绩效指标还是平衡计分卡都有其本身的缺点和局限性，它们所适用的企业类型和规模也是不同的。另外，不同的文化背景对其有效性也有所影响。比如，某家企业，提到绩效考核，首先就想到必须给每个岗位设置关键绩效指标，于是把工作精力放在关键绩效指标如何设置得科学合理上。可是，问题来了，人力资源部门不可能比其他各个部门的经理更了解如何设置各个岗位的关键绩效指标，经理如果以应付的态度来设置关键绩效指标，多数人力资源管理者是不容易辨别的。又如，某一家企业，80%以上的管理者都还没有使用关键绩效指标、平衡计分卡、目标管理等工具的经验，企业却坚持要推行关键绩效指标考核系统，甚至只是在给管理者安排了一个关键绩效指标的培训课程后就马上开始实施。

其实，企业没有必要刻意去追求或刻意模仿那些世界先进企业的绩效工具，关键是吃透企业自身的管理实际，选择最适合自己的绩效管理工具。适合的才是最有效的。比如一家大型商贸零售企业，在外界看来是一个比较好设定关键绩效指标的企业，但是该企业并没有实施关键绩效指标考核系统，而是实施比较传统的工作汇报制度。该企业采用每周召开一次总结会的方式，会上每个人汇报上周的工作完成情况并制订下周的工作计划，周而复始，年复一年。该企业的人力资源总监比较深的体会是，他们的这种周报方式，比起那些实施关键绩效指标的企业，员工会更有紧迫感，在整个企业的运营中起到了非常大的作用。

所以，对于绩效管理体系的设计，企业不要盲目跟风和刻意模仿，一定要深入分析每一种绩效考核方法，选择最适合本企业的。

7.3 绩效管理的实施

7.3.1 绩效计划

绩效计划（Performance Planning）是绩效管理的起点，也是其中最重要的一个环节，它是指在新的绩效周期开始时管理者与下属在组织战略规划下进行有关绩效的面谈，共同确定组织、部门及个人的工作任务和目标，并签订绩效目标协议的过程。

绩效计划的目的是确保组织各个部门及其成员的绩效目标与组织的整个战略目标一致，而绩效计划的关键就在于管理层与员工之间的绩效面谈，这种面谈是双方针对组织总体目标及个人目标之间关系的一种双向沟通，管理者就组织的整体目标、本部门的目标、对下属的期望等问题与员工进行沟通，员工就自己对工作和目标的认识、自己的工作计划、希望能得到组织的何种支持等问题向管理者说明。双向沟通让员工能充分了解组织目标和领导的意图，也能让组织了解员工的想法以及需要的支持，从而使双方相互理解，达成共识。

绩效计划是一个双向沟通的过程，其结果是形成管理者和员工对员工的工作目标和标准达成一致的一份绩效目标协议。在这个过程中，管理者与员工双方都负有责任，既不是管理者单方面向员工提出工作要求，也不是员工自行设定工作目标，而是让员工充分参与计划的制订，让员工明白自己对绩效计划中的内容做了公开承诺，使员工自发履行自己的绩效计划。员工的参与和承诺是绩效计划成功的前提。

7.3.2 绩效实施

绩效实施是绩效管理的第二个环节，也是在整个绩效管理过程中耗时最长的一个环节。绩效计划是否能够落实和完成依赖于绩效实施，绩效考核的依据也来自绩效实施，所以绩效实施是一个重要的中间环节，绩效实施的效果直接影响绩效管理的成败。在绩效实施阶段，管理人员主要做的事情有两件。

1. 保持和员工持续的绩效沟通

管理人员需要及时掌握工作进展情况，了解员工在工作中的表现和遇到的困难，协调团队中的工作。如果管理人员不能通过有效的沟通获得必要的信息，那么也就无法在绩效考核的时候对员工做出评估。员工需要了解自己的工作做得怎么样，以及获取如何解决工作中的困难的指导和帮助。

2. 记录和收集员工的绩效表现

公平客观的绩效考核一定不会是凭感觉的，这些考核的依据来自绩效实施的过程，因此在绩效实施过程中就一定要对员工的绩效做观察和记录，收集必要的信息。

7.3.3　绩效考核

绩效考核是绩效管理中的重要环节，重点关注了"考核什么""谁来考核""如何考核"等重要问题。我们通常将绩效考核的内容分为业绩考核和态度考核。所谓业绩考核，一般是从数量、金额、成本等角度来考虑一段时间内的产出或直接结果。所谓态度考核，指的是通过评价，引导员工改善工作态度，最大限度地创造优异的绩效，避免员工"出工不出力"的现象。

绩效考核方法的选择是绩效考核的重点和难点，对能否得到公正、客观的评价结果有着重要意义。需要特别说明的是，绩效管理工具与绩效考核方法不能混淆，绩效管理工具主要解决采用什么方法可以提高绩效水平的问题，而绩效考核方法主要解决考核过程中的某个指标怎么评价的问题。在人力资源管理实践中，人们创造了大量的考核方法，这些方法各有利弊。下面对比较常见的几种考核方法进行介绍。

1. 排序法

排序法是比较法的一种，即按照工作绩效从高到低进行排序，从而得出结论。排序法的设计和应用成本都比较低，而且能避免宽大化、严格化倾向。但是排序法也存在很大的缺点，即评价的主观性较强，尤其是在几个评价对象的绩效水平相近时，很难给出客观公正的评价。常见的排序法有直接排序法和交替排序法两种。直接排序法就是根据工作绩效，把所有评价对象从高到低排序。交替排序法依据的也是工作绩效，但略有不同的是，管理者将所有名单列出后，先选出最好的和最差的，然后再在剩下的人中选出最好的和最差的，以此类推，直至全部人员的顺序排定。交替排序评价表如表 7-1 所示。

表 7-1　交替排序评价表

轮次	等级	姓名		
第一轮	A（最好）	肖××		
第二轮	B（最好）	唐×		
第三轮	C（最好）	徐×		
第四轮	D（最好）	刘×		
第四轮	E（最差）	王××		
第三轮	F（最差）	李×		
第二轮	G（最差）	王×		
第一轮	H（最差）	罗×		

2. 配对比较法

配对比较法也称一一比较法，是将每个评价对象按照所有评价要素与其他评价对象一一进行比较，根据比较的结果进行排序。例如，以某企业前厅部的 5 名员工为例，设计出如表 7-2 所示的表格，以"企业信息系统操作熟练程度"为要素进行评价，然后把所有人进行配对比较，将两两比较结果填入比较对象相交的单元格中，"+"表示纵栏上的人比横栏上的人绩效水平高，"-"表明纵栏上的人比横栏上的人绩效水平低，"0"表明两者绩效水平一致。一般情况下，对角线上均为"0"，因为自己与自己相比较，水平肯定是一致的。最后将纵栏上每一个人得到的"+"相加，得到的"+"越多表明此人在所有人中的绩效水平越高，例如表 7-2 中员工周×得到了 3 个"+"，是最多的，表明他在所有 5 个人中的绩效水平最高。

表 7-2　配对比较法

评价要素：企业信息系统操作熟练程度

员工	陈×	周×	刘××	谢×	牟×
陈×	0	+	+	-	-
周×	-	0	-	-	-
刘××	-	+	0	+	-
谢×	+	-	-	0	+
牟×	+	+	+	-	0

3. 强制分布法

强制分布法是将员工绩效分成若干个等级，如表 7-3 所示。每一等级强制规定一个百分比，按员工的总体工作绩效将他们分别归类。其适用于人数较多的情况，操作较简单，可避免趋宽/趋严/趋中的误差。但是，在特殊情况下规定比例的分布与实际分布情况可能不完全一致，会带来不公平的情况，在使用时应注意留有一定的灵活性。

表 7-3　强制分布法

等级	优秀（10%）	良好（20%）	中等（40%）	较差（20%）	最差（10%）
员工姓名	××× ××× ……	××× ××× ××× ……	××× ××× ××× ××× ……	××× ××× ××× ……	××× ××× ……

4. 量表法

量表法是先根据绩效考核对象的特征，设计一定数量的考核指标，并将一定的分数或权重分配给各个评价指标，然后由评价主体根据评价对象的实际情况进行打分，最后计算出总分。这是一种绝对评价法，所采用的评价标准都是客观的职位职能标准，能够在不同员工之间进行横向比较，也能发现员工绩效问题所在。但是量表法的设计，尤其是指标的选择是需要耗费大量的时间和精力的，需要专家协助，而且指标的选取会直接影响员工的工作重心，员工会更加关注分值或权重更高的指标。

　　量表法中主要包含指标名称、定义和评价尺度等要素。指标名称是需要评价的要素；定义是对这个要素的解释，解释要尽量清晰明了，避免产生误解；评价尺度是对评价对象的打分，一般选择奇数等级。我们以客房部员工为例设计评价量表，如表 7-4 所示，此量表采用等级择一量表法。此外，还有图表量表法、行为锚定量表法、混合标准量表法、行为对照量表法、综合尺度量表法、行为观察量表法等，这些量表法各有利弊，适用条件也略有不同，但是都要针对评价对象的某个项目指标进行打分或者评等级，并进行最终的评价，在此不一一详述。

表 7-4　评价量表

被考核者姓名		所在岗位		入职时间				
考核项目	指标名称	权重	定义	评价尺度				
				5	4	3	2	1
工作态度	考勤状况	2%	出勤率的高低，迟到、早退情况					
	工作主动性	4%	积极、主动地完成本职工作					
	工作责任感	4%	工作认真，勇于承担责任					
服务技能及工作业绩	卫生合格	10%	每月卫生检查合格情况					
	服务设施设备完好	10%	维护服务设施设备的效果					
	客人委托服务及时率	10%	在规定时间内完成客人委托的服务情况					
	客户服务差错次数	10%	客户服务不出差错或少出错					
	经营成本节省率	10%	经营成本节省效果					
服务能力	专业知识水平	5%	全面掌握本岗位所需的专业知识、操作规范					
	语言表达能力	15%	语言表达有条理，具有一定的谈判技巧					
	综合分析能力	20%	对工作中出现的问题做出准确的分析和判断					

5. 360 绩效考核法

　　360 度绩效考核法又称为全方位考核法，其特点是评价维度多元化（通常是 4 或 4 个以上），适用于对中层以上的人员进行考核。该方法是指通过员工自己、上司、同事、下属、顾客等不同主体来了解其工作绩效，评论知晓各方面的意见，清楚自己的长处和短处，来达到提高自己的目的。是爱德华·埃文等在 20 世纪 80 年代提出，后经 1993 年美国《华尔街时报》与《财富》杂志引用后，最早由英特尔公司实施运用。它是一种从不同角度获取组织成员工作行为表现的观察资料，然后对获得的资料进行分析评估的方法，它包括来自上级、同事、下属及客户的评价，同时也包括被评者自己的评价。这种方法的优点是能比较全面地进行评估，易于做出比较公正的评价，同时通过反馈可以促进工作能力，也有利于团队建设和沟通。它的缺点是因为来自各方面的评估，工作量比较大；也可能存在非正式组织，影响评价的公正性；还需要员工有一定的知识参与评估。

7.3.4 绩效反馈

1. 绩效反馈的目的

绩效反馈是绩效管理的最后环节。管理人员和员工共同回顾员工在绩效管理周期的表现，对员工的绩效表现达成一致的看法，使员工认识到自己的成就和优点以及有待改进的方面，制订绩效改进计划及协商确定下一个绩效管理周期的目标与绩效标准。

管理人员对员工的评估代表的是管理人员的看法，而员工可能会对自己的绩效有另外的看法，因此，双方必须进行沟通以达成一致的看法。绩效反馈的一个很重要的目的就是使员工认识到自己的成就或优点，从而对员工起到积极的激励作用。员工可能存在一些不足之处，或者仍然有一些需要改进的方面，这些都是在绩效反馈的过程中应该指出的。

在双方对绩效评定的结果达成一致意见后，员工和管理人员可以在绩效反馈面谈的过程中一同制订员工的绩效改进计划。员工可以提出自己的绩效改进计划并向管理人员提出自己需要怎样的支持。管理人员则对员工如何改进绩效提供自己的建议。绩效管理是一个往复不断的循环，因此上一个绩效管理周期的绩效反馈可以与下一个绩效管理周期的绩效计划并在一起进行。可以参照上一个绩效管理周期的结果和存在的待改进的问题来制定下一个绩效管理周期的绩效目标，这样既能使员工提高绩效，又可以使绩效管理活动连贯进行。

2. 绩效反馈面谈的注意事项

绩效反馈面谈效果关系到绩效反馈的效果，选择合适的时间和地点是十分重要的。在时间上，一般管理者应该根据工作安排并在提前获得下属同意的前提下确定面谈时间。大量的管理实践证明，这种面谈要尽量避免临近下班或就餐时间，因为在这些时间段，员工的注意力不够集中，面谈效果较差。面谈时间不宜过长，过长会引起人的疲倦；而时长过短的面谈无法充分传达信息，也会导致面谈沟通效果差。

在面谈地点选择上，常见的面谈地点是办公环境，如办公室、会议室。其中小型会议室或办公室是比较理想的正式面谈的场所，因为这些地点私密性及隔音效果较好，不易被打扰。如果采用非正式面谈，可以选择咖啡厅、餐厅等场所，这样的地点会让员工觉得放松，可以有效地营造管理者与下属之间的轻松氛围，使下属和管理者无负担地交流。此外，面谈时双方所坐的位置也会影响沟通氛围，一般面对面坐最容易造成紧张和压力，因为双方直视，气氛会显得严肃。而两人并排坐则可以缓和这种紧张感，让员工放松，使反馈面谈更加有效。

3. 沟通在绩效反馈过程中的重要性

沟通是整个管理工作中非常重要的内容，绩效沟通就是管理者与员工之间针对绩效而进行的建设性的、双向的、平等的信息分享和交流。随着信息时代的来临，工作节奏变得越来越快。环境更新变化频繁，员工的工作环境复杂多变，绩效影响因素也越来越多，在这样的条件下，绩效必须保持一定的弹性，并且随着环境变化而变化，此时，管理者与下级持续有效的绩效沟通对组织起着至关重要的作用，双方在分享与绩效有关的各类信息的过程中，共同寻找改善绩效的办法。如果没有沟通，上级在临时调整工作计划和任务时不清楚员工是否能完成，或者需要什么样的协助才能完成，而员工也不清楚上级的意图，可能产生抵触情绪，导致双方产生矛盾而影响绩效水平。

绩效沟通方式通常有正式沟通和非正式沟通两种。正式沟通指通过正式渠道进行交流，如书面报告、会议面谈。非正式沟通是指管理者和下级在工作之余或者在工作中的各种非正式场合（如咖啡厅、餐厅等）进行沟通。这些沟通方式各有利弊。书面沟通简单易行，员工可以汇报较全面的信息供管理层参考，还可以提供文字记录和证据，但是这是一种单向沟通，员工往往对书面报告有抵触情绪。会议面谈方式能鼓励员工畅所欲言，在双方的交流过程中建立亲近感。但会议面谈如果组织不好，可能会导致无休止的争论、相互扯皮或推卸责任。非正式沟通最大的优点在于及时性，管理者可以在出现绩效问题后随时与员工进行交谈以交换意见，从而使问题尽快得到解决。此外，在非正式场合，员工的戒备心没有那么强，更加愿意坦诚地与管理者沟通。

无论是采用正式沟通还是非正式沟通，管理者既要掌握基本的人际沟通技巧，又必须遵守一些原则。如在沟通过程中，要对事不对人；要关注绩效问题以及如何解决问题，而不是进行人身攻击，抱怨式的沟通只能使双方相互反感。此外，在沟通过程中，管理者要以绩效管理周期内的事实为依据，避免过多的主观判断，通过这些事实，尽量避免员工产生不信任感，让员工认识到绩效沟通和绩效考核的目的是提升绩效水平。

7.3.5　绩效管理成功实施的表现

绩效管理是一个完整的系统，绩效计划、绩效实施、绩效考核和绩效反馈 4 个环节缺一不可、往复循环。

管理者和员工的共同投入和参与是绩效管理的基础。

沟通是绩效管理的核心，管理者和员工必须在绩效管理的过程中保持持续和有效的沟通。

绩效管理不是琐碎乏味的"文字工作"，是每个管理者必须掌握的日常管理工具。

绩效管理可有效地将企业的战略目标和员工的个人目标结合起来，实现企业和员工个人发展的"双赢"。

绩效管理的着眼点是"绩效"，管理者不仅仅是员工绩效表现的"评价者"，更应该成为员工绩效提高的有效"推动者"。

能力自测

一、单项选择题

1. 绩效管理的对象不应包括（　　）。

　　A. 高层领导　　　　　　　　　　B. 全体员工

　　C. 外部客户　　　　　　　　　　D. 人力资源部门人员

2. 人力资源部在绩效考核中的责任不包括（　　）。

　　A. 明确规定员工的具体绩效目标

B. 处理员工在绩效考核方面的申诉

C. 保证绩效考核制度符合法律要求

D. 确保绩效目标充分体现企业战略目标的要求

3. 在绩效管理循环中,首要环节是( )。

    A. 绩效计划   B. 绩效实施   C. 绩效反馈   D. 绩效考核

4. 绩效管理的最终目标是( )。

    A. 确定被考评者未来的薪金水平

    B. 帮助员工找出提高绩效的方法

    C. 制订有针对性的培训计划和培训实施方案

    D. 促进企业与员工的共同提高与发展

5. 关于 SMART 原则,以下描述不正确的是( )。

    A. S——具体性   B. M——可衡量性   C. A——行动性

    D. R——相关性   E. T——时限性

6. 在员工绩效反馈阶段,下列说法不正确的是( )。

    A. 做好绩效反馈的准备

    B. 营造一个良好的沟通环境

    C. 给予员工肯定,以鼓励的话语结束绩效反馈

    D. 员工是倾听者,不必发表自己的看法和意见

7. 关键绩效指标法的核心是( )。

    A. 考评标准的建立   B. 新型激励机制的构建

    C. 关键绩效指标的提取   D. 企业战略目标的明确

8. 平衡计分卡 4 个维度不包括( )。

    A. 财务   B. 内部业务流程   C. 客户   D. 股东

9. 考核者和被考核者双方对考核期内的工作绩效进行全面回顾和总结的过程是( )。

    A. 绩效实施   B. 绩效计划   C. 绩效反馈   D. 绩效考核

二、简答题

1. 请简述绩效管理与绩效考核的区别。

2. 请简述绩效管理的 4 个环节。

3. 平衡计分卡是从哪 4 个方面来衡量企业?

案例分析

    某企业赵总经理正认真听取关于上年度企业绩效考核执行情况的汇报,其中有两项决策让他左右为难。一是经过年度考核成绩排序,成绩排在最后几名的却是在企业干活最多的人。对这些人是否应按照原先的考核方案降职和降薪?下一阶段的考核方案如何调整才能更加有效?二是人力资源部提出购买一套人力资源管理软件来提高统计工作效率的建议,但一套软

件能否真正起到促进绩效提高的效果？

为了更好地进行对各级人员的评价和激励，该企业在引入市场化的用人机制的同时，建立了一套绩效考核方案。对于这套方案，用人力资源部经理的话说，就是细化传统的德、能、勤、绩几项指标，同时突出工作业绩的一套考核办法。其设计的重点是将德、能、勤、绩几个方面的内容细化成 10 项指标，并把每个指标都量化出 5 个等级，同时定性描述等级定义，考核时只需将被考核人的实际行为与描述相对应，就可将对应成绩累计相加得出考核成绩。

但考核中却发现了一个奇怪的现象：原先工作比较出色和积极的职工常排在多数人后面，一些工作业绩并不出色的人却排在前面。有些管理干部对目前的考核结果大排队的方法不理解和有抵触心理。但是综合各方面情况，目前的绩效考核还是取得了一定的成果，各个部门都能够很好地完成，唯一需要确定的是对排在最后的人员如何落实处罚措施，另外对这些人进行降职和降薪处理无疑会伤害一批像他们一样认真工作的人，但是不落实却容易破坏考核制度的严肃性和连续性。另一个问题是，在本次考核中，统计成绩的工具比较原始，考核成绩统计工作量太大，人力资源部就 3 个人，却要统计 200 多人的考核成绩。赵总经理决定向设备部、财务部等部门的负责人深入了解一些实际情况。

设备部李经理首先说道："我认为考核方案需要尽快调整，因为它不能真实反映我们的实际工作，例如我们设备部主要负责企业所有设备的维护管理工作，为了确保它们安全无故障地运行，我们的主要工作就是按计划到各个点上检查和抽查设备维护情况。在日常工作中，我们不能有一次违规和失误，因为任何一次失误都是致命的，会造成重大损失，但是在考核业绩中允许出现'工作业绩差的情况'，因此我们的考核就是合格和不合格之说，不存在分数多少和等级高低。"财务部王经理紧接着说道："财务部门的工作基本上都是按照规范和标准来完成的，平常填报表和记账等都要求万无一失，这些如何体现出创新的一级标准？如果我们没有这项内容，评估我们的创新性是按照最高成绩打分还是按照最低成绩打分？还有一个问题我认为应该重视，在本次考核中我们沿用了传统的民主评议的方式，我对部门内部人员评估没有意见，但是让其他部门人员打分是否恰当？因为财务工作经常得罪人，让被得罪的人评估我们的工作，这样公正吗？"

【讨论】

1. 该企业的考核为什么会出现这种情况？

2. 请你为该企业设计一套绩效考核方案。

3. 赵总经理是否应同意人力资源部提出的购买软件方案？能否有一个最有效的方法解决企业目前的问题？

实训操作

1. 实训项目

我国企业绩效管理常见问题及解决途径。

2．实训要求

学生分小组，以网络搜索、市场调查等方式了解当前我国企业中与绩效管理有关的问题，并对问题进行分析总结，根据已有的知识，小组讨论后提出切实可行的方案，并进行汇报展示。

3．实训组织

（1）根据班级学生人数确定项目小组数量，每小组4～6人。

（2）以小组为单位组织搜集资料、研讨，在充分讨论的基础上形成小组的课题汇报PPT。

（3）小组汇报，讨论交流。

（4）教师进行归纳、总结。

4．实训考核

准备PPT进行汇报，要求观点鲜明，逻辑清楚，论据充分，汇报人的礼仪规范，语言流畅。

薪酬管理

● 学习目标

知识目标

1. 了解薪酬的概念与构成。
2. 熟悉薪酬管理的内容。

能力目标

1. 理解薪酬管理的内容。
2. 了解薪酬管理体系设计的基本流程。

素养目标

1. 引导学生养成长远规划意识。
2. 强化学生对诚信、公平等理念的认知。

● 案例导入

耐人寻味的加薪：适得其反的员工激励

按照企业的规定，每年的一定时期，由主管对下属工作情况进行评价，若评价较高，员工可获得一次加薪的机会。

但此时却出现了一个奇怪的现象：少部分被加薪员工一如既往地努力工作甚至更加努力；但大多数员工，无论加薪与否，在这之后的一小段时期工作绩效反而降低；更有极少数员工主动离职。

这个现象耐人寻味，让我们看看在这件事里企业付出了什么：管理层、人力资源部的绩效评定过程资源耗费；对部分员工加薪的现金消耗；管理人员与员工面谈的管理成本耗费。

但是效果为什么反而更差了呢？再看下面的一则小故事。

　　一位老人，孤单地生活在一个小村庄里，没有亲人。一群调皮的孩子总是喜欢骚扰这个老人。没事就喧哗吵闹，甚至砸玻璃，老人怎么也无法让他们安静下来。于是老人召集了孩子们，告诉他们："明天你们谁砸了我的玻璃，我将给他10元的奖励。"第二天玻璃被砸完了。老人兑现了他的承诺，并且对孩子们说："明天你们谁砸了我的玻璃，我将给他5元作为奖励。"孩子们抱怨了一通，但隔天当然又来了并且痛快地大砸了一番……老人仍旧召集孩子们说："明天你们谁继续来砸，我将给他1元作为奖励。"孩子们嗤之以鼻，散了，之后再也不来砸玻璃了。

　　我们来分析一下孩子们的心理。

　　以砸玻璃为乐趣→得知砸玻璃居然能带来收入→心理预期为每砸一块玻璃得10元→对收入降低表示不满但仍能接受→收入远低于心理预期，拒绝。

【讨论】

　　1. 员工把交给他们的工作当成乐趣还是纯粹获得稳定收入来源的手段？

　　2. 员工的心理预期及需要是什么？

　　3. 员工是否充分认识到加薪是对优秀者的奖励？

【分析提示】

　　薪酬作为人力资源管理中战略性机制的焦点之一，是员工为企业工作所追求的个人目标和工作动机产生的源泉。了解员工的心理预期，设计科学合理的薪酬体系和激励措施，才能让员工发挥出最佳潜能，为企业创造更大的价值。

8.1　认识薪酬和薪酬管理

8.1.1　薪酬

1. 薪酬的概念

　　薪酬是员工由于参与组织劳动而从组织中得到的各种酬劳的总和，是组织对员工的贡献（包括员工的态度、行为和业绩等）的各种回报。从广义上讲，薪酬包括工资、奖金、休假等外部回报，也包括参与决策、承担更大的责任等内部回报。

2. 薪酬的构成

　　外部回报是指员工因为雇佣关系从自身以外所得到的各种形式的回报，包括直接薪酬（基本薪酬、激励薪酬）、间接薪酬（福利：保险及各种服务）。

　　（1）基本薪酬。

　　基本薪酬又被称为工资，是组织根据员工的工作职责，或者是员工完成工作所需要的知识和技能，而给员工的相对稳定的经济性报酬；通常以月薪为主，即组织每月按时向员工发放固定薪酬。另外还有年薪、日薪及小时工资。

　　（2）激励薪酬。

　　激励薪酬又称为绩效薪酬，是薪酬中的浮动部分。它通常与工作业绩和工作态度密切相关，主要包括奖金、佣金、计件工资、风险工资、股票期权等类型。

（3）间接薪酬。

间接薪酬又称员工福利与服务，其表现形式主要是组织为员工提供的各种与工作生活相关的物质补偿和服务，包括国家法定福利、企业福利和员工个人福利等。

法定福利主要指社会保险和社会保障制度；企业福利，主要指企业提供或者通过社会服务机构提供的，供员工集体享用的福利性设施和各种工作服务，如住房补贴、企业年金和保障计划、带薪休假、集体生活设施和服务以及满足员工多种需求的培训等；员工个人福利又称为津贴，主要指为特殊岗位和特殊身份的员工提供的某些福利，不具有全员性质。例如，对从事夜班工作的员工，企业往往会给予额外的夜班工作津贴；对于出差的人员，企业也往往会给予一定的出差补助。但津贴往往并不是薪酬的核心部分，它在薪酬中所占的比例往往较小。

内部回报，指员工自身心理上感受到的回报，包括参与企业决策、获得更大的工作空间和权限，从事责任更大、更有趣的工作，获得多样化的个人成长机会。

8.1.2 薪酬管理

1. 薪酬管理的含义

📝 **重要概念**

薪酬管理是指企业在经营战略和发展规划的指导下，针对员工所提供的服务，综合考虑内外部各种因素的影响后，确定薪酬体系、薪酬水平、薪酬结构和薪酬形式，并进行薪酬调整和薪酬控制的整个过程。

2. 薪酬管理的内容

（1）薪酬体系。

薪酬体系用以确定企业的基本薪酬以什么为基础，目前通行的薪酬体系有3种，即岗位薪酬体系、技能薪酬体系及绩效薪酬体系，其中以岗位薪酬体系的运用最为广泛。

（2）薪酬水平。

薪酬水平是指企业内部各类职位以及企业整体平均薪酬的高低程度。它反映了企业薪酬的外部竞争性。

（3）薪酬结构。

薪酬结构，即薪酬的组成部分。薪酬结构是对同一组织内部的不同职位或者凭技能得到的薪酬进行的各种安排，是依据企业的经营战略、经济能力、人力资源配置战略和市场薪酬水平等为企业内价值不同的岗位制定不同的薪酬水平和薪酬要素，并且提供确认员工个人贡献的办法。

（4）薪酬形式。

薪酬形式是指计量劳动和支付薪酬的方式，主要有计时工资、计件工资、奖励薪酬、间接薪酬（福利）等。薪酬的各个构成部分都有特定的内容，也都有特定的计量形式。例如：

直接薪酬与员工提供的劳动量密切相关，劳动量可以按劳动时间计算，也可以按劳动产品数量计算，并直接以货币形式支付，包括计时工资、计件工资；间接薪酬则由企业员工普遍享有而不与其提供劳动量直接相关，并常常以非货币形式提供。

（5）薪酬调整。

薪酬调整是企业根据内外部各种因素的变化，对薪酬水平、薪酬结构和薪酬形式进行相应的变动，如可根据国家最低工资标准的变动而调整薪酬水平；可根据员工的绩效变动进行加薪或减薪；可依据员工职位变动而调整其薪酬标准。

（6）薪酬控制。

薪酬控制是指企业对支付的薪酬总额进行测算和监控，以维持正常的薪酬成本开支，避免过重的财务负担。

3. 薪酬管理的作用

薪酬管理作为人力资源管理的一项主要职能，具有非常重要的作用，主要表现在以下几个方面。

（1）有效的薪酬管理有利于吸引和保留优秀的员工。

一方面，薪酬管理具有吸引和筛选人才的作用，较高的薪酬水平和具有激励作用的薪酬形式可以吸引企业稀缺人才和创新人才；另一方面，薪酬问题一直是员工流失的主要原因，尤其是在人才竞争激烈的今天，建立公平、合理的薪酬体系对维系人才是十分关键的。

（2）有效的薪酬管理有助于引导员工行为，激发员工工作积极性。

一个设计和实施优良的薪酬体系可以传达这样的信息：什么样的员工是企业需要和关注的？什么样的行为是企业认可并予以奖励的？比如，岗位薪酬要求员工尽职尽责，技能薪酬奖励员工学习知识和掌握更多技能的行为，而绩效薪酬则鼓励员工为企业价值增加做出更大的贡献。企业可以根据管理员工的需要，设计符合战略需求的薪酬体系，从而激发员工的工作积极性。

（3）有效的薪酬管理有助于改善组织绩效。

薪酬是一项重要的成本开支，有效地控制薪酬就可以在一定程度上降低企业的总成本，扩大产品和服务的利润空间。

（4）有效的薪酬管理有助于塑造良好的企业文化。

经济性薪酬为企业文化的建设提供了基本的物质基础，而非经济性薪酬本身就含有大量企业文化的成分，合理的薪酬制度可以作为构建企业文化的制度性基础，对企业文化的发展方向具有重要的引导作用。

案例链接

某企业薪酬管理的运用

某企业是一个具有多年历史的企业，经历过无数风雨，在郑州这座日益发展的城市中依然欣欣向荣。两年来，企业人事部改名为人力资源部，也常常把"人力资源"这个词挂在嘴边，但是要真正做到重视人才却不那么容易。企业应该把人才作为一种资本要素来看待，引进并培育优秀的人才，使其为企业创造出远远大于投入成本的收益。要想选拔和留住优秀的人才，就必须给予人才公平的回报，设计符合市场需要的薪酬制度，包括福利、津贴、非现金奖励和内在回报等。许多研究都表明，最重要的影响企业员工流动的因素就是薪酬。

在制定薪酬策略时不仅要注意绝对薪酬，更要注意相对薪酬，员工之间的比较往往是造成不满的直接原因。因此制定薪酬策略时，要确定合理的薪酬级别，辅以奖罚分明的制度，并建立科学透明的评估体系。企业不能单单以工作绩效作为评估指标，员工在工作中的态度和表现直接影响顾客的感受，也应作为人员评估的指标。

8.2 基本薪酬

员工的薪酬大体上由三大部分构成：基本薪酬、奖金和福利。通常由部门主管考核，人力资源部根据考核结果计算出每位员工的薪酬，最后由财务部核发。作为员工薪酬制度制定、实施部门的人力资源部，应当做好薪酬管理体系设计，在有效控制人力成本的基础上，达到既让员工满意，也让企业满意的目的。

8.2.1 薪酬管理体系的类型

1. 岗位薪酬体系（最广泛、最稳定）

岗位薪酬体系根据员工在组织中的不同岗位来确定其薪酬等级和薪酬水平，如图 8-1 所示。该薪酬体系以"岗位"为核心要素，建立在对岗位的客观评价基础之上，操作简单，体现公平性。

薪酬等级	操作人员	普通员工	中层管理（部门主管）	中层管理（部门经理）	高层管理（总/副总经理、总监）	研发人员	销售人员
23					总经理		
22							
21					副总经理		
20							
19					总监	研发总监（主任研究员）	销售经理
18				高级经理			
17						研发经理（资深研究员）	
16							
15							销售主管
14				经理		研发主管（高级研究员）	
13			高级主管				
12							
11						研发专员（研究员）	销售代表
10			主管				
9							
8							
7		专员				研发助理（助理研究员）	
6							销售助理
5		助理					
4							
3							
2	操作人员						
1							

图 8-1 岗位薪酬体系

2. 技能薪酬体系

技能薪酬体系以员工技术和能力作为决定薪酬等级和薪酬水平的基本依据，分为两类。

(（1）技术薪酬体系：根据员工所掌握的与工作有关的技术或知识的广度和深度来确定员工薪酬等级和薪酬水平，如图 8-2 所示，适用于科技型企业或专业技术要求较高的部门或岗位。

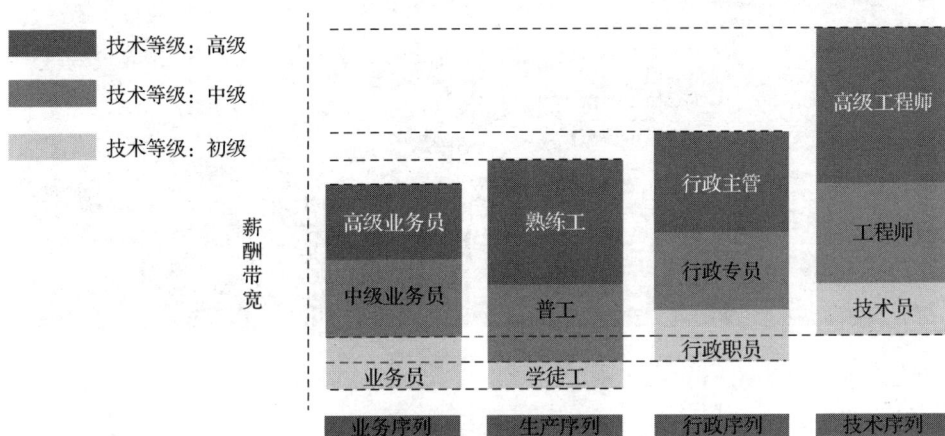

图 8-2　技术薪酬体系

（2）能力薪酬体系：以员工个人能力状况为依据来确定薪酬等级与薪酬水平，适用于中高级管理者、专家，他们的工作具有较高的创造性、非常规性，更多依赖个人能力。

3. 绩效薪酬体系

绩效薪酬体系将员工个人或团体的工作绩效与薪酬联系起来，根据绩效水平的高低确定薪酬结构和薪酬水平，主要考查工作的数量、质量、收益、贡献等，适用于工作程序性、规则性较强，绩效容易量化的岗位，如销售岗位，主要衡量个人绩效，操作简便，有利于提高个人工作积极性。

8.2.2　薪酬管理体系设计

1. 薪酬管理体系设计的原则

（1）公平原则。

公平是指提供的价值和获得回报之间的平衡。一个薪酬体系必须是公平的，才能谈得上激励。公平是薪酬设计的基础，员工只有认为薪酬是公平的，才可能产生认同感，薪酬才可能产生激励作用。公平原则（如图 8-3 所示）是制定薪酬体系首先要考虑的原则，因为这是一个心理原则，也是一个感受原则。

综合来讲，很少有单位能够完全达到外部公平、内部公平和个体公平。但是，在设计薪酬体系时，极为重要的一点就是要使内部公平、外部公平、个体公平三者保持独立，并争取都能实现。管理层是否能做到这一点将会对员工产生很大的影响。相对于整个行业，一个员工的工资可能已经很高了，但他也许仍感到不满意，因为薪酬不足以反映他的工作对公司的内在价值（违反了内部公平）。或者，一个员工可能觉得工资已实现了内部公平，但此工资不能充分体现他与其他员工的价值差异（违反了个体公平），他也会感到不满意。

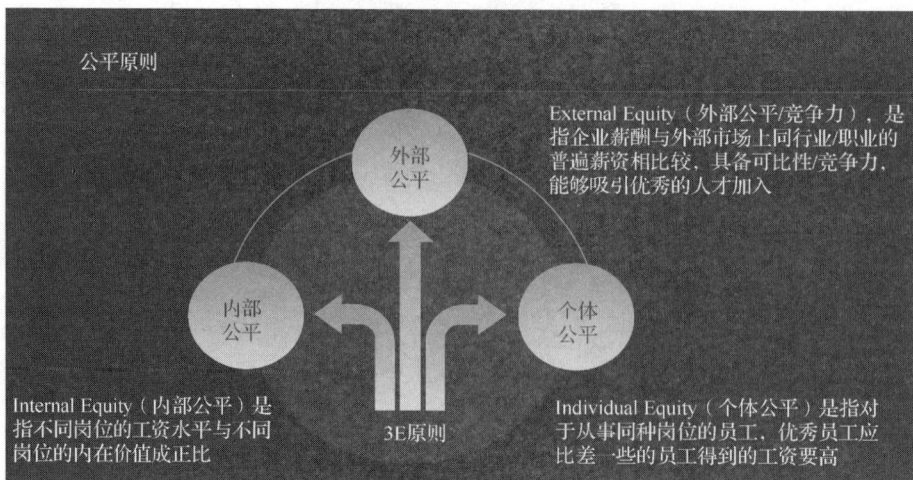

图 8-3 公平原则

薪酬体系是否公平，会直接影响员工工作的努力程度和工作态度。员工对薪酬体系感觉公平时，会受到良好的激励并保持旺盛的工作热情和积极性。员工对薪酬体系感觉不公平时，通常会采取消极的应对措施，如减少对工作的投入，不再珍惜这份工作，对企业的忠诚度降低，寻找低层次的比较对象以求暂时的心理平衡，或者辞职等。

（2）激励原则。

对一般企业来说，通过薪酬体系来激励员工的责任心和工作的积极性是最常见和最常用的方法。一个科学合理的薪酬体系对员工的激励是最持久也是最根本的，因为科学合理的薪酬体系解决了人力资源所有问题中最根本的分配问题。简单的高薪并不能有效地激励员工，一个能让员工有效发挥自身能力的机制、一个努力得越多回报就越多、不努力就只有很少回报甚至没有回报的机制、一个按工作绩效分配的机制，才能有效地激励员工，也只有建立在这种机制之上的薪酬系统，才能真正解决企业的激励问题。

（3）竞争原则。

根据调查，高薪对优秀人才具有不可替代的吸引力，但企业的薪酬标准在市场上处于什么位置，要视该企业的财力、所需人才的可获得性等具体条件而定。竞争力是个综合指标，有的企业凭借良好的声誉和社会形象，在薪酬方面满足外在公平也能吸引一部分优秀人才。另外，劳动力市场的供求状况也是企业在进行薪酬体系设计时需要考虑的重要因素。

（4）经济原则。

确定薪酬水平必须考虑企业实际的支付能力，薪酬水平须与企业的经济效益和承受能力保持一致。经济原则在表面上与竞争原则是对立和矛盾的，但实际上两者并不对立也不矛盾，而是统一的。当两个原则同时作用于企业的薪酬体系时，竞争原则就受到经济原则的制约。这时企业管理者所考虑的因素就不仅是薪酬体系的吸引力和激励性了，还会考虑企业承受能力的大小、利润的合理积累等问题。

遵循经济原则，要合理配置劳动力资源，当劳动力资源数量过剩或配置过高，会导致企业薪酬的浪费。只有企业劳动力资源的数量需求与数量配置保持一致，学历、技能等的要求与配置大体相当时，资源利用才具有经济性。

（5）合法原则。

薪酬体系必须具备合法性，合法意味着遵守国家相关政策、法律法规和企业一系列管理制度。如果企业的薪酬体系与现行的国家政策和法律法规、企业管理制度不相符合，则企业应该迅速进行调整使其具有合法性。

2．薪酬管理体系设计的基本流程

（1）环境分析：了解企业所处的外部环境（经济社会水平、国家政策、产业政策、劳动力供给、失业率）、内部环境（企业性质、企业规模、企业发展阶段、企业文化、组织结构、工作特征、员工素质）。它是薪酬体系设计的前提和基础。

（2）确定薪酬策略：制定有关薪酬分配的原则、标准。

（3）工作分析：全面了解某一特定工作的任务、责任、权限、任职资格、工作流程等，并对其进行详细说明与规范的过程。一般采用问卷调查法、观察法、访谈法、关键事件法、工作日志法获取信息。

（4）岗位价值评估：通过工作分析获取相关岗位信息，对不同岗位工作的难易程度、职权大小、任职资格、工作环境、创造价值多少进行比较，确定相对价值，进而形成组织岗位结构。常用排序法、归类法、要素计点法等。

（5）岗位等级划分：等级数目少，薪酬宽度大，员工晋升慢，激励效果差；等级数目多，岗位层次多，管理成本增加，如宽带模式。

（6）薪酬市场调查：通过收集、分析市场薪酬信息和员工关于薪酬分配的意见、建议，来确定或调整企业的整体薪酬水平、薪酬结构及各具体岗位的薪酬水平的过程。

3．岗位价值评估

岗位价值评估是在岗位分析的基础上，对岗位责任大小、工作强度、所需要的资格条件等特性进行评价，从而确定岗位相对价值的过程。它是确定职位级别的手段，是薪酬分配的基础，也是帮助员工确定职业发展和晋升路径的参照。实施岗位价值评估的意义在于通过科学的方法、统一的标准和合理的程序，保证企业内部的公平性。

常用的岗位价值评估方法有以下几种，分别是岗位排序法、岗位分类法、配对比较法、要素计点法。

（1）岗位排序法。

岗位排序法是根据一些特定的标准，比如工作的复杂程度、对组织的贡献大小等，对各个岗位的相对价值进行整体的比较，进而将岗位按照相对价值的高低排出一个次序的岗位价值评估方法。排序时可以采用两种做法，直接排序法或交替排序法。岗位排序法的方式较为简单，通常适用于规模较小、生产结构单一、岗位数量较少、岗位设置较稳定的组织。

（2）岗位分类法。

岗位分类法又称归级法，它是在岗位分析基础上制定一套职位级别标准，然后将职位与标准进行比较，将它们归到各个级别中去。

（3）配对比较法。

配对比较法（见图8-4）也称相互比较法，就是将所有要进行评价的岗位排在一起，两两配对比较，其价值较高者可得1分，最后将各岗位所得分数相加，分数最高即等级最高，按分数高低将岗位进行排列，即可划定岗位等级。通过计算平均序数，便可得出岗位相对价值的次序。

岗位	剪刀工	电工	机械工	焊接工	碾磨工	接待员
剪刀工	—	电工	剪刀工	焊接工	剪刀工	剪刀工
电工	电工	—	电工	焊接工	电工	电工
机械工	剪刀工	电工	—	焊接工	机械工	机械工
焊接工	焊接工	焊接工	焊接工	—	焊接工	焊接工
碾磨工	剪刀工	电工	机械工	焊接工	—	碾磨工
接待员	剪刀工	电工	机械工	焊接工	碾磨工	—

图8-4　配对比较法

比较得分：剪刀工3分；电工4分；机械工2分；焊接工5分；碾磨工1分；接待员0分。

最终结果：焊接工、电工、剪刀工、机械工、碾磨工、接待员。

（4）要素计点法。

要素计点法又称点数加权法、点数法，是大多数国家最常用的方法。这种方法是先选定若干关键性评价要素，并确定各要素的权数，对每个要素分成若干不同的等级，然后给各要素的各等级赋予一定分值，这个分值也称为点数（见图8-5），最后按照要素对岗位进行评估，算出每个岗位的加权总点数，便可得到岗位相对价值（见图8-6）。

关键要素	子要素	权重（%）	等级及点数				
			1级	2级	3级	4级	5级
技能（30%）	受教育程度	15	15	30	45	60	75
	经验	5	5	10	15	20	25
	知识	10	10	20	30	40	50
努力（25%）	生理要求	10	10	20	30	40	50
	心理要求	15	15	30	45	60	75
责任（30%）	设备责任	5	5	10	15	20	25
	产品责任	5	5	10	15	20	25
	安全责任	10	10	20	30	40	50
	工作责任	10	10	20	30	40	50
工作条件（15%）	工作场所	10	10	20	30	40	50
	危险性	5	5	10	15	20	25
总点值		100	100	200	300	400	500

图8-5　某企业的岗位评价等级及点数

关键要素	子要素	报酬等级	点值
技能	受教育程度 经验 知识	3 2 3	45 10 30
努力	生理要求 心理要求	2 3	20 45
责任	设备责任 产品责任 安全责任 工作责任	2 2 1 3	10 10 10 30
工作条件	工作场所 危险性	1 1	10 5
合　　计		—	225

图 8-6　某岗位的价值评价结果

4. 薪酬调查

薪酬调查是实现企业薪酬水平外部公平的重要途径，就是通过一系列标准、规范和专业的方法，对市场上各职位进行分类、汇总和统计分析，形成能够客观反映市场薪酬现状的调查报告，为企业提供薪酬设计方面的决策依据及参考。薪酬调查是薪酬体系设计中的重要组成部分，重点解决的是薪酬的外部竞争力和内部公平性问题，薪酬调查报告能够帮助企业有针对性地设计薪酬体系。

薪酬调查的内容一般包括：①了解企业所在行业的工资水平；②了解本地区的工资水平；③调查同行业企业的工资结构；④调查同行业企业的福利情况及劳动政策。

可以采取的调查方式有：①企业之间的相互调查；②委托专业机构进行调查；③从公开的信息中调查了解；④从流动人员中调查了解。

薪酬调查一般包括以下几个步骤。

（1）组建调查工作小组。

薪酬调查工作小组由企业总裁和各部门主管、人力资源规划专职人员组成，总裁担任组长，人力资源部经理任副组长。

（2）制订调查计划。

人力资源部首先应该明确调查的目的和调查结果的用途，然后制订调查计划。一般而言，调查的结果可以为以下工作提供参考和依据：整体薪酬水平的调整、薪酬结果的调整、薪酬政策的调整、某具体岗位薪酬水平的调整等。

（3）确定调查范围。

根据调查的目的可以确定调查的范围。调查范围的确定主要涉及以下问题：①需要对哪些企业进行调查；②需要对哪些岗位进行调查；③需要调查岗位的哪些内容；④调查的起止时间。

（4）收集薪酬信息。

薪酬调查一般采用问卷调查法，由企业直接发放问卷，或者委托有关部门进行调查。

（5）编写薪酬调查报告。

人力资源管理人员对收集到的薪酬信息进行整理分析后，编写薪酬调查报告，为本企业薪酬体系设计做准备。

5. 确定薪酬结构和水平

薪酬结构是指薪酬各组成部分之间的比例关系。依据薪酬各组成部分相对比例的不同，薪酬结构可以分为以绩效为导向的薪酬结构（绩效薪酬制）、以工作为导向的薪酬结构（岗位薪酬制）、以技能为导向的薪酬结构（技能薪酬制）、组合薪酬结构（组合薪酬制）等。不同薪酬结构的比较如表 8-1 所示。

表 8-1　不同薪酬结构比较

薪酬结构	差异比较	形成基础
绩效薪酬	薪酬主要根据员工近期劳动绩效来决定，绩效薪酬占总薪酬的比例较大。如计件工资、销售提成	绩效水平
岗位薪酬	薪酬主要根据员工所担任职务（岗位）的重要程度、任职资格及劳动环境对员工的影响等来决定	岗位等级
技能薪酬	薪酬主要根据员工所具备的工作能力与潜力来决定，能力高则薪酬高，能力低则薪酬低	技能与资历
组合薪酬	薪酬分解为几个部分，分别依据绩效、技术、培训水平、岗位和工龄等因素来决定，使员工在各个方面的劳动付出都有与之对应的薪酬	薪酬构成要素

在岗位评价和薪酬调查的基础上，人力资源管理人员可以将众多类型的岗位薪酬归并为若干等级，形成薪酬等级系列，从而确定企业内每一个岗位的具体薪酬范围，以保证员工个体薪酬的公平性。结合员工个人实际情况，进一步确定薪酬幅度，即同一等级内不同人员薪酬水平的差距，最终将薪酬明确对应到每一位员工，形成企业内部各类职位和人员不同的薪酬水平。

8.3　激励薪酬

激励薪酬是薪酬中十分重要的组成部分，它根据员工的工作业绩浮动，因此也称为可变薪酬。在企业的薪酬体系中，工资是报酬的基本形式，奖金是工资的辅助形式。在正常情况下，在一段时间内，员工在工作中所提供的劳动数量和质量都应该比较稳定，工资基本反映员工的劳动数量和质量。

8.3.1　个人激励计划

个人激励计划是指针对员工个人的工作绩效提供奖励的一种报酬计划。它可以提高生产效率、降低生产成本及提高员工的收入。

1. 计件工资制

（1）直接计件工资制：确定一定时间内的标准产量，再确定单位时间工资率，最后根据实际绩效计算应得报酬。

（2）差别计件工资制：这种工资制度由泰勒首先提出，对低于或等于工效标准的员工给予较低的工资率，对高于工效标准的员工给予较高的工资率，一般差距在 20%以上，体现奖勤罚懒、奖优罚劣的管理导向。

2．标准工时制

首先确定完成某项工作的标准时间，当员工在标准时间内完成工作时，依然按照标准工作时间支付薪酬，由于员工的工作时间缩短了，就相当于单位时间的工资率得到了提高。标准工时制主要有两种。

（1）哈尔西 50-50 计划，就是将由于节约时间而带来的收益在企业和员工之间平均（对半）分享。

（2）罗曼制，是指员工奖励的提成比例随其节约时间的增加而递增，如标准时间是 10 小时，某人只用了 7 小时，则此人得到 30%的成本节约奖；若他能在 6 小时内完成，则可得到 40%的成本节约奖。

3．绩效工资

（1）绩效加薪：根据员工的绩效考核结果对员工的基本薪酬进行调整，调薪周期一般为年。

（2）绩效奖金：根据员工的绩效考核结果给予的一次性奖励，调薪周期相对较短，对员工的基本薪酬没有影响。

绩效加薪与绩效奖金的对比如图 8-7 所示。

项目	绩效加薪/元	绩效奖金/元
基本薪酬（年薪）	50 000	50 000
第1年加薪5%	2 500	2 500
新基本薪酬	52 500	50 000
总额外成本	2 500	2 500
第2年加薪5%	2 625=5%×52 500	2 500=5%×50 000
新基本薪酬	55 125	50 000
总额外成本	5 125	5 000
……		
第5年加薪5%	3 039	2 500
新基本薪酬	63 814	50 000

图 8-7　绩效加薪与绩效奖金的对比

8.3.2　群体激励计划

群体激励计划是指以团队或企业的绩效为依据来支付薪酬。

1．利润分享计划

利润分享计划是指对代表企业绩效的某种指标（通常是利润指标）进行衡量，并以衡量的结果为依据来对员工支付薪酬。将员工薪酬与企业绩效相联系，不计入基本薪酬，有助于调整薪酬的灵活性。

2. 收益分享计划

收益分享计划是因生产率提高、成本节约和质量提高而带来收益的绩效奖励模式。比如斯坎伦计划，它是由约瑟夫·斯坎伦于 1937 年首先提出的，其在几十年的实践中已经多次改进。

3. 股票所有权计划

（1）现股计划：公司奖励员工实实在在的股权，形式包括直接赠予或参照股权当前市场价值向员工出售股票，但员工在一定时期内不得出售股票。

（2）期股计划：公司和员工约定员工在未来某一时期内以一定的价格购买一定数量的公司股票，购买股权的价格一般参照当前市场价格，同时公司会规定员工购买股票后出售股票的期限。

（3）期权计划：股票期权是一种权利而非义务，股票期权的受益人在规定时间内可以买也可以不买公司股票。若受益人决定购买股票，则公司必须卖给他们；若他们决定不购买股票，则公司或其他人不能强迫他们购买。

8.4 员工福利

8.4.1 福利的含义

福利是一种补充性薪酬，是指企业向员工提供的除工资、奖金外的各种保障计划、补贴、服务及实物报酬。福利与员工从事的工作以及工作业绩之间没有直接的联系，通常类似固定成本，往往采取实物支付或延期支付的方式。

8.4.2 福利的内容

福利可以分为两个部分：一部分称为国家法定福利，是企业根据国家的政策、法律和法规，必须为员工提供的各种福利，主要是企业必须为员工缴纳的各种社会保险；另一部分称为企业自主福利，它是企业根据自身的管理特色和员工的内在需求，向员工提供的各种补充保障计划以及各种服务、实物、带薪休假等。

1. 国家法定福利

国家法定福利是政府要求企业为雇员提供的一系列保障计划，由企业和雇员分别按工资收入的一定比例缴纳社会保险，其中，工伤保险、生育保险个人不缴纳，其目的在于降低受了严重工伤或失业的工人陷入贫困的可能性，保障他们的被赡养人的生活以及维持退休人员的收入水平。

（1）养老保险。

养老保险制度是国家和社会根据一定的法律和法规，为解决劳动者在达到国家规定的解除劳动义务的劳动年龄界限，或因年老丧失劳动能力退出劳动岗位后的基本生活而建立的一种社会保险制度，具有强制性、互济性、储备性、社会性等特点。目前世界上实行养老保险制度的国家可分为3种类型，即投保资助型（也叫传统型）养老保险、强制储蓄型养老保险（也称公积金模式）和国家统筹型养老保险。

（2）失业保险。

失业保险是指劳动者在因失业而暂时中断生活来源的情况下，在法定期间从国家和社会获得物质帮助的一种社会保险制度。失业保险的类型包括国家强制性失业保险、非强制性失业保险、失业补助、综合性失业保险等。

（3）医疗保险。

医疗保险是指国家立法规定并强制实施的，在人们生病或受伤后由国家或社会给予一定的物质帮助，即提供医疗服务或经济补偿的一种社会保险制度。医疗保险具有与劳动者的关系最为密切、和其他人身保险相互交织、存在独特的第三方付费制、享受待遇与缴费水平并非正相关等特点。

（4）工伤保险。

工伤保险又称职业伤害保险或伤害赔偿保险，是指企业依法为在生产工作中遭受事故伤害和患职业性疾病的劳动者及其亲属提供医疗救治、生活保障、经济补偿、医疗和职业康复等物质帮助的一种社会保险制度。工伤保险制度有3条实施原则，即无过失补偿原则；风险分担、互助互济原则；个人不缴费的原则。

（5）生育保险。

生育保险是指妇女劳动者因怀孕、分娩而暂时中断劳动时，获得生活保障和物质帮助的一种社会保险制度。实行生育保险制度，对保证生育女职工和婴儿的身体健康，促进优生优育，真正实现男女平等具有十分重大的意义。

（6）住房公积金。

住房公积金是指国家机关、国有企业、城镇集体企业、外商投资企业、城镇私营企业及其他城镇企业、事业单位、民办非企业单位、社会团体及其在职职工缴存的长期住房储金。住房公积金是国家推行的一项住房保障制度，它实质上是劳动报酬的一部分，是归属职工个人所有的、专项用于解决职工住房问题的保障性资金。

（7）法定假期。

法定假期主要是指周末和国家法定的节假日，如春节、国庆节、劳动节等。

2．企业自主福利

企业根据自身实力，为满足员工更高层次需求，提高员工生活水平和生活质量而提供给员工的附加福利。

（1）国家法定社会保险之外的各类保险和福利，包括医疗保健福利、退休福利、带薪休假等。

（2）各种过节费，其形式有现金或购物券、实物等。

（3）加班补助，企业还可以在国家规定的加班补助之外提供免费的加班饮食等。

（4）住房福利，如免费单身宿舍、夜班宿舍、购房低息贷款、购房补贴等。

（5）交通补贴，如市内交通补贴、班车服务等。

（6）教育培训福利，如企业外部公费进修、企业内部免费脱产培训、报刊订阅补助等。

（7）文体活动和旅游福利，如企业自建的文体设施、有组织的集体文体活动、各种文体活动的折扣票和免费票等。

（8）生活服务福利，如夏季降温费、冬季取暖费、洗澡和理发津贴、优惠提供本企业的产品和服务等。

（9）金融福利，如预支薪金、信用储金、存款户头特惠利息、低息贷款、额外困难补助等。

能力自测

一、单项选择题

1. 一般情况，凡产量取决于个人努力程度的适宜采用（   ）。
   A. 计时工资制   B. 计件工资制
   C. 技能工资制   D. 岗位工资制

2. 根据员工的实际贡献付薪，适当拉开薪酬差距体现了薪酬管理的（   ）。
   A. 对外具有竞争力原则   B. 对员工具有激励性原则
   C. 对内具有公正性原则   D. 对成本具有控制性原则

3. 内部公平主要是指（   ）。
   A. 员工薪酬与市场水平大体相当
   B. 员工薪酬在分配程序上的公正合理
   C. 员工的薪酬与自己所在部门的绩效相当
   D. 与其他岗位相比，员工的薪酬与其所在岗位工作价值大体相当

二、简答题

1. 简述薪酬的构成。
2. 薪酬管理的内容有哪些？
3. 简述薪酬体系设计的原则。

案例分析

某公司拥有120多名员工，年销售额3 000多万元。该公司成立已有10多年，产品技术已经成熟，顾客群也比较稳定。但员工对公司的薪酬抱怨声很大，工作积极性不高，流动频繁，公司每隔两个月就要去人才市场招人。

公司将员工分为技能型和管理型两种类型。公司对每位员工通过综合评分法确定其薪酬等级，其中，岗位价值占总分数的80%，工作经验占总分数的10%，教育背景及工作年限各

占总分数的 5%。

公司中，高层员工和普通员工在薪酬方面的差距不大，但前者对公司的贡献和所要担负的责任却非常大，公司又没有给予这些骨干其他的补偿。这些"顶梁柱"普遍认为公司的薪酬水平"非常不公平"。

公司采取保密的薪酬制度。公司规定所有员工不得打听别人的薪酬，也不能随意公开自己的收入，但这并不能杜绝员工私下讨论薪酬问题，而且员工通过这种私下的讨论和交流得到的信息往往是错误的，因为员工往往被别人欺骗或是自欺欺人。错误信息的传播使员工互相猜疑，对管理层也缺乏必要的信任。

公司仅给员工买了工伤保险和失业保险，而且没有组织什么文娱活动。员工对公司没有归属感，有机会就跳槽，故而流失率居高不下。该公司决策层以前都是从事技术工作的，现在将很多精力放在生产、销售等具体的事务上，对管理不太重视。公司高层对员工一直抱着"走了你一个，还有后来人"的态度。

【讨论】该公司在薪酬体系设计上存在的主要问题是什么？应该如何改进？

实训操作

1. 实训项目
某企业薪酬管理体系分析。

2. 实训要求
学生分小组了解某企业的薪酬管理体系，并进行分析和汇报展示。

3. 实训组织
（1）根据班级学生人数来确定项目小组数量，每小组 4~6 人。
（2）以小组为单位组织搜集资料、研讨，在充分讨论的基础上形成小组的课题汇报 PPT。
（3）小组汇报，讨论交流。
（4）教师进行总结、归纳。

4. 实训考核
小组准备 PPT 进行汇报，要求观点鲜明，逻辑清楚，论据充分，汇报人的礼仪规范，语言流畅。

第9章

员工关系管理

知识目标

1. 掌握员工关系及员工关系管理的概念。
2. 了解员工关系管理的原则。

能力目标

1. 明确员工关系管理的内容。
2. 了解员工关系管理中的一些风险。
3. 采用多种方式解决劳动争议，提升处理复杂劳动争议的能力。

素养目标

1. 强化学生法治意识及责任担当意识。
2. 培养学生诚信服务、德法兼修的职业素养。

布鞋首富如何"笼络"员工

2024 年 2 月 25 日，娃哈哈集团创始人、董事长宗庆后因病去世，在其追思会上，不仅有商界人士，还有近千民众前来送行，更有很多娃哈哈前员工纷纷悼念。多年来，一个企业家逝世引发如此巨大反响殊为罕见。人们如此关注和深切缅怀宗庆后，固然与其巨大知名度有关，更与其杰出的企业家精神相关。他是一个大器晚成却朝夕不倦的创业者，一个家国情怀满溢的企业家，一个在商战中敢打敢胜的硬汉，一个关心实体经济的守护者，一个关爱员工的大家长，一个停不下来的"奔跑者"……他身上有着改革开放后第一代创业者共同的特质：质朴、低调，因时常一身黑衣、穿几十元的布鞋，被称为"布鞋首富"。

宗庆后笼络员工的方式是令人动容的。他曾说："我身后有2万多的员工，有无数个家庭，我要维护他们的利益。""企业家有责任帮助员工致富。""我是在为员工打工。""我的人生目标是办好企业，养好员工，为国家创造利税。"他是这样说的，也是这样做的。

对于员工，宗庆后坚持"唯德唯才，有用即才，人皆为才"的用人观，倡导"能者上、平者让、庸者下"的竞争文化。不论资排辈的人才发展理念，给年轻人充分的机会。在员工管理上，早年间，对干部管理采用了"黑板干部"，即在走廊上挂一面黑板，任免干部不需要走任何手续，只要在黑板上用粉笔写上"任命××为××职务"，该名干部就立刻上任，同理，免职也是如此。如今虽然没有继续沿用这个"黑板干部"，但也严格按照实际业绩、管理能力等因素综合对员工进行考核，优秀的员工会得到奖励，被推举上去，同样不合格的干部也会下台。这样的管理风格让娃哈哈的干部能上能下，能进能出。在员工发展上，员工晋升发展不唯学历、不唯职称、不唯资历、不唯身份，有真功夫的人才都能获得发展。员工可以通过毛遂自荐、分公司推举、竞争上岗、资质认证等方式，经考核成功后获得升迁；也可以通过管培生晋升路线：新员工—小区块经理—大区块经理—区域经理—省级经理；还有轮岗制度：宗庆后认为，员工不一定要是个全能手，公司大了，只要品德好，总能给他一个适合的位置发展。将人放在适合的岗位尤为重要，轮岗制度也是实现人岗匹配的重要手段。在员工激励上，更是实实在在的奖金激励，并通过全员持股等激励机制来"笼络"员工，使个人发展与企业利益保持一致。同时给予"大家长"式关怀，对于和自己一起"打天下"的一批铁杆骨干，不管是企业处在高峰还是低谷，从不辞退45岁以上的员工；关注员工的"小家"，通过福利分房、发放补贴、自建廉租房等形式为员工解决住房问题，78岁的娃哈哈退休职工黄先生表示：因宗庆后享受三次福利分房；武先生因家人病重请4个月长假，仍然每月收到5 000元左右工资，还发了18 000元的年终奖，武先生离开公司后，仍大力宣传、推销娃哈哈的产品，以报答宗先生的恩情。正是宗庆后务实朴素的风格，在企业内部赢得了广泛民心和巨大凝聚力，从而推动娃哈哈的腾飞。

【分析】显然，布鞋首富作为一个面面俱管的"大家长"，做到了凝聚小家、发展大家、报效国家的承诺。在现代企业发展的过程中，员工关系管理逐渐成为企业进行人力资源整合的重要法宝。通过有效措施构建和谐的员工关系、为员工建立良好的工作环境，可以提高企业凝聚力，推动企业可持续发展。

9.1 员工关系管理概述

在传统的人力资源管理六大模块中，"劳动关系管理"这一模块的工作内容主要包括管理企业员工的劳动关系、处理劳动纠纷等。近年来，人力资源管理领域中出现一个新概念：员工关系管理。这个概念包含并取代了传统的劳动关系管理，同时其内涵远丰富于劳动关系管理，在人力资源管理工作中起到十分重要的作用。

1. 员工关系的含义

（1）员工关系的概念。

员工关系这个概念源自西方人力资源管理体系，最早被称为"劳资关系"。随着管理学家彼得·德鲁克提出"人力资源"概念，传统人事管理向人力资源管理转变，劳资双方的关系由传统的对抗向合作转变，更为温和的"员工关系"逐渐取代了"劳资关系"（或称"劳动关系"）。随着人们对人性本质的认识不断深化，以及国家劳动法律体系的完善，企业越来越注重加强内部沟通，改善员工关系。

员工关系是组织中由于雇佣行为而产生的关系，是人力资源管理的一个特定领域。员工关系具有两层含义：一是法律层面双方因为签订雇佣契约而产生的权利义务关系，即彼此之间的法律关系；二是社会层面双方的人际、情感甚至道义等关系，即彼此之间的伦理关系。

综上，员工关系是指企业与员工、员工与员工之间产生的，由双方利益引起的，表现为合作、冲突、力量和权利关系的总和，它受制于一定社会中经济、技术、政策、法律制度和社会文化背景的影响。员工关系具有以下特点。

- 员工关系是在雇佣过程中产生的，是由劳动力买卖关系衍生出来的关系。
- 员工关系的主体有两个：企业管理方与员工或员工代言人。
- 员工关系的本质是利益体之间利益和力量的博弈。
- 员工关系的表现形式多种多样，可以是合作，也可以是冲突。
- 员工关系不仅受双方利益关系影响，还受社会经济、技术等因素影响。

（2）员工关系的内容。

员工关系的内容是指员工关系的双方依法享受的权利和应当承担的义务。

员工关系一般包括劳动者与用人单位之间在劳动合同、劳动纪律与奖惩、工作时间、休息时间、劳动安全卫生、劳动环境等方面形成的关系。其中劳动者享有的权利如下：平等就业的权利、选择职业的权利、取得劳动报酬的权利、休息休假的权利、获得安全卫生保护的权利、接受职业技能培训的权利、享受社会保险和福利的权利、提请劳动争议处理的权利等。权利与义务是密切联系的，任何权利的实现总是以义务的履行为前提的，没有权利就无所谓义务，没有义务就没有权利。《劳动法》规定，劳动者应当完成劳动任务，提高职业技能，执行劳动安全卫生规程，遵守劳动纪律和职业道德。

用人单位的主要权利包括：依法录用、调动和辞退职工；决定企业的机构设置；任免企业的行政干部；制定薪酬与激励方案；依法奖惩职工。用人单位的主要义务包括：依法录用、分配、安排职工工作；保障工会和职代会行使其职权；按照职工的劳动数量、质量支付劳动报酬；加强对职工思想、文化和业务的教育、培训；改善劳动条件，搞好劳动关系和环境保护。

2. 员工关系管理的含义

（1）员工关系管理的概念。

员工关系管理（Employee Relationship Management，ERM）是在员工关系的理论基础上

发展起来的概念，是理论和实践发展的必然结果，虽然员工关系管理是企业设置较晚、功能相对不统一的人力资源管理职能模块，其包含的工作也是最琐碎且不易呈现价值的，但却是构建组织人力资源管理框架的重要手段。

从广义上讲，员工关系管理是在企业人力资源管理体系中，各级管理人员和人力资源管理人员，通过拟定和实施各项人力资源政策，以及其他的管理沟通手段调节企业和员工、员工与员工之间的关系，从而实现组织的目标并确保为员工、社会增值。从狭义上讲，员工关系管理就是企业和员工的沟通管理，更多采用柔性的、激励性的、非强制的沟通手段，从而提高员工满意度，支持组织其他管理目标的实现。

📝 重要概念

本书对员工关系管理的内涵，概括为建立在人力资源管理的机制之下，通过各种策略，促进组织内部关系和谐，以达到共同发展的系列活动。企业的员工关系管理并不是一种对付不良事件的善后措施，而是一整套以协调企业内部关系，提高劳动生产率为目的的管理、调节行为。

员工关系管理主要职责：协调员工与管理者、员工与员工之间的关系，引导建立积极和谐的工作环境。提升员工关系管理水平能够帮助企业改善员工关系，实现企业与员工共同和谐发展。员工关系管理从员工进入企业的那一刻起就产生了，贯穿企业整个人力资源管理体系，随着员工关系的不断发展和演化，员工关系管理更注重从员工的角度出发实施各项管理策略。

（2）员工关系管理的内容。

员工关系管理作为人力资源管理的领域，为企业构建良好的员工关系管理体系，提升企业价值提供了强有力的支持。从人力资源管理职能的角度来看，员工关系管理主要包括如下内容。

一是劳动关系管理，涉及劳动争议处理，员工上岗、离岗面谈及手续办理，员工申诉、人事纠纷和意外事件处理。

二是员工纪律管理。引导员工遵守企业的各项规章制度、劳动纪律，提高员工的组织纪律性，在某种程度上对员工的行为起约束作用。

三是沟通管理。保证沟通渠道的畅通，引导企业上下及时双向沟通，完善员工建议制度。

四是员工活动管理。

员工关系管理的具体内容将在后文进行详细介绍。

📖 相关阅读

现代员工关系管理与传统劳动关系管理的区别与联系

1. 区别

（1）包含内容不同

从一般意义上讲，员工关系管理包含劳动关系管理。员工关系管理的内容非常丰富，主要包括员工劳动关系管理、员工的信息管理、法律顾问及投诉、员工的奖惩管理、员工的纪律管理、辞退、裁员及解聘、员工的活动和协调、心理咨询服务、员工的冲突管理、员工的内部沟通管理、员工满意度管理、员工情感激励等。进入 21 世纪，随着人力资源管理理论的不断发展，人作为第一生产力，在企业中越来越受到重视，现代的、积极的员工关系管理更趋向以情感激励、有效沟通等柔性方式进行，并从广义的员工关系中分离出来，成为现代企业处理员工关系的最有效途径。特别是近年来，员工援助计划作为企业中流行的一种福利，受到员工的青睐。劳动关系管理则作为传统意义上的员工关系处理方式，主要体现为劳动合同的管理、劳动纪律及奖惩、劳动争议处理等几个方面的内容。

（2）理论依据不同

现代员工关系管理以人力资源管理作为理论指导，而传统劳动关系管理则以传统人事管理作为依据。

（3）处理方式不同

现代员工关系管理以积极的、主动的管理方式贯穿整个生产过程，以柔性为原则处理企业与员工、员工与员工之间所产生的各种事件或矛盾；而传统劳动关系管理以法律、法规及相关政策作为准绳，是一种比较僵硬的处理方式。

2. 联系

两者既有区别又相互联系，良好的员工关系管理可以使企业制度更好地被员工接受，使企业更好地进行纪律管理，减少冲突；若员工关系管理不好，则会出现劳动关系不和谐，劳动争议增多的现象。

3. 员工关系管理的意义

建立和谐的员工关系，是企业文化建设的重要方面，也是良好企业形象的重要方面。良好的员工关系管理能够极大地增强企业的竞争优势。员工关系管理在企业中起到很重要的作用，很多大企业都会设立员工关系经理或员工关系专员，比如 IBM、雅芳、宝洁等名企都设有员工关系经理，专门负责做好员工关系的管理工作。

（1）保障企业内部的良好环境。

良好的企业内部环境是缓和员工关系的重要因素。要想建立良好的上下级关系，首先，上级员工给下级员工布置的工作量不宜过大，应该酌情分配工作，并且对下级员工的工作应给予及时指导，而不能一味严厉批评和指责。下级员工应服从上级员工安排的工作并尊重上级员工的决定，如有异议应和上级员工共同探讨、解决问题。良好的内部环境可以促进各级员工之间的交流合作，无论是对企业发展还是个人发展都有很大帮助。其次，企业要建立合理的奖惩机制。对工作积极、努力进取的员工应当给予相应的物质和精神上的奖励。看到受奖励的员工，其他员工会产生工作热情和斗志，更加积极主动地投入工作当中。最后，应当对新员工进行合理分配，可以让新员工跟着工作经验丰富、工作能力强的老员工一起工作，以"师带徒"的形式，让新员工以最快速度适应并胜任全新工作。"师带徒"期间要注意：防止老员工对新员工过度批评和教育。人力资源部门应当加大监督力度，抑制企业内部的官僚主义等不正风气，让所有员工"心往一起想，劲往一处使"，促进企业良性发展。

（2）提高员工工作效率。

员工工作效率的提升是企业发展进步的关键。员工工作效率的提升，不仅节省了时间成本，也节省了资金成本。要实现员工工作效率的提升，首先工作方法要运用得当，其次员工之间要通力合作。要想促进员工之间的合作并且提高合作程度，就要使员工关系变得紧密、和谐。人力资源管理者要加强员工关系问题的处理能力，减少员工之间的工作摩擦，明确规定员工的工作范围和工作职能，加强责任追究制度，减少出现错误时推卸责任，影响工作进度的问题，这样可以有效提高员工的工作效率。

（3）有助于企业文化的培养。

企业文化是一个企业的价值观及处事方式等各方面日常工作的体现，它包含企业的文化观念、价值观念、企业精神、道德规范、行为准则、历史传统、企业制度、文化环境等方面。企业文化不仅体现在外在的表现形式，更蕴含在全体员工所认同、遵守并带有本企业特色的精神层面。人力资源管理通过制定管理策略，确保员工与企业文化相契合，增加员工的归属感和凝聚力，更好地融入企业文化，形成共同的价值观念，进而推动企业文化的发展。

总的来说，积极的员工关系管理有利于提升员工满意度和对企业的忠诚度，降低员工离职率，降低培训成本，增强企业凝聚力，实现企业长期发展。对企业满意的员工心情愉悦，对企业有强烈的归属感、责任感、主人翁意识，他们会以更大的热情投入工作，激发自己的主观能动性和创造力，发挥潜在能力，提高工作效率，创造更多的利润。员工沟通得顺畅，有利于增强团队凝聚力，使企业人员沟通更为有效，促进企业形成积极向上、以人为本的企业文化，使员工与企业形成共同的价值观和目标，促进企业目标实现和个人发展的良性循环。

9.2 员工关系管理的误区及原则

员工关系在不同时期、不同的企业有其不同的特点，但劳资双方在利益上的对立与统一关系是永恒存在的。

1. 员工关系管理的误区

现代员工关系强调以员工为中心，良好的现代员工关系对企业的发展以及员工之间的关系维系有着至关重要的作用。现代员工关系管理建立在人力资源管理的基础上并利用人力资源管理系统中的绩效、薪酬等各个方面的管理手段来处理企业与员工、员工与员工之间的关系，能够为企业营造良好的文化氛围，从而为促使企业的健康发展以及提升企业的综合竞争力提供有力的保障。随着社会的进步以及经济的发展，越来越多的企业在经营过程中更关注对员工的人性化管理，在相关学者及相关部门的推动下，国家的劳动法律法规也在不断完善。

但就我国企业员工关系管理现状而言，大多数企业对员工关系的理解还停留在劳动关系管理的初级阶段。

（1）缺乏共同的愿景和价值观，导致员工关系管理的起点不清晰。

企业共同愿景首先必须是企业利益相关者的共同追求，由此，员工关系管理的起点是让员工认同企业的愿景和价值观。企业的价值观规定了员工的基本思维模式和行为模式，是企业的伦理基准，是员工对事物共同的判定标准和行为准则。企业核心理念必须通过制度去体现，价值观只有反复强化才会得到员工认同。没有共同的愿景，缺乏共同的信念，企业和员工就失去了利益共同体的基础。据估计，我国年度营业收入规模在 2 亿元以上的企业中存在清晰战略愿景的不到 20%。很多企业也提出了远大的目标，但是目标的制定缺乏员工的参与，目标的宣贯远远不够，员工对愿景的不认同也就在所难免。

（2）缺乏完善的激励约束机制，导致员工关系管理根本的缺失。

员工关系管理的根本是内部公平。调查显示，员工离职的第一原因不是薪酬水平低，而是员工内部的不公平。内部不公平体现在激励、职业发展、授权等方面。从程序看，过程的不公平比结果的不公平更加突出。所以完善激励约束机制，建立科学合理的薪酬制度和晋升机制成为员工关系管理的根本。多数企业在营造"赞赏/激励"的企业文化氛围方面较弱，提供旅游机会成为企业非货币激励的主要手段。员工关怀更偏重物质关怀，如年度体检等，且项目分散（或只偏重高层人员），而精神关怀层面，比如压力冲突化解、员工帮助热线等采用率较低。在长期激励方面，企业手段有限，股票所有权计划等长期激励不够。总的来说，企业福利主要体现在企业班车和工作餐等方面，许多企业只提供国家规定的五险一金。

（3）员工关系管理的主体不清晰。

在企业员工关系管理系统中，职能部门负责人和人力资源部处于连接企业和员工的中心环节。人力资源部是员工关系管理的组织部门，广大的直线经理是员工关系管理的首要负责人，二者共同保证企业目标的实现。企业内部员工关系或者人力资源管理的最大责任者是董事长或者总经理，但是这一观点在很多企业得不到确认，导致企业员工关系管理水平和效果得不到有效的体现。

（4）员工需求的满足程度不高，作为员工关系管理核心的心理契约总体失效。

目前企业对合同、协议等契约比较重视，却普遍忽视了心理契约，企业没有清楚地了解每个员工的需求和发展愿望，并尽量予以满足；也没有对员工的需求进行适当的引导，导致员工需求的满足程度不高；领导者和员工心理定位差距较大，双方的满意度都较低。

2. 员工关系管理的原则

（1）员工关系管理的基础是互利共赢。

员工关系管理应该建立在双赢合作的基础上，既要满足企业的发展需求，又要关注员工的利益和需求。企业应该与员工建立良好的合作关系，共同制订和实施发展计划和目标，实现企业与员工共同成长，并注重维护长期稳定的劳动关系。企业通过制订长远的人力资源规划和发展战略，为员工提供职业发展和晋升机会，培养和留住人才。同时，企业还应该建立良好的企业文化和价值观，塑造良好的企业形象，吸引和留住优秀员工。企业应该重视员工的人力资源需求，提供良好的工作环境和发展机会，建立有效的员工绩效管理体系，建立良好的沟通机制，并实施公正和公平的激励机制，实现企业和员工的利益最大化。

（2）完善激励约束机制是员工关系管理的根本。

企业的生存和发展依赖于利益相关者的共同努力，因此，完善激励约束机制，建立企业与员工同生存、共发展的命运共同体，增强企业内部向心力和凝聚力，是员工关系管理的根本出发点。企业应确保员工在工作机会、待遇和发展方面享有平等的权利和机会。企业应该制定公平的招聘政策和员工评价机制，根据员工的业绩和能力进行薪酬分配和晋升，避免任人唯亲和不公平的现象。此外，企业还应该建立公正的纠纷处理机制，给予员工公正的听证和裁决，维护员工的权益和尊严。通过完善各类激励约束机制，不断激发员工干事创业的热情，促进企业有效健康快速发展。

（3）构建心理契约是员工关系管理的核心。

20 世纪 70 年代，美国心理学家施恩提出了心理契约的概念。虽然心理契约不是有形的，但却发挥着有形契约的作用。企业清楚地了解每个员工的需求和发展愿望，并尽量予以满足；而员工也为企业的发展全力奉献，因为他们相信企业能满足他们的需求与愿望。心理契约由员工需求、企业激励方式、员工自我定位及相应的工作行为 4 个方面构成。

心理契约给员工关系管理带来的思考：企业在构建心理契约时，要以自身的人力资源和员工需求结构为基础，用一定的激励方法和管理手段来满足、引导员工的心理需求，促使员工以相应的工作行为作为回报，并根据员工的反应对激励方法和管理手段做出适当的调整；员工则依据个人期望和企业的愿景，调整自己的心理需求，确定自己与企业的关系，结合企业发展目标和自身特点设定自己的职业生涯规划，并因此决定自己的工作绩效和与企业达成共识。个人成长必须依附企业平台，离开企业这个平台谈员工个人目标的实现只能是一句空话。这就是现代人力资源管理的心理契约，也是企业员工关系管理的核心。

（4）职能部门负责人和人力资源部门是员工关系管理的首要责任者。

在企业员工关系管理系统中，职能部门负责人和人力资源部门处于连接企业和员工的中心环节，二者相互支持和配合，一方面协调企业利益和员工需求之间的矛盾，提高组织的活力和产出效率；另一方面通过协调员工之间的关系，增强组织的凝聚力，从而保证企业目标的实现。因此，职能部门负责人和人力资源部门是员工关系管理的关键，是实施员工关系管理的首要责任者。

综上所述，员工关系管理的问题最终是人的问题，主要是管理者的问题。所以，管理者，特别是中高层管理者的观念和行为起着至关重要的作用。在员工关系管理和企业文化建设中，管理者应是企业利益的代表者，应是群体最终的责任者，应是下属的培养者，应是新观念的开拓者，应是规则执行的督导者。在员工关系管理中，每一位管理者能否把握好自身的管理角色，实现自我定位、自我约束、自我实现，乃至自我超越，关系到员工关系管理的成败和水平，更关系到企业文化建设的成败。

📚 案例链接

福特汽车公司人情化的员工管理

亨利·福特十分重视员工问题。他认为应该像过去重视机械要素那样，重视人性要素，这样才能解决工业问题。而且，劳工契约要像两家公司签订商业合同那样，进行有效率、有良好作风的协商。

当然他也是这样做的。他起用贝克当总经理，目的是改变公司员工消极怠工的局面。贝克不负众望，他以友好的态度与员工建立联系，使他们消除了怕被炒鱿鱼的顾虑，也善意告诫他们不应消极怠工，互相扯皮。为了共同的利益，劳资双方应当同舟共济。贝克同时也虚心听取员工们的意见，并积极耐心地解决一个个存在的问题，与工会主席一道制订了一项员工参与计划，在各车间成立由员工组成的"解决问题小组"。

为了把员工参与计划辐射开来，福特还经常组织由员工和管理人员组成的代表团到世界各地的协作工厂访问并传经送宝，这充分体现了员工参与和决策的重要性。

目前，福特公司内部已形成了一个"员工参与计划"，员工投入感、合作性不断提升，而这一切的改变源于公司上下能够相互沟通，内部管理者、员工改变了过去相互敌对的态度。领导者关心员工，员工感谢公司，从而努力工作，促进公司发展。

公司赋予了员工参与决策的权利，缩小了员工与管理者的距离，员工的独立性和自主性得到了尊重和发挥，积极性也随之高涨。"全员参与制度"的实施激发了员工潜力，为公司带来了巨大效益。

福特公司，现已形成一条不成文的宗旨：尊重每一位员工。这个宗旨贯穿福特公司管理活动，同时也成为公司管理者的指导思想。这个基本信念对于其他任何企业管理者来说都是不能忘记的，不但不能忘记，而且还应该扎实地将它付诸实施。

福特认为，生产率的提高纯粹在于员工的忠诚。他们经过成效卓著的训练而产生了献身精神，产生了个人对公司成就的认同感，用最简单的话说，就是产生了员工与其领导之间的那种充满人情味的关系。如果当员工找你谈关于公司生产经营等方面的建议或其他有关公司事宜而被你拒绝，则他的自尊心会受到伤害，从而对工作感到心灰意冷，最终影响公司劳动生产率。

福物公司能有今天的辉煌，其独特的员工人情化管理应该说起到了很大的作用。

9.3　员工关系管理的内容

就在全面关系管理在全球广泛流行的时候，企业无不希望通过提高客户和员工的满意度，来提高他们对企业的忠诚度，从而提高他们对企业的贡献度。因此，对外实行客户关系管理，对内实行员工关系管理就成为必然。但员工关系管理管什么，业界对此的认识并不清晰，甚至存在一定的误区。

其实，员工关系管理体现在人力资源管理的方方面面，从把员工招进来的第一天起，员工关系管理工作就开始了。而且员工关系不能外包，因为做员工关系管理的人，必须对企业文化、员工特性、企业面临的环境有清楚的了解。

员工关系管理的终极目标，应该是做到"让员工除了把所有精力放在工作外没有其他后顾之忧"。因此，在这一目标之下，有很多具体工作可以展开，涉及员工的衣、食、住、行、娱乐等，员工关系管理的空间相当大。

9.3.1 劳动关系管理

"劳动关系管理"就是指传统的签合同、解决劳动纠纷等内容。劳动关系管理是对人的管理，对人的管理是一个思想交流的过程，在这一过程中的基础环节是信息传递与交流。规范化、制度化的管理，使劳动关系双方（企业与员工）的行为得到规范，权益得到保障，维护稳定和谐的劳动关系，促使企业稳定运行。员工关系管理中的劳动关系管理主要包括员工入职管理、员工离职管理、劳动合同管理、人事档案管理、员工信息管理和劳动争议处理等。

1. 员工入职管理

员工入职管理即员工关系专员在新员工入职时办理一系列的入职手续，针对此部分可制定专门的《员工入职管理办法》来指导入职管理工作，其主要内容如下。

（1）入职前工作内容。新员工入职手续办理所需表单、办公设备、办公用品等的准备；通知用人部门准备报到事宜；准备座位，指定导师，拟定岗前业务技能培训计划；通知培训专员准备新员工的岗前教育培训计划。

（2）入职中工作内容。新员工接待及填写《新员工入职登记表》，档案收集及验证；根据《新员工入职流转单》引领新员工到用人部门报到，将其介绍给用人部门负责人；用人部门负责人指定本部门人员带领新员工熟悉公司内外环境及公司各部门，介绍部门情况、部门人员；办公用品、办公设备的领用及 OA 系统等账号的申请；进行入职沟通。

（3）入职后工作内容。劳动合同及补充协议的签订；根据《新员工入职培训管理办法》与《新员工试用期考核管理办法》开展入职培训和试用期考核。大多数企业的入职流程如图 9-1 所示。

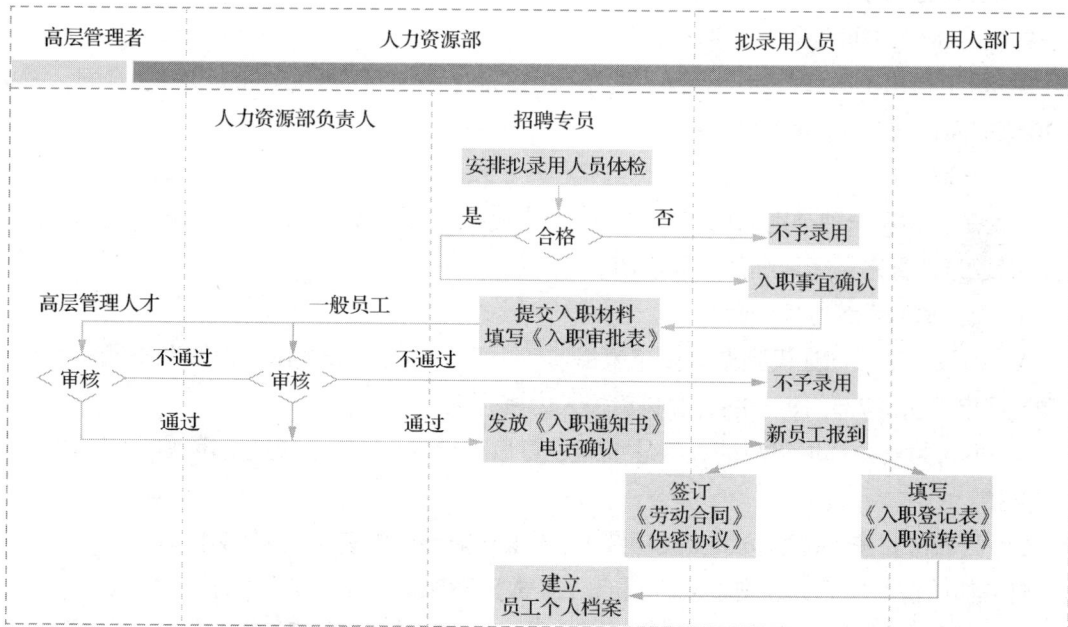

图 9-1 入职流程

2. 员工离职管理

员工离职管理就是管理员工离开企业的行为。目前大多数企业的人力资源管理，或多或少不够重视员工离职管理，员工离职管理是人力资源管理中的最后一个重要环节。

（1）离职类别。

员工离职在性质上可以分为自愿离职和非自愿离职。自愿离职包括员工辞职和退休，非自愿离职包括辞退员工和集体性裁员。在各种离职类别中，退休是对符合法定退休条件的雇员的一种福利待遇，在正常环境下其数量和比例可预测，其发生对企业更新人员年龄结构具有正面价值。集体性裁员只发生在企业经营出现严重困难，只能通过裁员降低成本时，是一种偶发行为，一般在离职分析中不予考虑。企业辞退员工往往是对行为严重违反企业规定或者无法达到工作岗位要求的员工的惩罚，这部分离职由于其惩罚性，在离职中只占极少部分。员工关系管理中的离职类别主要为辞职、辞退、自动离职及合同期满 4 种。

① 辞职，是指在任职期间内，由员工提出提前终止劳动雇佣关系的行为。

② 辞退，是指在任职期间内，员工工作表现、技能等不符合公司要求或严重违反劳动纪律，或因劳动合同无法继续履行等情况，公司决定提前终止与员工的劳动雇佣关系的行为。

③ 自动离职，是指在合同期内，员工未经公司批准而擅自离开工作岗位的行为。从劳动争议处理实践来看，按自动离职处理的情形主要有：一是因劳动者本人原因不辞而别，这里的本人原因包括身体素质、业务素质、沟通能力、家庭变故、生活环境等因素；二是劳动者无故旷工达到一定期限，其中"旷工"是指未按规定履行请假手续而擅自离岗且无正当理由；三是劳动者出国逾期未归。

④ 合同期满（不再续签劳动合同）。

A. 公司提出不再续签劳动合同，是指合同期满，公司根据情况不再与员工续签劳动合同，并提前 30 天书面通知员工的行为。

B. 员工提出不再续签劳动合同，是指合同期满，员工不愿与公司续签劳动合同，并提前 30 天书面通知公司的行为。

（2）离职办理。

无论是上述哪一种类别的离职情况，一般均要按照以下程序办理离职，具体可通过制定《离职管理办法》来撰写详细的指导说明。

① 员工离职手续办理流程如下。

A. 如果劳动合同还没到期，员工须提前一个月向部门领导提出书面辞职申请和《解除劳动合同申请》，待部门领导签署意见后报人力资源部。

B. 由人力资源部逐级报请，经总经理、董事长批准后，人力资源部通知部门领导安排工作交接。

C. 员工需要按《离职员工交接手续表》《工作交接明细表》《物品交接单》内容依次交接，财务部结清款项后，经交接双方和部门领导签字确认后，交接工作方视为完成。

D. 涉及保险时，人力资源部同财务部办理保险清算，办理保险减员手续。

E. 人力资源部统计员工本月考勤，报上级领导批示，到工资结算日发放员工的工资。

F．人力资源部办理劳动合同终止手续并给员工开具《解除劳动合同证明》，《解除劳动合同证明》是员工到新单位需要的。

G．如果是试用期员工，一般只需提前3天提出离职申请，手续办理也相对简单。另外，如果员工有人事档案在公司，要办理档案转移到人才交流中心的手续；如已有下家单位愿意接收保管的，也可以转移到下家单位。

H．其他形式的离职，如劳动合同到期不续签的，正常办理工作交接，不需提前30天提出申请。

② 正式员工离职需要注意以下问题。

A．注意解除合同的日期，不管是单位还是员工，应该提前30天通知对方解除劳动合同。

B．如果单位违反法律法规侵害员工利益，员工可以立即辞职，如果员工因自身原因侵害单位利益，单位可以立即终止劳动合同。

C．员工离职时注意工作交接，一般应当填写交接单。

一是手中未完成工作交接，应当写明已经完成部分，以及接手人应当注意事项。二是相关物品交接，应当将手中的单位财产分项列明，由上级主管或者人事部门清点。

D．单位应该在员工离职当日结清相关费用，包括工资、加班费、其他福利费，员工有过错需要赔偿单位费用的，单位应当为员工出具费用清单。

E．员工离职时，单位应当出具终止劳动合同证明，写明员工入职时间、离职时间、工作岗位，加盖单位公章。

F．员工离职15天内，单位应当为员工办理社保、公积金相关减员手续。

（3）辞退员工程序。

辞退员工，不论对企业还是对员工，都是一个沉重的话题，然而辞退员工，对于大多数企业来说，又是不得不面对的现实。在辞退员工中经常出现的问题基本都是不正确的甚至是违法的，辞退、裁减员工是人力资源部必须处理，又是最难处理的工作，辞退员工处理不当，很容易引发劳动纠纷甚至对簿公堂，对企业正常运营产生影响。因此，一般辞退员工遵循以下程序。

① 提前通知劳动者解除劳动合同的决定。如果员工无过错，用人单位应提前30天以书面形式告知劳动者本人或者额外支付劳动者一个月工资后解除劳动合同。对于有过错的员工，也需确保有充分的事实依据和制度依据来支持解雇决定，并尽可能以书面形式通知解雇事宜。

② 由解除决定人（单位主管、劳动者）递交解除申请书，人事部门填写《解除劳动合同审批表》并报主管审批。

③ 用人单位应当事先将理由通知工会和员工本人，并根据相关法律条款规定履行必要的程序，如送达解除劳动合同通知书等。

④ 办理工作交接手续，包括交回工具设备、结算工资福利和其他未了事宜等，并为员工出具离职证明。

⑤ 在 15 天内为劳动者办理档案和社会保险关系转移手续，以及党、团、工会组织关系和公积金等其他相关手续的转移。

⑥ 如果需要支付经济补偿金或赔偿金，应在办结工作交接时按照约定进行支付。确保整个过程的合法性，避免违反劳动法等相关法律法规的规定，以免引发劳动争议和法律风险。

需要注意的是，在试用期内不得随意辞退员工，必须把握"不符合录用条件"的原则，并确保有相关证据支持该决定。此外，经济性裁员必须符合法定条件并履行法定程序才能进行。在整个过程中，用人单位要遵守相关法律法规的规定，尊重劳动者的权益，以确保双方的合法权益得到保障。

（4）善待离职员工。

离职分为主动离职、被动离职和不可抗力离职 3 种，不论哪一种离职对于企业来说都应做好员工离职管理，因为与离职员工的关系可能直接影响本企业口碑和形象，对内部在职员工的职业稳定性也会产生影响。处理好与离职员工的关系可以从如下几方面着手。

① 给予离职员工良好的体验。这是与离职员工维持良好关系的开始，企业一定要尽可能给员工创造良好的体验。一定不要让员工有"人走茶凉"的感觉，否则不仅离职员工会失望，在职员工也会看在眼里、记在心里。

② 利用好离职面谈。除了要深入了解员工离开的原因，还要通过面谈了解员工的去向。如果去了其他企业，在员工方便的情况下，要了解对方企业的优势，对比自身做得不足的地方。同时利用友好的离职面谈，将员工当成朋友，并通过各种方式保持联系。

③ 建立线上线下交流机制。企业要与员工保持交流，包括线下的聚会或专业交流，甚至邀请离职员工参加一些庆祝活动（如年会、拓展、运动会等），或企业回访，向员工介绍企业近期的发展，甚至是未来的战略或目标，并虚心听取他们的意见或者建议。线上的互动如论坛、微信群、QQ 群等，通过这种交流机制，让已离职的员工仍然能成为企业的粉丝。通过线上线下的交流机制，可以为企业带来更多的信息、视角甚至是资源。

④ 保持情感的交流。情感维系是很重要的基础，可以定期与离职员工进行沟通问候，发送公司最新的信息等，有的企业还会在离职员工生日、重要节假日等以企业名义发出祝福。

⑤ 建立"回聘"机制。预先建立好离职员工回聘机制，让离职员工知道仍然有机会回来，以及什么情况下可以回来。

相关阅读

隆力奇"人走茶不凉"

每年年终，隆力奇的人力资源部都要安排两档固定节目。第一档节目是给那些曾经在隆力奇工作过、如今已经离开的员工，精心设计一份新年贺卡，并由董事长亲自审阅并签名后寄出。这是一份看似很普通，却极具内涵的贺卡，字里行间让每一位曾经在隆力奇付出过心血与汗水的员工感受到温暖。贺卡中除了新年的问候之外，更多的是关心员工现在的境况，包括工作、生活。公司热情欢迎他们有机会再回隆力奇看看。而最让人感动的是最后这么几句话："如果在外干得不顺心、不如意，欢迎随时回来，隆力奇的大门始终是敞开的。"这多少有些出人意料。第二档节目是根据董事长的意见，邀请离职高层，回"娘家"看看。每当这一天，董事长都会在公司总部早早地等候，陪同离职高层到公司各处参观，详细介绍公司的变化发展及公司最新的发展战略，真心实意地听取他们的批评、建议。

"人走茶不凉"，不仅折射出隆力奇的人才观，更折射出作为领导者的胸襟。它不但使隆力奇汇聚了大批人才，而且使那些因各种原因离开公司的高管，没有一个加入隆力奇的竞争对手。

3. 劳动合同管理

劳动合同是指劳动者与用人单位之间确立劳动关系、明确双方权利和义务的协议。其条款主要包括用人单位的名称、住所和法定代表人或者主要负责人的姓名，劳动者的姓名、住址和居民身份证号码或者其他有效身份证件号码，劳动合同期限、工作内容和工作地点、工作时间和休息休假、劳动报酬、社会保险、劳动保护、劳动条件和职业危害防护，以及法律法规规定应当纳入劳动合同的其他事项。订立或变更劳动合同，应当遵循平等自愿、协商一致的原则，不得违反有关法律法规的规定。

劳动合同管理是指国家司法机关、劳动行政主管部门、组织的主管部门、组织的内部行政部门和工会，按照国家的授权和法律法规的规定，在各自的职责范围内，根据法律、法规和政策的要求，运用指导、组织、监督、检查等手段，分别对劳动合同的订立、履行、变更、解除等行为实施司法管理、行政管理、企业管理和民主管理，制止、纠正和查处劳动合同运行中的违法行为，以保障劳动合同的贯彻实施。

（1）劳动合同的订立。

劳动合同的订立是指劳动者与用人单位之间为建立劳动关系，依法就双方的权利义务协商一致，设立劳动合同关系的法律行为。《劳动法》第十七条规定：订立和变更劳动合同，应当遵循平等自愿、协商一致的原则，不得违反法律、行政法规的规定。根据这一规定和实践，订立劳动合同必须遵守下列原则：合法原则；平等自愿、协商一致原则。

案例链接

某印刷厂对外招工，在招工简章的录用条件上要求应聘者视力达 2.0。女工宋某前来应聘，印刷厂对宋某考核后，准备录用宋某，随即安排其体检。宋某知道自己视力不好，就让与其相貌相近的胞妹顶替体检，从而通过了视力检查，被厂方录用。双方签订了为期 1 年的劳动合同，其中试用期为 2 个月。

上岗后，该厂发现宋某在工作中常常出错，对宋某的视力产生怀疑而进行复检，宋某的双眼实际视力仅为 0.2 和 0.3，远远低于该岗位的要求。后经调查，厂方得知宋某的胞妹顶替其体检，隐瞒了本人视力不好的真实情况。由于视力等原因，宋某不能胜任工作。但厂方在宋某的试用期内未及时处理。在试用期满后，厂方以宋某不符合录用条件为由，书面通知宋某解除劳动合同。

宋某在 1 个月内向当地劳动争议仲裁委员会申请仲裁，请求认定该印刷厂与其解除劳动合同的行为是违法、无效的，并要求裁决该印刷厂与其继续履行劳动合同。

【讨论】印刷厂与宋某签订的劳动合同是否有效？印刷厂应如何进行处理？

（2）劳动合同的履行。

劳动合同履行是指双方当事人按照劳动合同规定的条件，履行义务并且行使权利的行为。《劳动法》第十七条规定："劳动合同依法订立即具有法律约束力，当事人必须履行劳动合同规定的义务。"任何第三方不得非法干预劳动合同的履行。履行劳动合同，必须遵循以下原则。

① 亲自履行原则，指劳动合同当事人必须自己履行所应承担的义务，任何一方当事人不得将自己的义务转给他人代为履行。

② 权利义务相统一原则，指当事人的权利与义务相辅相成，不可分割。任何一方当事人既享有权利又履行义务。劳动合同双方当事人互为权利、义务主体，其权利义务在劳动过程中实现。劳动合同双方当事人互有请求权，以保证劳动合同规定的双方权利义务得以实现。

③ 全面履行原则，指劳动合同当事人按双方约定的各项条款履行劳动合同。当事人任何一方不得分割履行各项义务或不按合同约定履行义务。

④ 协作履行原则，指双方当事人相互协作，保证劳动合同得以履行。

（3）劳动合同的变更。

如果需要变更劳动合同，应当遵循平等自愿、协商一致的原则，不得违反法律、行政法规的规定。

下面为允许变更劳动合同的条件：①经双方当事人协商同意；②订立劳动合同时所依据的法律、行政法规和规章已经修改或废止；③劳动合同条款与集体合同的规定不同；④企业经上级主管部门批准或根据市场变化决定转产或调整生产任务；⑤企业严重亏损或因发生自然灾害，确实无法按照原约定的条件履行劳动合同；⑥因其他客观情况发生重大变化，致使劳动合同无法履行；⑦劳动者因健康状况而不能从事原工作；⑧法律、法规允许的其他情况。

在劳动合同没有变更的情况下，用人单位不得安排劳动者从事劳动合同规定以外的工作，但下列情况除外：①发生事故或遇灾害，需要及时抢修或救灾；②发生短期停工；③劳动者违反劳动纪律而被调动从事其他工作；④法律、法规允许的其他情况。

变更劳动合同的程序，一般分为以下 3 个步骤：①及时提出变更合同的建议。当事人一方向对方提出变更劳动合同的建议，说明变更合同的理由、内容、条件及请求对方答复的期限等项内容。②按期答复。当事人一方得知另一方提出变更合同的建议后，应在对方规定的期限内答复，可以依法表示同意、不完全同意或不同意。③双方达成书面协议。双方当事人就变更劳动合同的内容经协商取得一致意见，达成变更劳动合同的书面协议。劳动合同部分内容变更后其他内容可以维持原劳动合同的规定。

（4）劳动合同的解除。

劳动合同的解除是指劳动合同当事人在劳动合同期限届满之前终止劳动合同关系的法律行为。劳动合同的解除可以分为以下几种情况。

① 双方协商解除劳动合同。《劳动法》第二十四条规定，经劳动合同当事人协商一致，劳动合同可以解除。双方协商解除劳动合同的条件：一是双方自愿；二是平等协商；三是不得损害另一方利益。双方协商解除劳动合同，须达成解除劳动合同的书面协议。

② 用人单位单方解除劳动合同，可分为以下3种情况。第一，因劳动者不符合录用条件、有严重过错或触犯刑法的，用人单位可随时通知劳动者解除劳动合同；第二，劳动者不能胜任工作，或客观情况致使原劳动合同无法履行的；第三，因经济性裁减人员。

③ 劳动者单方解除劳动合同。劳动者单方解除劳动合同，可分为以下两种情况：一是提前30日书面通知用人单位解除劳动合同，二是随时通知用人单位解除劳动合同。

④ 劳动合同自行解除。劳动者被开除、除名或因违纪被辞退，劳动合同自行解除。应当注意的是，《劳动法》第二十九条规定：劳动者有下列情形之一的，用人单位不得依据本法第二十六条、第二十七条的规定解除劳动合同：患职业病或者因工负伤并被确认丧失或者部分丧失劳动能力的；患病或者负伤，在规定的医疗期内的；女职工在孕期、产期、哺乳期内的；法律、行政法规规定的其他情形。

注意员工关系管理中劳动合同管理的要点：一是加强员工关系专员对《劳动法》《劳动合同法》《社会保险法》及《工会法》的学习，减少人员操作引发的争议；二是制定《劳动合同管理办法》，对劳动合同的具体管理给予详细的指导；三是建立劳动合同发放后的收签表格让员工及时签收；四是严格按照《劳动合同法》的要求及时新签或续签劳动合同。

4. 人事档案管理

为了规范企业人事档案的管理工作，提高人事档案的管理水平，保守人事档案的机密，维护人事档案材料的完整，便于高效、有序地利用人事档案材料，同时规避可能存在的劳动用工风险，企业一般需要制定《人事档案管理办法》来指导具体的人事档案管理工作。

人事档案主要包括人员入职时的基本资料、在职期间资料、离职资料三大部分及其他资料，具体内容可在《人事档案管理办法》中进一步明确。

5. 员工信息管理

员工信息管理对企业很重要，它既是企业的"信息情报部"，又是企业的"决策参谋部"。因此，一定要做好员工信息管理工作。所谓员工信息管理是指利用一系列的软件，例如人力资源管理软件或者自设的表格等，尽量把员工的所有信息记录下来。

这些信息包括员工的出生日期、婚姻状况等基本信息，也含有员工技能等重要信息。这种信息管理还要注意根据员工的发展进行内容及时更新。比如，当员工参加培训回来，就要马上把他新学习的技能填入信息管理表格中。鉴于此，信息管理体现出"信息情报部"的特点。

"信息情报部"最终要服务于"决策参谋部"。当企业出现职位空缺想进行内部调整、内部提拔的时候，信息库的作用就显现出来了。了解员工的技能、了解员工参加培训的情况及其是否有转岗的意愿等情况，能够迅速找到合适的内部人选，这样可以节省从外部招聘的猎头费、招聘费、广告费，这正是员工信息管理的真正目的。

6. 劳动争议处理

劳动争议是指劳动关系当事人之间因劳动的权利与义务发生分歧而引起的争议，又称为劳动纠纷。其中有的属于既定权利的争议，即因适用《劳动法》和劳动合同、集体合同的既定内容而发生的争议；有的属于要求新的权利而出现的争议，是因制定或变更劳动条件而发生的争议。在现代社会，劳动争议是一种较为普遍的社会现象。多数劳资关系当事人之间因为对薪酬、工作时间、福利、解雇及其他待遇等工作条件的主张不一致而产生纠纷。

（1）我国劳动争议现状。

劳动争议案件数高速增长；其他性质企业劳动争议案件发生率明显高于国有企业；劳动者的申诉率高，胜诉率也高；经济发达地区的劳动争议案件发生率远远高于经济发展滞后的地区。

（2）劳动争议的主要类型。

劳动争议产生的原因十分复杂。根据引起劳动纠纷的原因不同，劳动争议可以划分为以下几种。

- 因确认劳动关系发生的争议。
- 因订立、履行、变更、解除和终止劳动合同发生的争议。
- 因除名、辞退和辞职、自动离职发生的争议。
- 因工作时间、休息休假、社会保险、福利、培训及劳动保护发生的争议。
- 因劳动报酬、工伤医疗费、经济补偿或者赔偿金等发生的争议。
- 法律、法规规定的其他劳动争议。

（3）劳动争议的处理程序。

《劳动法》第七十七条规定，用人单位与劳动者发生劳动争议，当事人可以依法申请调解、仲裁、提起诉讼，也可以协商解决。《劳动法》第七十九条：劳动争议发生后，当事人可以向本单位劳动争议调解委员会申请调解；调解不成，当事人一方要求仲裁的，可以向劳动争议仲裁委员会申请仲裁。当事人一方也可以直接向劳动争议仲裁委员会申请仲裁。对仲裁裁决不服的，可以向人民法院提起诉讼。根据这些规定，劳动争议处理程序可分为协商、调解、仲裁、诉讼4个阶段。

① 协商。协商是指发生劳动争议的双方当事人在尊重事实、明辨是非、依据法律并充分考虑对方利益的情况下，通过谈判、磋商，在双方达成共识的基础上解决纠纷的一种形式。

协商的前提是双方自愿，协商的基础是取得一致。未达成协商协议的叫协商不成。协商不是处理劳动争议的必经程序。不愿协商的，可以申请调解。

② 调解。劳动争议发生后，当事人不愿协商或者协商不成的，可以向本单位劳动争议调解委员会申请调解，劳动争议调解是处理劳动争议的基本方式。调解并不是处理劳动争议的必需程序，当事人任何一方不愿调解的，可以直接向有管辖权的劳动争议仲裁委员会申请仲裁。

③ 仲裁。调解不成的，劳动争议的当事人可以向劳动争议仲裁委员会申请仲裁。当事人也可以直接向劳动争议仲裁委员会申请仲裁。仲裁是处理劳动争议的必经程序。劳动仲裁是指劳动争议仲裁委员会为解决劳动争议而做出裁决的执法活动。劳动仲裁流程：当事人申请；案件受理；案件审理。

④ 诉讼。劳动争议当事人对仲裁裁决不服的，可以自收到仲裁裁决书之日起15日内向人民法院提起诉讼。一方当事人在法定期限内不起诉又不履行仲裁裁决的，另一方当事人可以申请人民法院强制执行。劳动争议诉讼是人民法院通过司法程序解决劳动争议的手段。诉讼的最大特点在于权威性，双方当事人必须履行生效的法律文书。

（4）劳动争议处理基本原则。

① 合法原则。以事实为依据、以法律为准绳是我国法制的基本原则，组织处理劳动争议是一项政策性很强的工作，不能主观臆断，更不能徇私枉法。

② 公平公正原则。依法维护劳动争议双方当事人的合法权益体现了当事人适用法律上一律平等的原则。用人单位与劳动者在申请调解、仲裁和诉讼时，在参加调解、仲裁、诉讼活动时都享有同等的权利。为了遵循公平公正原则，劳动争议处理实行回避制度。

③ 调解原则。《劳动法》第七十七条规定，调解原则适用于仲裁和诉讼程序。

④ 及时处理原则。一旦发生劳动争议，当事人双方应及时进行协商，协商不成的应及时向劳动争议处理机构申请处理。劳动争议处理机构也应对申请处理的劳动争议案件，依据法律、法规所规定的时限，抓紧审查和做出处理决定，保证按时结案。另外，在处理劳动争议案件过程中和针对处理的结果，当事人不履行决定的，要及时进行解决，以保证案件处理的顺利进行及处理结果的最终落实。

9.3.2　员工纪律管理

员工关系管理的一个重要的相关职能是员工的纪律管理，所谓员工纪律管理，是指维持组织内部良好秩序的过程，也即凭借奖励和惩罚措施来纠正、塑造以及强化员工行为的过程。

1. 员工奖惩管理

（1）奖惩的概念。

奖励和惩罚是纪律管理不可缺少的方法。奖励属于积极性的激励诱因，是对员工某项工作成果的肯定，旨在利用员工的向上心、荣誉感，促使其守法守纪，负责尽职，并最大限度发挥潜能。奖励可以给员工带来高度的自尊、积极的情绪和满足感。

惩罚则是消极的诱因，其目的是利用人的畏惧感，促使其循规蹈矩，不敢实施违法行为。惩罚会使人产生愤恨、恐惧或挫折，除非十分必要，否则不要滥施惩罚。

（2）奖惩的原理——热炉法则。

每个公司都有自己的规章制度，单位中的任何人触犯了都要受到惩罚。所谓"热炉法则"是指员工一旦犯错，最好能在 30 秒内飞速给予反馈，也就是要趁着炉火没灭，燃烧的时候，提出警告并给予惩罚。这种惩罚不能受个人情感左右，强调趁热打铁。这种处分方式的最大好处就在于能令员工深刻记忆。一般来说，在员工做错事情的时候，如果仅仅记下来，等到绩效考核的时候再对其实施处分，那就为时已晚。所以，热炉法则强调的是批评的即时性。但即时性的批评也存在缺点，就是对犯了错误的员工太过着急，不留任何余地。

热炉法则形象地阐述了惩处原则。

① 热炉火红，不用手去摸也知道炉子是热的，是会灼伤人的——警告性原则。领导者要经常对下属进行规章制度教育，以警告或劝诫其不要触犯规章制度，否则会受到惩处。

② 每当你碰到热炉，肯定会被灼伤——严肃性原则。也就是说只要触犯规章制度，就一定会受到惩处。

③ 当你碰到热炉时，立即就被灼伤——即时性原则。惩处必须在错误行为发生后立即进行，不拖泥带水，绝不能有时间差，以使员工及时改正错误行为。

④ 不管谁碰到热炉，都会被灼伤——公平性原则。

（3）实行奖惩的程序和步骤。

第一步，建立奖惩制度，如《员工奖惩管理办法》。

第二步，按照公示等民主程序颁布制度。

第三步，员工学习《员工奖惩管理办法》并签字。

第四步，开始渐进性惩处。

（4）奖惩的限制条件。

我国法律规定，以下这三项限制条件缺一不可。

规章制度的内容合法，即规章制度的内容不能与现行法律法规、社会公德等相背离。

规章制度要经过民主程序制定，即企业规章制度必须经过职工大会或职工代表大会，或至少是职工代表同意。

规章制度要向员工公示，即规章制度出台后要公开告知员工。

2. 员工冲突管理

企业内冲突有大有小，了解企业冲突、解决企业冲突是每个企业的重要职能，是企业平稳和谐发展的前提。

（1）冲突的产生。

一个团队如果冲突太少，则会使团队成员之间冷漠、互不关心，缺乏创意，从而使团队墨守成规，停滞不前，对革新没有反应，工作效率低下。如果团队有适量的冲突，则会提高团队成员的兴奋度，激发团队成员的工作热情，提高团队凝聚力和竞争力。因此，冲突管理是员工关系管理的重要职能。

① 什么是冲突。企业组织中的成员在交往中产生意见分歧，出现争论、对抗，导致彼此间关系紧张，称该状态为"冲突"。冲突的根源是冲突各方利益追求的多样化且趋向无限大，但社会或组织所能供给的资源却十分有限。所以，冲突是无所不在的。

② 冲突产生的原因。引发部门和员工之间冲突的原因有很多，主要包括：第一，目标差异；第二，组织分工背景不同；第三，工作性质差异；第四，缺乏沟通；第五，争夺资源；第六，时间差异；第七，团体意识；第八，地缘差异；等等。

③ 冲突的类型。冲突可以分为有效冲突和有害冲突。有效冲突，是大家集思广益，把自己的远见表达出来，中间可能有冲突，但是越冲突，主意越多。有效冲突使内部的分歧与对抗形成各部门相互支持的社会体系；这种冲突的暴露，恰如提供一个出气筒，使对抗的成员采取联合方式发泄不满，能够增加内部凝聚力。两大集团的有效冲突可以表现双方实力较量，并最后达到权力平衡，以防无休止的斗争；可促使相互联合，以求生存，或对付更强大的敌人，或联合垄断市场。有害冲突，是组织中具有损害性的或阻碍目标实现的冲突。管理者必须消除这种冲突。需注意的是，有效冲突可转化成有害冲突。有害冲突不仅会使人力、物力分散，凝聚力降低，而且会造成人们的紧张与敌意，降低对工作的关注度。

总而言之，看待冲突要一分为二：没有冲突，不利于团队和组织的改善，不利于员工适应新环境；而冲突太多、太大，就会引起混乱和组织的生存危机。

（2）冲突的作用。

消极作用：影响员工的心理健康；造成组织内部的不满与不信任；导致员工和整个组织变得封闭、缺乏合作；阻碍组织目标的实现。

积极作用：促进问题的公开讨论；提高员工在组织事务中的参与程度；增进员工间的沟通与了解；化解积怨，促进问题的尽快解决。

综上，冲突是另一种形式的沟通。凡能推动和改进工作或有利于团队成员进取的冲突，可称为建设性冲突；相反，凡阻碍工作进展、不利于团队内部团结的冲突，称为破坏性冲突。其中建设性冲突对团队建设和提高团队效率有积极的作用，它可以增加团队成员的才干和能力，并有助于加快解决组织的问题，而且通过解决冲突，人们还可以学习、掌握有效解决和避免冲突的方法。

（3）冲突处理。

以沟通者潜在意向为基础，1974年，美国行为科学家肯尼斯·托马斯（Kenneth.Thomas）推出冲突模式工具，也叫"冲突管理二维模式"。

托马斯将冲突管理策略分为竞争、回避、服从、合作和妥协5种，将每种策略放在"关心自己（自信）"和"关心他人（合作）"两个维度中。"关心自己"代表的是在解决问题的过程中问题的处理者的武断程度，为纵轴；而"关心他人"则代表在解决问题过程中问题处理者的合作程度，为横轴。图9-2所示为冲突行为的二维空间。

图 9-2　冲突行为的二维空间

从图 9-2 中可以看出，冲突主要有 5 种方式。

- 竞争型，即员工和经理都是脾气很大的人，容易产生冲突。
- 回避型，与竞争正好相反，当事人始终抱着"打不起我躲得起"的态度。
- 合作型，当事人可以获得双赢，这是最理想的冲突模式。
- 服从型，当事人可以降低自己的需求适应别人，也可称为迁就。
- 妥协型，当事人往往让着别人，比较中庸。

针对 5 种不同类型的冲突，处理方式不同，如表 9-1 所示。

表 9-1　不同类型的冲突的处理方式

处理方式	冲突类型	适用情况
强制	竞争型	1. 遇紧急情况，必须采取果断行动时；2. 需要采取特殊手段处理重要问题时；3. 反对采取不正当竞争手段的人；4. 处理严重违纪行为和事故时
妥协	妥协型	1. 双方各持己见且势均力敌时；2. 形势紧急，需要马上就问题达成一致时；3. 问题很严重，又不能采取独裁或合作方式解决时；4. 双方有共同的利益，但又不能用其他的方法达成一致时
和解	服从型	1. 需要维护稳定大局时；2. 激化矛盾会导致更大损失时；3. 自己犯了错误或不如对方时；4. 做出让步会带来长远利益时；5. 对方的利益比自己的利益更重要时
合作	合作型	双方有共同的利益，且可以通过改变方法策略满足双方的意愿时
回避	回避型	1. 处理无关紧要的问题时；2. 处理没有可能解决的问题时；3. 解决问题的损失可能超过收益时

9.3.3　沟通管理

沟通管理（Communication Management）是企业组织的生命线。管理的过程，也就是沟通的过程。通过了解员工的需求，整合各种资源，营造良好的沟通环境来满足员工的基本需要，从而为企业和社会创造价值和财富。所谓沟通，是人与人之间的思想和信息的交换过程，是将信息由一个人传达给另一个人，使信息逐渐广泛传播的过程。

1. 员工申诉管理

申诉，是指公民、法人或其他组织，认为对某一问题的处理结果不正确，而向国家的有关机关申述理由，请求重新处理的行为，也是公民维护权益的一种方式并且具有法律效力。员工关系管理中的申诉是指组织成员以口头或书面等正式方式，表现出来的对组织或企业有关事项的不满。

（1）申诉的种类。

① 个人申诉，多是由于管理方对员工进行惩罚引起的纠纷，个人申诉通常由个人或工会的代表提出。争议的焦点：是否违反了集体协议中规定的个人和团体的权利，如有关资历的规定、工作规则的违反、不合理的工作分类或工资水平等。

② 集体申诉，是为了集体利益而提起的政策性申诉，通常由工会提出管理方（在某些情况下，也可能是管理方针对工会）违反协议条款的行为。

（2）申诉的制度。

欧美大多企业制定了申诉制度，以使员工能够通过正常途径宣泄其不满情绪，化解内部紧张关系，进而消除劳资争议。组织内员工申诉制度的建立，具有如下意义。

- 为员工提供依照正式程序维护自己合法权益的通道。
- 纾解员工不良情绪，改善工作氛围。
- 审视人力资源管理政策与制度等的合理性。
- 防止不同层次的管理权的不当使用。
- 减轻高层管理者处理员工不满事件的负荷。
- 提高企业内部自行解决问题的能力，避免外力介入或干预，使问题扩大或恶化。

（3）申诉的范围。

一般限于与工作有关的问题。凡是与工作无关的问题，通常应排除在外。一般可以通过申诉制度处理的事项主要有：薪资福利、劳动条件、安全卫生、管理规章与措施、工作分配及调动、奖惩与考核、群体间的互动关系及其他与工作相关的不满。

（4）申诉的处理程序。

处理员工申诉，不管企业内部是否有工会组织，其主要程序可以归为4个阶段：受理申诉、查明事实、解决问题、申请仲裁。

2．心理咨询服务

心理咨询服务就是应用心理学方法，凭借语言，帮助员工解决心理冲突，减轻精神压力，促使员工适应社会和健康发展的过程。心理咨询服务产生于20世纪40年代，目前依然是企业中流行的一种福利，这项福利的产生与日益增加的竞争压力有关。

心理咨询服务项目主要有工作及生活压力、婚姻与家庭、精神健康、法律及财务事宜、人际关系、职业生涯发展、其他个人及工作挑战等。

（1）职业心理健康三级预防模式。

一级预防：消除诱发问题的来源。一级预防的目的是减少或消除任何导致职业心理健康问题的因素，并且更重要的是设法建立一个积极的、支持性的和健康的工作环境。

二级预防：教育和培训。教育和培训旨在帮助员工了解职业心理健康的知识，帮助管理者掌握员工心理管理的技术。

三级预防：员工心理咨询。员工心理咨询是指由专业心理咨询人员向员工提供个别、隐私的心理辅导服务，以解决他们的各种心理和行为问题，使他们能够保持较好的心理状态来生活和工作。

（2）员工帮助计划（Employee Assistance Program，EAP）。

员工帮助计划，又称员工心理援助项目、全员心理管理技术。它是由企业为员工设置的一套系统的、长期的福利与支持项目。通过专业人员对组织的诊断、建议和对员工及其直系亲属提供专业指导、培训和咨询，帮助解决员工及其家庭成员的各种心理和行为问题，如工作适应、感情问题、法律诉讼等，从而帮助员工排除障碍，增强适应能力，最终提升企业生产力。

EAP 国际协会主席唐纳德·乔根森（Donald Jorgensen）认为 EAP 不仅是员工的一种福利，同时也是对管理层提供的福利。因为在行为科学的基础上，员工心理援助专家可以为员工和企业提供战略性的心理咨询、确认并解决问题，以创造一个有效、健康的工作环境。企业通过对员工的辅导，对组织环境的分析，有助于人力资源部门处理员工关系，消除可能影响员工绩效的各方面因素，进而增加组织的凝聚力，提升企业形象。它帮助识别员工所关心的问题，并且给予解答，这些问题会影响员工的工作表现，同时影响整个组织业绩目标的实现。

3. 满意度调查

现代企业管理有一个重要的理念：把员工当"客户"。员工是企业利润的创造者，是企业生产力中最重要和最活跃的要素，同时也是企业核心竞争力的首要因素。企业的获利能力主要是由客户忠诚度决定的，客户忠诚度是由客户满意度决定的，客户满意度则是由员工来创造的，而员工对企业的忠诚取决于其对企业是否满意。所以，想要提高客户满意度，需要先提高员工满意度，前者是流，后者是源。没有员工满意度这个源，客户满意度这个流也就无从谈起。

员工满意度调查（Employee Satisfaction Survey）是一种科学的人力资源管理工具，它通常以问卷调查等形式，收集员工对企业管理各个方面满意程度的信息，然后通过专业、科学的数据统计和分析，真实反映企业经营管理现状，为企业管理者决策提供客观的参考依据。

员工满意度调查还有助于培养员工对企业的认同感、归属感，不断增强员工对企业的向心力和凝聚力。员工满意度调查活动使员工在民主管理的基础上树立以企业为中心的群体意识，从而潜意识地对组织集体产生强大的向心力。

（1）满意度调查内容。

进行员工满意度调查可以对企业管理进行全面审核，保证企业的工作效率和最佳的经济效益，减少生产率低、损耗率高、人员流动率高等紧迫问题。员工满意度调查将分别对以下几个方面进行全面评估或针对某个专项进行详尽考察。

报酬，共包含薪酬、福利、绩效 3 个二级因素。

工作，共包含责任、目标清晰及认同、自身感受 3 个二级因素。

晋升，共包含发展机会、培训、培养（导师、直接上级）3 个二级因素。

管理，共包含战略、经营与管理状况、领导能力与风格、制度流程 4 个二级因素。

环境，共包含工作条件与氛围、企业文化与活动、资源、同事素养、沟通合作 5 个二级因素。

（2）满意度调查的实施。

人力资源部门或工会组织在征得领导层支持的前提下，设计调查问卷，于每年的第四季度开展员工满意度调查，然后根据调查结果，形成调查报告，并根据报告的结果给出提升员工满意度的工作建议，与报告一起上报公司领导审阅。如工作建议获准采纳，将于来年实施开展。以下为实施满意度调查的几点建议。

- 设计满意度调查实施方案（含组建实施项目小组）并请领导审批。
- 调查问卷设计可以涵盖满意度题目（1～5分型设计）、单选题、多选题和开放式问答题。
- 建议匿名调查，并在实施调查前，做好宣传引导，让员工珍惜意见反馈和献计献策的机会，认真对待。
- 如果公司条件允许，可以通过信息技术手段实施调查。
- 如果公司规模大、人数多，可以分职工类、职员类、管理者类分别设计不同的问卷，有针对性地进行调查。
- 如果需要分别统计各部门的满意度，可以在匿名的基础上，让员工提供部门信息（在选项中设计）。

9.3.4 员工活动管理

为了丰富员工的文娱生活，增进员工之间的沟通交流，调动员工工作积极性，缓解工作压力，实现劳逸结合，增强团队凝聚力，体现公司对广大员工的关爱，一般公司都要定期举办文化活动。

活动的内容包括但不限于以下项目：体检、拓展、旅游、员工联谊、聚餐、年会及员工参与性较强的文娱体育活动等。

人力资源部门或工会组织在员工活动管理中的职责主要有以下几点。

- 《员工活动管理办法》的制定及颁布。
- 员工活动的费用预算及发放。
- 公司活动的组织、实施、总结和改进。
- 部门活动的审核及支持。

9.4 员工关系管理中各种风险规避

1. 规章制度制定、公示风险

用人单位在制定、修改或者决定有关劳动报酬、工作时间、休息休假、劳动安全卫生、保险福利、职工培训、劳动纪律及劳动定额管理等直接涉及劳动者切身利益的规章制度或者重大事项时，应当经职工代表大会或者全体职工讨论，提出方案和意见，与工会或者职工代表平等协商确定。

在规章制度和重大事项决定实施过程中，工会或者职工认为不适当的，有权向用人单位提出，通过协商予以修改完善。用人单位应当将直接涉及劳动者切身利益的规章制度和重大事项决定公示，或者告知劳动者。

归纳起来，一个合法有效的规章制度必须符合以下3点。

- 规章制度必须通过民主程序制定。
- 规章制度不能违反国家法律、行政法规及政策规定。
- 规章制度必须向劳动者公示。

2．入职管理的风险

入职管理的风险主要有：员工职业履历造假，隐瞒个人信息如重大疾病等，没有解除以前劳动关系，有保密条款等约定回避从事同行业。入职管理风险的应对措施：规范入职登记表；让候选人提交离职证明；背景调查；建立严格的用人及体检标准。

其中，入职登记表要有个人声明：以上所填各项均为真实情况，如有弄虚作假或隐瞒的情况，属于严重违反公司规章制度，同意公司有权解除劳动合同或对劳动合同做无效认定处理，公司因此遭受的损失，员工有对此赔偿的义务。员工须签字确认。

3．试用期约定不当风险

试用期是企业对其聘用的员工进行综合考察的重要环节。由于许多人力资源管理人员对此缺乏法律认识，因此在试用期发生很多法律纠纷。现在来介绍试用期约定不当的以下几种情况。

（1）试用期的期限约定不当。

试用期的期限是由《劳动合同法》明确规定的，用人单位与员工协商决定时不能超过法定的期限，如果约定的期限超过了法定期限，则可能会产生法律纠纷。《劳动合同法》第八十三条规定："用人单位违反本法规定与劳动者约定试用期的，由劳动行政部门责令改正；违法约定的试用期已经履行的，由用人单位以劳动者试用期满月工资为标准，按已经履行的超过法定试用期的期间向劳动者支付赔偿金。"

《劳动合同法》第十九条规定："劳动合同期限三个月以上不满一年的，试用期不得超过一个月；劳动合同期限一年以上不满三年的，试用期不得超过二个月；三年以上固定期限和无固定期限的劳动合同，试用期不得超过六个月。"

（2）试用期约定次数的限制。

同一用人单位与同一劳动者只能约定一次试用期。双方想要续签合同时，不得再次约定试用期。以完成一定工作任务为期限的劳动合同或者劳动合同期限不满3个月的，不得约定试用期。

（3）合同期限不包括试用期。

用人单位有时会将试用期与合同期限分开，在劳动者试用期结束后，才与其签订劳动合同，这样做是错误的。这违反了《劳动合同法》的相关规定。因为试用期是包含在劳动合同期限内的，不可单独计算。

（4）试用期工资约定不当。

在试用期内，劳动者可以与正式员工在薪资待遇上有所差距，但这个差距是有限制的。有时候人力资源管理部门会以劳动者在试用期不熟悉工作内容为由，支付劳动者正式员工的一半或者更少的报酬。《劳动合同法》第二十条规定："劳动者在试用期的工资不得低于本单位相同岗位最低档工资或者劳动合同约定工资的百分之八十，并不得低于用人单位所在地的最低工资标准"。

（5）试用期内劳动者可随时通知用人单位解除合同。

劳动者在试用期内，认为自己不适合这份工作，或者无法胜任这份工作，其有权利可以随时通知用人单位解除合同，这在法律上是有明确规定的。根据《劳动法》第三十二条第一款规定：在试用期内，劳动者可以随时通知用人单位解除劳动合同。

规避试用期约定不当风险的方法：试用期期限要合法；试用期不能脱离劳动合同而存在；试用期工资标准合法；试用期解除合同理由应充分。

4．培训协议风险

《劳动合同法》中明确规定："用人单位为劳动者提供专项培训费用，对其进行专业技术培训的，可以与该劳动者订立协议，约定服务期。劳动者违反服务期约定的，应当按照约定向用人单位支付违约金。违约金的数额不得超过用人单位提供的培训费用。用人单位要求劳动者支付的违约金不得超过服务期尚未履行部分所应分摊的培训费用。用人单位与劳动者约定服务期的，不影响按照正常的工资调整机制提高劳动者在服务期期间的劳动报酬。"

风险提醒：违约金不应超过服务期尚未履行部分所应分摊的培训费用。

支付违约金的情况不仅包括员工离职，还应包含因严重违反企业纪律被解雇情形下的违约金支付情况。

单位必须出具第三方开的培训费用发票才能证明对劳动者进行过培训，企业内部培训或没有第三方发票的都不算。

5．保密协议与竞业禁止风险

《劳动合同法》规定："对负有保密义务的劳动者，用人单位可以在劳动合同或者保密协议中与劳动者约定竞业限制条款，并约定在解除或者终止劳动合同后，在竞业限制期限内按月给予劳动者经济补偿。劳动者违反竞业限制约定的，应当按照约定向用人单位支付违约金。"竞业限制期限不得超过两年。

（1）保密协议。

根据《反不正当竞争法》规定，"商业秘密"是指不为公众所知悉、具有商业价值并经权利人采取相应保密措施的技术信息、经营信息等商业信息。

《劳动合同法》第二十三条第二款规定："对负有保密义务的劳动者，用人单位可以在劳动合同或者保密协议中与劳动者约定竞业限制条款"，该条款将劳动者的保密义务延续到了劳动合同终结后。

因此，劳动者与用人单位之间的保密约定，既可以以保密条款的形式写入劳动合同，也可以单独订立一份保密协议。两种形式的效力是相同的。

（2）竞业禁止。

所谓竞业禁止，亦称竞业避止、竞业限制，是指负有特定义务的员工在离开岗位后一定期间内不得自营或为他人经营与其所任职的企业同类的经营项目。对于涉及企业商业秘密的人员，企业应与其签订竞业禁止协议，达到保护企业核心秘密和经营利益的目的。与只具有普通技能且未接触到用人单位商业秘密的劳动者签订的竞业禁止协议，原则上无效。

对于劳动者应得的合理对价的数额，根据每个劳动者和用人单位情况不同而不同，不可能有统一的数额标准。应当将竞业禁止的补偿费与劳动者的工资收入联系起来，以工资收入作为基本的计算参照标准。具体额度目前国家还没有统一的规定，各个省市的规定不一样，比如江苏省就规定竞业禁止协议约定的补偿费按年计算不得少于该员工离开企业前最后一个年度从该企业获得的报酬总额的 1/3，而深圳市规定不少于 2/3。

6. 劳动报酬支付风险

《劳动合同法》规定："用人单位应当按照劳动合同约定和国家规定，向劳动者及时足额支付劳动报酬。用人单位拖欠或未足额支付劳动报酬的，劳动者可以依法向当地人民法院申请支付令。"同时，《劳动合同法》首次对试用期的工资进行了规范。

劳动报酬支付风险应对措施：完善薪酬福利及考核制度；按时、足额发放员工工资和加班费；针对实行不同工时制的人员，按国家法规的要求，制定不同的加班费政策；实行不同的工时制度，并办理备案手续。

7. 离职解雇风险

《劳动合同法》规定，除用人单位维持或提高劳动合同约定条件续订劳动合同，劳动者不同意续订的情形外，如果劳动合同期满终止，用人单位应支付经济补偿金。用人单位违规不签无固定期限劳动合同的，在解除或终止合同时，应按规定的经济补偿标准的双倍支付赔偿金。

离职解雇风险应对措施：规章制度要公示并由员工签字；违纪情况严格按照制度处理；文件送达后由员工签收；离职解雇手续办理严谨。

8. 事实劳动关系存续风险

根据《劳动合同法》第十四条规定，用人单位自用工之日起满一年不与劳动者订立书面劳动合同的，视为用人单位与劳动者已订立无固定期限劳动合同。

根据《劳动合同法》第八十二条规定，用人单位自用工之日起超过一个月不满一年未与劳动者订立书面劳动合同的，应当向劳动者每月支付二倍的工资。

事实劳动关系存续风险应对措施：员工关系专员认真学习《劳动合同法》，并制定《劳动合同管理办法》以指导劳动合同的各项管理工作，特别是要严格按照《劳动合同法》规定的时间办理劳动合同订立及续订工作。

🔘 能力自测

一、单项选择题

1. 员工关系是在雇佣过程中产生的，是由（　　　）关系衍生出来的。
   A. 生产销售　　　　B. 劳动力买卖　　　　C. 组织行为　　　　D. 相关利益

2. 企业或用人单位义务不包括（　　　）。

  A. 制定薪酬与激励方案

  B. 改善劳动条件

  C. 依法录用、分配、安排工作

  D. 按照职工劳动数量和质量支付劳动报酬

3. 员工关系管理与劳动关系管理是（　　　）关系。

  A. 相互转化   B. 相互排斥   C. 包含并代替   D. 两者无关

4. 现代员工关系管理强调是以（　　　）为中心。

  A. 企业   B. 员工   C. 文化   D. 关系

5. 以下（　　　）不属于员工关系管理。

  A. 劳动关系   B. 员工纪律   C. 员工职业规划   D. 员工沟通

6. （　　　）属于减少入职管理风险的措施。

  A. 限制试用期时长   B. 签订入职协议

  C. 做好公示   D. 进行严格背景调查

二、简答题

1. 员工关系管理的含义是什么？进行员工关系管理的意义有哪些？

2. 现代员工关系管理与传统劳动关系管理的关系是怎样的？

3. 简述员工关系管理的误区与原则。

4. 员工关系管理包括哪些内容？

案例分析

迪士尼公司的员工意见沟通系统

迪士尼公司的员工意见沟通系统是建立一个基本原则上的，即个人或机构一旦购买了迪士尼公司的股票，其有权知道公司的财务资料，并得到有关资料的定期报告。本公司的员工，也有权知道并得到这些财务资料和一些更详尽的管理资料。迪士尼公司的员工意见沟通系统主要分为3个部分：一是每月举行的员工协调会议；二是每年举办的主管汇报；三是每年举办的员工大会。

1. 员工协调会议

迪士尼公司很早就开始推行员工协调会议。员工协调会议是每月举行一次的公开讨论会。在会议中，管理人员和员工共聚一堂，商讨一些彼此关心的问题。公司的总部、各部门、各基层组织都会举行员工协调会议。

在开会之前，员工可事先将意见或建议反映给参加会议的员工代表，代表们将在协调会议上把意见或建议传递给管理部门；管理部门也可以利用这个机会，同时将公司的政策和计划讲解给员工代表们，并与员工代表们进行广泛的讨论。

同时，迪士尼公司也鼓励员工参与另一种形式的意见沟通。公司安装了许多意见箱，员工可以随时将自己的问题或意见写下来投入意见箱。为了配合这一计划，公司还特别制定了一些奖励规定，凡是员工的意见，经采纳并产生显著效果的，公司将给予优厚的奖励。令人欣慰的是，公司从这些意见箱里获得了许多宝贵的意见。如果员工对这种间接的意见沟通方式不满意，还可以采用更直接的方式即面对面地和管理人员交换意见。

2. 主管汇报

对员工来说，迪士尼公司主管汇报、员工大会的性质，与每年的股东财务报告、股东大会类似。公司员工每人可以收到一份详细的公司年终报告。 这份年终报告有 20 多页，包括公司发展情况、财务报表分析、员工福利改善、公司面临的挑战及对员工协调会议所提出的主要问题的解答等。公司各部门接到主管汇报后，就开始召开员工大会。

3. 员工大会

员工大会是利用上班时间召开的，每次人数不超过 250 人，时间大约 3 小时，大多在规模比较大的部门召开，由总公司委派代表主持会议，各部门负责人参加。会议由主席报告公司的财务状况和员工的薪金、福利、分红等与员工有切身关系的问题，随后便开始问答式的讨论。

这里有关个人的问题是禁止被提出的。员工大会不同于员工协调会议，提出来的问题一定要具有一般性、客观性，只要不是个人问题，总公司代表一律尽可能予以迅速解答。

【讨论】
请分析迪士尼公司的员工意见沟通系统的独到之处是什么。

实训操作

1. 实训项目
了解某企业订立和执行的劳动合同。

2. 实训要求
学生分组选择不同的企业作为调研对象，总结分析企业劳动合同订立的程序，并指出所调查企业在订立和执行中的问题。

3. 实训组织
（1）分组时依据班级人数确定小组数量，每小组 4～6 人。
（2）以小组为单位分别搜集不同内容。
（3）小组汇报讨论。
（4）教师归纳总结。

4. 实训考核
准备 PPT 进行汇报，劳动合同执行情况与调查结果要求一致，不得虚假，逻辑清楚，表述清晰。